Standard Textbook for Licensed Psychologists

METHODS OF
PSYCHOLOGICAL TREATMENT

公認心理師 標準テキスト

心理学的支援法

杉原 保史
福島 哲夫 [編著]
東　斉彰

北大路書房

まえがき

　本書は公認心理師の養成カリキュラムにおいて，大学の学部レベルで履修することが求められている科目である「心理学的支援法」の教科書です。学部学生は，本書を通して「心理学的支援法」についての一通りの知識を身につけることができるでしょう。ただし，単に資格試験に合格するということではなく，実際に有効な心理学的支援ができるようになるためには，その知識は実践を通して鍛えられる必要があります。みなさんは，大学院において保健医療・福祉・教育その他の現場における支援理論を学び，実習によって実際に心理学的支援に関与する中で，学部レベルで身につけた知識が表面的なものだったと気づくかもしれません。駆け出しの支援者として現場に出てからも，わかったつもりだったことが，本当にはよくわかっていなかったと気づくことがあるかもしれません。そういうときには繰り返し本書に立ち返り，読み返していただければと思います。一人前の心理学的支援者になっていくプロセスは遠く長い旅路です。その遠く長い旅路を，みなさんと共に歩むことが本書の願いです。

　「心理学的支援法」では，様々な心理療法やカウンセリングの基本を理解するとともに，訪問による支援や地域支援，問題や症状を呈している個人を取り巻く関係者に対する支援，心の健康教育，良好な人間関係を築くためのコミュニケーションの方法，プライバシーへの配慮などについても学ぶことが求められています。心理学的支援に関する幅広い領域をカバーする，実践上，重要な科目です。本書は，こうしたカリキュラム上の要請に応えるように編集されています。

　このように幅広い内容を包括する心理学的支援法ですが，その重要部分は心理療法を構成する多様な学派の理論的・技法的な解説にあると言えるでしょう。心理療法は，シンプルな一つの体系ではなく，それぞれに個性をもった多様な学派から成り立っています。従来の心理療法の教科書には，多様な心理療法の学派それぞれの解説をただ並列的に収めるだけに終わっているものが多く見られます。そこでは，それらの解説は相互に独立し，バラバラなままです。それらのバラバラな解説を関連づけ，全体として組織化する作業は，おおむね読者に丸投げされていたのです。こうした教科書に従った学びでは，読者は多様な心理療法のそれぞれについて学ぶことはできるでしょうが，それらの学びは分裂したままの状態に

まえがき

留まってしまいます。いわば，それぞれ別々の収納庫に保管されたファイルのようなものです。残念ながら，それではせっかくの学びも十分に活用できないでしょう。せっかく保管されても，一生使わないファイルもあるかもしれません。

　本書は，この問題にチャレンジし，読者が様々な心理療法の学派をより有機的・立体的に学ぶことができる教科書を目指しました。本書が目標としているのは，単に様々な心理療法の学派を学ぶことではなく，それらの学びを活用して効果的な心理学的支援を構築できるようになることです。学派の多様性を尊重しつつも，多様性の中にある共通の本質を理解し，それをもとに幅広い学派に由来する多様な支援技術を柔軟に用いることができるようになることです。どの章もこの目標に奉仕するように記述されています。特定の学派に基づく理論や技法を説明するときにも，できるだけその学派に閉ざされた説明を避け，その理論や技法において作用している普遍的な治療原理を理解できるよう配慮しています。国家資格である公認心理師には，特定の学派の支援方法だけに閉じこもらず，多様な学派にオープンな態度で接し，幅広い支援のレパートリーを身につけ，対象者の状況に合わせて現実的で柔軟な対応ができるようになってもらいたいのです。

　本書がこうした方向性を選択したのは，単なる好みの問題ではありません。イデオロギーの問題でもありません。こうした方向性こそ，対象者にとって最も効果的な支援を行うための，現状における最も妥当で有力な道筋であるということが，多くの根拠によって示されているのです。

　いずれの章も，それぞれの領域において豊富な経験と深い理解をもった第一線の執筆者によって書かれています。力量のある心理臨床家によって書かれているだけに，教科書ではあっても，確立された学術的知見の退屈な紹介には終わっていません。読者は，それぞれの章で必要とされる専門的な知見を学ぶとともに，著者のユニークな個性と出会い，その支援者としてのスピリットに触発され，スリリングに好奇心を喚起されながら，深い省察へと誘われることになるでしょう。

　本書が，公認心理師の時代におけるわが国の心理学的支援の発展と充実に役立つことを，編者一同，心から願っています。

杉原保史・福島哲夫・東　斉彰

もくじ

まえがき iii

第1章 心理学的支援とは ……………………………………………… 1
1節 心理学的支援の定義　1
2節 心理学的支援における学派　2
3節 学派とのつきあい方　4
　1. 最強の学派を学ぶ？　5
　2. 好みの学派を学ぶ？　5
　3. 多様な学派をバランスよく学ぶ　6
4節 学派を超えて共通する治療要因　7
　1. フランクによる共通要因の研究　7
　2. 治療同盟　8
5節 クライエントに合わせた技法の選択　10
　1. 特定の診断に対するエビデンスを考慮する　10
　2. 対象者の価値観や文化的背景を考慮する　11
　3. 対象者の人格特徴に適合させる　12
　4. 対象者の変化のステージに適合させる　13
　5. その他　13
6節 心理学的支援の限界　15

第1部　心理療法の諸学派

第2章 心理力動論 ……………………………………………………… 18
1節 心理力動論の歴史　18
2節 心理力動論の特徴　19
　1. 無意識の心の働き　19
　2. 人格要因の注目と人格変容という目標　20
　3. 洞察に向けた対話　20
　4. 転移・逆転移への注目　21
3節 心理力動論の主要概念　22
　1. 欲求（need）　22
　2. 超自我（super-ego）　23
　3. 自我（ego）　23
　4. 防衛と人格のパターン　24
　5. 対象　26
　6. 対人関係　26

v

もくじ

  7. 自己　27
 4 節　心理力動論的支援の実際　27
  1. 設定　28
  2. 初期面接　29
  3. 心理療法過程における話し合いの進め方　30
  4. 転移・逆転移の扱い方　30
  5. ワークスルーと関係の質の変化　32
 5 節　児童，青年に対するアプローチ　32
  1. 児童や青年に対するアプローチ　32
  2. 親のガイダンスについて　33
 6 節　力動的心理療法の限界　34
  1. 精神障害に対する配慮　34
  2. 心的外傷ならびに環境上のストレスに対する配慮　35

第 3 章　行動論　37

 1 節　学習　37
 2 節　ピーターの事例　41
 3 節　行動論に基づく多様な支援法：ピーターの事例から　42
 4 節　行動論に基づく支援法の歴史　45
 5 節　行動論に基づく支援の要点　46

第 4 章　システム論　52

 1 節　原因と結果というものの見方・考え方　52
 2 節　システム論のものの見方・考え方　54
  1. システム（system）とは　54
  2. 対象を環境との関係を考慮して理解する　54
  3. 閉鎖システム（closed system）と開放システム（open system）　55
  4. 直線的因果律と円環的因果律　57
  5. 階層性（hierarchy）　59
 3 節　生物体システムの 3 属性　61
  1. 構造　61
  2. 機能　63
  3. 発達（歴史）　64
 4 節　システム論の有効性と課題　68
  1. 原因追及や犯人捜し・悪者探しをしない　68
  2. 症状や問題を抱えた本人が来談しない場合　69
  3. システム論を取り入れた心理療法の効果　69
  4. 統合的アプローチへの貢献　70
  5. 浮気と暴力・虐待の問題：直線的因果律による理解と介入の必要性　70
  6. ジェンダー・バイアスの問題　71

第 2 部　支援者に求められるあり方

第 5 章　心理学的支援における価値と倫理 …………………………………… 74

1 節　心理学的支援と価値　75
1. 心理学的支援は何を目指して行われるのか？　75
2. クライエントの自己決定とセラピストの中立的姿勢　76
3. 価値判断と受容的態度　77

2 節　職業倫理　78
1. 職業倫理の実用的な側面　79
2. 職業倫理と法　79
3. 命令倫理と理想追求倫理　80
4. 倫理的に健全な実践のためのルール　80

3 節　倫理的な意志決定のプロセス　84
1. 倫理的判断が問われる場面　84
2. 倫理的に疑問を感じる場面での判断過程　85

4 節　倫理的に健全な実践と臨床的に効果的な実践　86

第 6 章　援助的コミュニケーションのスキル …………………………………… 89

1 節　援助的コミュニケーションとは　89
1. 援助はすべてコミュニケーションの中で　89
2. クライエントがはじめて来た場面を想像してみよう　89

2 節　非言語的なコミュニケーション　96
1. 波長合わせ（ペーシング，チューニング）　96
2. 瞬間瞬間のトラッキング　97
3. 意図的ズラし　97
4. スローダウン　98

3 節　イメージや物を媒介としたコミュニケーション：分析的第三者から，イメージ療法まで　98

4 節　危機的関係におけるコミュニケーション：セラピーの山場を越える　100
1. セラピーに「危機」はつきもの　100
2. 転移・逆転移をふまえたコミュニケーション　101
3. 心理療法の中断と失敗に至るコミュニケーション：負の相補性　102
4. 具体的対応モデル：クライエントの怒りや性愛的感情表出にどう対応するか　103

5 節　まとめ　105

もくじ

第3部　心理学的支援の多様な技術

第7章　気づきを促進する ……………………………………………………… 110
- 1節　力動的心理療法における気づき　110
- 2節　技法1：葛藤を明確化する　111
- 3節　技法2：支持と直面のバランスをとる　113
- 4節　技法3：面接場面で起こっていることをフィードバックする　115
- 5節　技法4：セラピストの自己開示　118
  - 1. セラピストの内的体験をクライエントに開示する　118
  - 2. 自己開示技法の留意点　121
- 6節　セラピスト自身の気づきを高めるためのトレーニング法　122
  - 1. 五感を使って面接の録音記録を振り返る　122
  - 2. スーパービジョンを録音する　123
- 7節　洞察は対象喪失である　124

第8章　新しい体験を提供する ………………………………………………… 128
- 1節　新しい体験をすること　128
- 2節　支援者との関係の中で新しい体験をする：修正感情体験　130
- 3節　新しい体験を促す個別具体的な介入技法　131
  - 1. 主語をつけた現在形で表現をするワーク　132
  - 2. 個人内の葛藤を対話させるエンプティ・チェアの技法　133
  - 3. 未完了の体験のワーク　135
  - 4. 身体を使ったワーク　137
  - 5. 夢を素材にした体験的ワーク　140
  - 6. 課題場面のシミュレーション　142
  - 7. ホームワークを活用した実生活での新しい体験の獲得　143
- 4節　まとめ　144

第9章　より適応的な行動の学習を促進する ………………………………… 145
- 1節　はじめに　145
- 2節　行動論的に見た心理支援　145
  - 1. 行動論的なアセスメント　146
  - 2. 行動療法の介入の実際　148
  - 3. 事例の解説と介入の留意点　151
- 3節　認知論的に見た心理支援　152
  - 1. セッションの進め方（構造化）　153
  - 2. 認知的アセスメント　153
  - 3. 介入技法　154
  - 4. 認知療法による介入の実際　155

5.事例の解説と介入の留意点　　157
　4節　行動と認知の支援について振り返る　　158

第10章　関係者のシステムに働きかける支援のあり方 …………… 159
　1節　はじめに　　159
　2節　関係者を支援の対象とする必要性　　159
　3節　関係者を含んだ支援形式のいろいろ　　161
　4節　関係者の人間関係をシステムとして捉え支援する（システムズアプローチ）　　163
　　　1.システムを見立てる3つの切り口（3属性）　　163
　　　2.一部は全体に影響し，そしてまた一部に影響する　　167
　　　3.システムの見立てとジョイニング　　170
　　　4.内容（content）と文脈（context）　　172
　　　5.システムズアプローチの実際　　173
　5節　解決を構築する（ソリューション・フォーカスト・アプローチ）　　178
　6節　ストーリーの書き換えを支援する（ナラティヴ・セラピー）　　181
　7節　おわりに　　183

第4部　心理学的支援の多様なモード

第11章　プレイセラピー ……………………………………………… 188
　1節　はじめに　　188
　　　1.大人の心理治療と子どもの心理治療の違い　　188
　　　2.遊戯療法の適用年齢　　188
　　　3.子どもの心理的不適応の特徴と遊戯療法の位置づけ　　189
　2節　遊戯療法の理論と歴史　　190
　　　1.遊ぶことの治療的意味　　190
　　　2.遊戯療法の歴史　　192
　3節　遊戯療法の実際　　194
　　　1.遊戯療法の方法　　194
　　　2.その他の遊戯療法　　195
　　　3.遊戯療法の事例　　197
　　　4.はじめて遊戯療法を行う場合の心がけ　　203
　　　5.親から「なぜ遊ぶことが治療になるのですか」と聞かれたら　　203
　　　6.思春期への対応　　204

第12章　グループセラピー ………………………………………… 208
　1節　グループセラピーとは何か　　208
　　　1.はじめに　　208

もくじ

  2. 様々なグループセラピー　208
  3. グループサイコセラピーの変化の原理　211
 2節　枠組みを作る：グループセラピーを始めるために　213
  1. グループを作る　213
  2. メンバーの選定と導入　216
 3節　グループセラピーの技法　217
  1. グループセラピストの役割　217
  2. グループの発達　218
  3. グループのプロセス　221
  4. 対象群による技法の修正　222
 4節　グループセラピーの可能性と課題：終わりに　223

第5部　コミュニティへの支援

第13章　地域支援の意義　……………………………………………… 226

 1節　コミュニティ心理学誕生の背景要因　226
 2節　伝統的心理学的支援がもつ2つの制約　227
  1. 支援が必要な人すべてに支援を提供できない　228
  2. 支援の開始は早くない　229
 3節　地域支援が重視する考え　229
  1. 心理学的支援の利用しやすさと多様性　230
  2. 予防の重視　231
  3. 人が本来もっている強さとコンピテンスの重視　231
  4. 環境要因の重視　232
  5. エンパワメント　232
  6. コミュニティ感覚　233
 4節　地域支援の方法　233
  1. 心理学的支援につなげること　234
  2. 利用しやすい心理学的支援の提供体制　235
  3. ニーズに合った多様な心理学的支援方法の用意　236
  4. 環境に働きかける　238
 5節　地域支援の意義のまとめ　241

第14章　訪問による支援　……………………………………………… 242

 1節　はじめに　242
 2節　訪問による心理支援の心得　244
  1. 訪問による支援の治療構造と心理師自身を守る枠組みについて　244
  2. 訪問に行く際の心理師としての心構え　245
  3. 多職種連携と守秘義務　246

3節　学校カウンセリングにおける訪問支援　247
    1. 事例学習の素材：中学1年生の太郎君　248
    2. スクールカウンセラーの訪問支援の実際　249
  4節　精神科医療領域における訪問カウンセリング　250
    1. 事例学習の素材：24歳の花子さん　251
    2. 病院臨床における訪問支援の役割　252
  5節　保健分野における訪問相談　253
    1. 事例学習の素材：23歳の愛さん　253
    2. 保健領域における訪問の役割　254
  6節　緊急事態における訪問相談　255
    1. 事例学習の素材：33歳の五郎さん　255
    2. 緊急支援の実際　256
  7節　様々な訪問カウンセリングの可能性　257

第15章　心の健康教育 …………………………………………… 260
  1節　はじめに　260
  2節　心の健康，心の不健康とは　261
    1. 常と異なること（異常）を排除する心理　262
    2.「心の病」の体験記録　262
  3節　心理教育という支援　263
    1. 心理教育とは　263
    2. 教育領域で発展した心理教育プログラム　264
    3. 医学・精神保健学領域で発展した心理教育プログラム　266
    4. 二領域における心理教育プログラムの共通点　268
    5. 心理教育アプローチの展望　269
  4節　あらためて心の健康とは　271
    1.「心の健康」の定義から　271
    2. 心の健康の具体的領域　273
  5節　おわりに　274

column ……………………………………………………………………
  no.1　保健医療分野の現場から　50
  no.2　福祉分野の現場から　106
  no.3　教育分野の現場から　126
  no.4　司法・犯罪分野の現場から　184
  no.5　産業・労働分野の現場から　206
  no.6　心理的アセスメント現場から　258

引用文献　276
索　　引　289

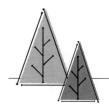

第 1 章 心理学的支援とは

　これから本書を通して心理学的支援について学んでいきましょう。その出発点として，本章では心理学的支援とはどういうものなのかを大局的な視点から理解することを目指します。

　まず，現在の心理学的支援が多種多様な学派によって構成されていることを理解します。そしてそれを踏まえて，学派を超えてあらゆる効果的な心理学的支援に共通する治療要因について学びましょう。さらに，対象者に応じて多様な学派に由来する技法をどう選択するかという問題にも取り組みます。最後に，心理学的支援の限界について取り上げます。

1 節　心理学的支援の定義

　本書における探究の出発点として，「心理学的支援とは何か」を定義しておきましょう。様々な定義が可能ですが，ここでは以下のように定義してみたいと思います。

> 　心理学的支援とは心理学に基づく支援であって，一般に心理療法や心理カウンセリングなどと呼ばれているものの総称である。心理学的支援において支援者は，苦悩を抱え不適応に陥っている個人，ないしその個人と日常的に関わる周囲の人々を対象として，一定の理論に裏づけられた関わりを提供する。そして，その関わりによって対象者の感情，思考，行動などに影響を与え，対象者の苦悩や不適応を軽減するとともに，成長を促進し，より適応的で健康的な方向への変化をもたらそうとする。

この定義について，4つのポイントに絞って簡単に解説しておきます。

第一に，心理学的支援は心理学に基づく支援です。したがって，ある特定の支援が心理学的支援と言えるためには，その支援を支えている概念や理論が心理学者のコミュニティにおいて承認されることが必要です。「悪魔」や「守護霊」などの概念を（比喩としてではなく）用いるような支援は，心理学者のコミュニティで承認されませんので，心理学的支援ではありません。

第二に，心理学的支援の対象者には，苦悩を抱え不適応に陥っている個人だけではなく，そうした個人と日常的に関わる周囲の人々も含まれます。心理的な問題の多くは，単に個人の内部にある問題ではなく，個人と個人の関係における問題として，あるいは，家族や学校や職場などのシステムの問題としても捉えることが必要です。

第三に，心理学的支援は，支援者と対象者との関わりを通して与えられます。薬物や手術などの生理的・物理的な方法を主に用いる支援は心理学的支援ではありません。

第四に，心理学的支援は，苦悩を取り除き，不適応を改善するだけでなく，成長や健康を高めることをも目指しています。つまり，心理学的支援はマイナスをゼロにするもの（治療）であるだけではなく，プラスを高めていくもの（成長促進・健康増進）でもあるのです。

こうした定義は，その性質上，抽象的なものですから，初学者にとってはあまりピンとこないかもしれません。そうだとしても気にすることはありません。これから具体的な知識を身につけていくにつれ，こうした定義は自然と理解されていくものです。上の定義は，そうした学びを始めるための最初の道標だと考え，前へ進んでください。

2節　心理学的支援における学派

さて，このように定義される心理学的支援は，実際にはどのようなものなのでしょうか。次に心理学的支援の具体的な中身を見ていくことにしましょう。

心理学的支援は，実は，決して単純な一つの体系ではありません。精神分析，

来談者中心療法，認知行動療法，家族療法など，心理学的支援は，異なった考え方や関わり方を主張する多くの学派によって構成されています。その数は実に数百にも上るとさえ言われています（代表的なものについては第2～4章を参照）。それぞれの学派は，異なる用語，異なる概念を用い，異なるポイントに注目して観察し，異なった働きかけ方を推奨します。ある学派で推奨される関わり方が，他の学派では避けるべきとされていることもしばしばあります。心理学的支援を学ぶに当たって，初学者を悩ませる最大の困難はここにあると言えるでしょう。

　なぜこのように多様な学派が存在するのでしょうか？　なぜそれぞれの学派は異なった見方や関わり方を主張するのでしょうか？　これらの問いには様々な答えがありうるでしょう。しかし，少なくとも最も重要な答えの一つとして「人間の心理的問題は非常に複雑なものだから」という答えが挙げられるでしょう。心の問題には，個人の主観的な感情体験の要素（不安，恥など），個人の考え方や信念の要素（人に弱みを見せてはいけない，など），その人の行動に関わる要素（引きこもり，リストカットなど），その人を取り巻く人間関係の要素（家族関係，友人関係など），社会的・時代的・文化的な要素など，多くの要素が関わっています。考え方が変わることで感情体験が変わったり，行動の仕方が変わったりします。行動が変わることで感情体験や考え方が変わることもあります。新しい感情体験が生じることで考え方や行動が変わることもあります。本人が変化しなくとも，周囲の重要な他者が変化することで，関係のあり方が変化し，本人の感情や考えや行動が変化することもあります。社会福祉の制度が整備されることで問題行動が緩和されることもあります。人間の心理的問題は，相互に関連し合う多くの要因が複雑に絡まり合ったウェブのようなものとして捉えられるものです（図1-1）。

　それぞれの学派は，異なる歴史的背景をもって発展してきたためにユニークな特徴を備えているわけですが，それらはまた人間の心理的問題を構成する多くの要素のいずれか（ないしいくつか）に注目し，そこに変化をもたらすべく最適化されてきたためにユニークな特徴を備えているのだともいえます。

　しかし，それぞれの学派が独自の主張をしている現状においては，初学者は

第 1 章　心理学的支援とは

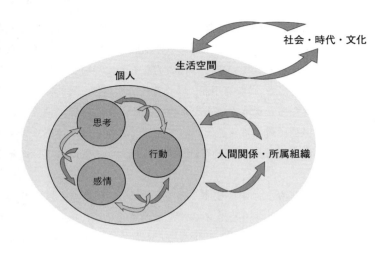

図 1-1　人間の心理的問題を構成し相互に影響し合う諸要素のウェブ

様々な学派の異なった主張に接して混乱してしまいがちです。単純さを求めて，いずれか一つの学派だけに忠誠を誓い，他学派を無視するようになってしまう支援者も見受けられます。そのように，心理学的支援が多くの学派によって構成されていることは，それを学んでいく上でしばしば厄介な問題となります。そこで次節においては，学派との望ましいつきあい方について考えてみましょう。

3節　学派とのつきあい方

　心理学的支援にはたくさんの学派があると聞いて，「いったいどの学派を学べばよいのだろうか？」「いくつの学派を学べばよいのだろうか？」「様々な違った学派を学ぶと混乱しないだろうか」などといった疑問を抱いている読者もいることでしょう。本書では，多様な学派をバランスよく学び，クライエントの状況に合わせて様々な視点から検討しながら学派を使い分けていくことを推奨しています。

　ここではまず，学派の選択に関わる 2 つの典型的な問いに取り組み，その上で本書の立場を説明します。

第1章 心理学的支援とは

1. 最強の学派を学ぶ？

　読者の中には，どの学派のセラピーが最も効果が高いのだろうかという疑問を抱いた人もいるかもしれません。最も効果が高い学派だけを学べばいいじゃないかと思った人もいたかもしれません。

　いずれの学派も，自学派の独自性と有効性をアピールしています。いったい最強の学派はどれなのでしょう？　そのような疑問が出てくるのも理解できることです。

　この問題に関しては，現在にいたるまで，多くの研究がなされ，議論が重ねられてきました。今なおその議論は続いています。しかし，少なくとも，いずれかの学派による実践が他学派による実践よりも，臨床場面において総合的に有効であるという決定的なエビデンスが示されたことはありません。もしオールマイティな学派が存在するのであれば，その学派だけを学べばよいということになるのかもしれません。しかし，実際にはそんなものは存在しないのです（Luborsky et al., 2002; Wampold & Imel, 2015）。

　もちろん，様々な研究において，特定の診断がついたクライエントに対して，特定の学派によるセラピーが他の学派によるセラピーよりも有効であったと示されたことはあります。しかしそうした場合でも，学派間の治療効果の差は大きなものではなく，個々のセラピスト間の治療効果のばらつきの方が大きいことが指摘されています。つまり，どの学派にも治療成果が良好なセラピストもいれば，治療成果が低いセラピストもいて，その違いの方が大きいのです（Kim et al., 2006; Wampold & Imel, 2015）。

　こうした事実を踏まえれば，どの学派を学べばよいのかという問題は，一見して思われるほどには重要な問題ではないということになるでしょう。それよりも，（どの学派を学ぶにせよ）どうすれば有能なセラピストになれるのかの方がずっと重要な問題なのです。

2. 好みの学派を学ぶ？

　読者の中には，多様な学派について学んでいくうちに，いずれかの学派に強く興味を惹かれる人もいるかもしれません。自分の好みに合った学派だけを没

頭的に学びたいと思う人もいるかもしれません。

　確かに興味のあること，好きなことを学びたいと思うのは自然なことです。しかし，ちょっと待ってください。自分が好きな学派だけを学んで行う支援は，いったい誰のための支援なのでしょうか？　その学派の実践が，クライエントにとってどうなのかを考慮する必要はないのでしょうか？

3. 多様な学派をバランスよく学ぶ

　本書は，多様な学派をバランスよく学ぶことを推奨する立場に立っています。これまでに述べてきたことも，そうした立場を支持するものだと言えるでしょう。以下，さらに別の視点からこの立場について説明してみましょう。

　心理療法において作用している治療要因を大きく分類すると，セラピストのスキルや経験や性格といったセラピスト要因，クライエントの問題の深刻さやリソース（動機づけ, 能力, 周囲のサポート）や性格といったクライエント要因，セラピストとクライエントの関係要因，学派による専門的な技法要因の4つを挙げることができます。これまでの研究では，このうちで支援の結果を最も大きく左右するのは，クライエント要因だということが知られています（Bohart & Tallman, 1999; Duncan et al., 2004）。

　この点に注目するなら，どのような学派に依拠する支援を行うにせよ，最も重要なのは，クライエント要因を活用し，増幅させることだということになるでしょう。クライエントの性格や価値観や文化を尊重して，セラピストがそれらにセラピーを適合させることは，そのための基本だと言えるでしょう。

　クライエントの性格や価値観や文化を反映して，クライエントの側にも学派に対する好みがあります。具体的にはっきり指示されることを好むクライエントもいれば，人から指示されるのを嫌うクライエントもいます。受容的に話を聴いてもらうことを好むクライエントもいれば，そういうことは不必要だと感じるクライエントもいます。温かく共感的な雰囲気のセラピーを好ましく思うクライエントもいれば，さばさばした雰囲気のセラピーを好ましく思うクライエントもいます。セラピストが自分の好きな学派のセラピーをしたいと思うように，クライエントにも自分の好きな学派のセラピーを受けたいという希望が

あります。もちろん，たいていのクライエントは多様な学派についての知識がありませんから，この点に関して最初からはっきりした求めがあるわけではありません。しかしなお，クライエントには，特定の学派のセラピーに対してより良好に反応する潜在的な傾向があります。その傾向をうまく活用することで，セラピーの効果は高まります。

　このようなことを踏まえると，どれか一つの学派を選んで，それだけを深く学ぶことのデメリットが理解されるでしょう。もちろん，特定の学派の学びを極める専門家も必要です。ですから，すべての支援者が多様な学派をバランスよく学ぶべきだ（ジェネラリストになるべきだ）とまでは言えません。けれども，たいていの現場の支援者にとっては，多様な学派のセラピーをバランスよく学び，クライエントによって，あるいはセラピーのプロセスによってそれらを使い分けるようにすることが，治療効果を全般的に上げるための近道なのだとは言えるでしょう。また，特定の学派の専門家を目指す場合でも，他学派についての学びを閉ざさず，オープンな姿勢で学んでいくことで，失うよりも得るものの方が大きいでしょう。

4節　学派を超えて共通する治療要因

　多様な学派はそれぞれに独自性と有効性を主張しています。それはまるでブランドの売り込み競争であり，そこでは学派間の違いばかりが強調されています。実際には心理学的支援には学派を超えて共通する治療要因があります。どの学派を学ぶにしても，有能な支援者になるためには，こうした共通要因を理解することが役に立つでしょう。

1. フランクによる共通要因の研究

　長年にわたって共通要因を精力的に探究したフランク（Frank, J. D.）は，あらゆる心理療法に共通する治療要因として以下のような考えを提示（表1-1）しています（Frank & Frank, 1991）。

　フランクの考えに従えば，どのような学派の実践を行うにせよ，有能な心理

表 1-1　あらゆる心理療法に共通の治療要因（Frank & Frank, 1991）

1. 患者の疎外感を取り除いて治療関係を強める。
2. 援助への期待を高め，維持する。
3. 新しい学習体験を提供する。
4. 情動を喚起する。
5. 患者の統御感あるいは自己効力感を高める。
6. 練習の機会を提供する。

療法家は，これらの作業を効果的に行っているのです。別の言い方をするなら，有能な心理療法家は，どのような学派に基づいて実践するにせよ，学派が提供する技法をうまく活用して，これらの作業が効果的に生じるようにしているということです。つまり，重要なのは，単に学派が提供する技法を用いることではなく，学派が提供する技法をうまく活用して，これらの作業を効果的に生じさせることなのです。

2. 治療同盟

　数多くの研究が，心理療法の共通要因の中でも，とりわけ治療関係の重要性を指摘しています。

　実際，どの学派のセラピーであれ，クライエントにセラピーで何が役に立ったかを尋ねると，セラピストが気づかってくれたこと，穏やかに話を聴いてくれたこと，共感してくれたこと，理解してくれたこと，1人の人間として認めてもらえたこと，励ましや自信を与えてくれたこと，違った視点からの意見やアドバイスをもらえたことなど，明確な技法以前の，セラピストの関わり方についての言及が多いのです。その大半は温かな治療関係に関係したものなのです（Bohart & Tallman, 1999; Ryan & Gizynski, 1971）。つまり，温かな治療関係は，学派を超えて共通する，重要な治療要因なのです。

　温かな治療関係は，クライエントが，不安や恥に彩られた触れがたい体験の領域を探索するための安心基地となり，触れがたい体験に踏み込みすぎた時の安全な逃げ場となります（図1-2）。温かな治療関係を支えとして，クライエン

トは，それまで触れがたいと感じていた体験に徐々に触れられるようになっていくのです。

しかし，このような温かな治療関係は最初から容易に形成されるとは限りません。多くのクライエントにとって，温かな治療関係を形成することはそれ自体がチャレンジであり，セラピーの重要課題なのです。しばしば，温かな治療関係は，セラピストが共感，受容，支持，純粋さ，承認，励ましといったスキルを巧みに用いて関わることで，はじめて促進されるものです（第6章を参照）。そして，温かな治療関係を体験することは，クライエントにとって，それ自体，しばしば新しい経験であり，治療的な経験となります。

また，治療関係と関わりが深い概念に「治療同盟（therapeutic alliance）」があります。治療同盟というのは，クライエントと心理療法家の協働的な関係の質と，その関係における絆の強さのことです。治療同盟には，「治療目標の合意」「作業についての合意」「肯定的で情緒的な絆の存在」という3つの構成要素があるとされています。数多くの調査から，どの学派のセラピーを実践するにせよ，「治療同盟」がしっかりと形成されているほど，治療効果が高いということが明らかにされています（Norcross, 2011）。十分によい治療同盟は，セラピーの成功にとって決定的に重要なものです。

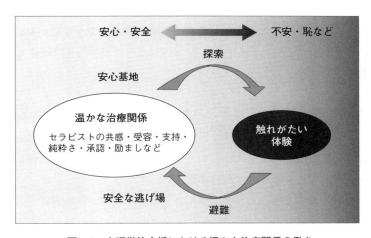

図1-2　心理学的支援における温かな治療関係の働き

以上に述べてきたような肯定的な治療関係は，それ自体で治療的価値があるだけでなく，他のあらゆる治療作業が効果的に働くための基礎となるという意味でも重要なものです。肯定的な治療関係がしっかり形成されることで，学派に固有の技法が有効に作用するのです。

　そして，学派に固有の技法が実際に治療効果を上げることで，逆に，肯定的な治療関係はいっそう強く確かなものとなります。心理学的支援において，いかに肯定的な治療関係が重要なものだと言っても，それは学派に固有の様々な技法が不要だということでは決してありません。治療関係と他のより具体的な様々な治療作業との間には，互いに互いを支え，促進し合うような複雑な相互作用があるのです。

5節　クライエントに合わせた技法の選択

　これまでにも述べてきたように，心理学的支援には多様な学派があり，多様な視点，多様な技法があります。有能な支援者は，それぞれに得意とする好みの技法はあるものの，クライエントに合わせて，また支援の過程で必要とされる課題に合わせて，適切な技法を柔軟に選択しています。

　それでは，どのようにして技法を選択すればよいのでしょうか。この問題に関しては，まだすべての支援者が共通の地平とできるような確かな結論は得られていません。ここでは現在までに提示されてきた有力な考えをいくつか紹介しておきましょう。

1. 特定の診断に対するエビデンスを考慮する

　エビデンス・ベースド・プラクティス（EBP）の立場からは，診断カテゴリーに対応して，治療効果があるというエビデンスが示された心理療法を優先的な選択候補とすることがしばしば推奨されます。

　この考えに基づく場合，まずクライエントを，アメリカ精神医学会の「精神障害の診断と統計マニュアル（DSM）」などの診断カテゴリーによってアセスメントすることが必要です。その上で，「研究によって支持されている心理学的

支援法（Research-Supported Psychological Treatments：RSPT）」（アメリカ心理学会第12部会）のウェブページや，コクラン・レビュー（医学論文のシステマティックなレビューを集約したデータベース）などを参照し，エビデンスが示されている心理療法を優先的な選択候補とするのです。

　このようにクライエントの精神医学的な診断に関してエビデンスが示されている技法を選択するという方法は，一見すると非の打ち所のないもののように見えます。実際，多くの場合において考慮されるべき重要な視点の一つではあると言えるでしょう。しかし，この方法だけで技法の選択の問題が解決するわけではありません。それにはいくつかの理由があります。

　まず，単純に一つの診断だけに当てはまり，他の問題を併せて訴えないようなクライエントはそう多くありません。そもそも診断がすっきりつかないクライエントも多いですし，主訴でさえはっきりしないクライエントも珍しくありません。人間関係の問題，キャリアの問題，実存問題など，精神医学的な診断体系には必ずしも当てはまらない問題を併せて訴えるクライエントもたくさんいます。

　さらには，同じ診断が下りるクライエントも，それぞれに多様な個性をもっており，セラピーの好みや性格傾向や文化的背景はまちまちです。そうした個性を考慮せず，診断だけに注目して，その診断において全般的に効果があると示されたセラピーが，その診断を受けたその特定の個人にとって最適のセラピーなのかどうかは定かではありません。

　こうした考察を踏まえると，エビデンスに基づく技法の選択は，一つの有力な視点ではあるものの，決定的なものとまでは言えず，実際には他の視点も併せて考慮することが必要だということがわかるでしょう。

2. 対象者の価値観や文化的背景を考慮する

　多元的アプローチ（Cooper & McLeod, 2011）では，それぞれの人が抱いている多様な価値を尊重するなら，心理療法にも多様性を認めることが必要だと考えます。合理的に考えることに価値を置く対象者もいれば，スピリチュアリティに価値を置く対象者もいます。心理療法の選択は，こうした対象者の価値

観に基づいて，対象者自身によって主体的になされる必要があると考えられます。

また「価値に基づく実践（Value Based Practice：VBP）」の考え方においても，「支援者にとって正しい選択」と「支援対象者にとって正しい選択」は必ずしも同じではなく，対象者との対話を通して，対象者の価値観を尊重しつつ意思決定していくことの重要性が指摘されています。よい意思決定は，あらかじめ支援者によって設定されたよいアウトカムではなく，よいプロセスに依存するものとされます。

さらには，多文化間療法の考え方においても，支援者は，支援の名の下に優位文化の価値を押しつけないよう，対象者の文化的価値観に対して敬意を払うことの重要性が指摘されています。

これらの考え方においては，心理学的支援の提供者は，自らが提供できる技法のレパートリーや，それぞれの利点や限界について丁寧に説明すると同時に，この点に関する対象者の意見を聴き，対象者の価値観を尊重しつつ，対象者自身が技法を能動的に選択できるよう援助する過程が強調されています。つまり技法の選択は，支援者が一人で答えを出す課題ではなく，対象者と支援者が協働して取り組む課題として位置づけられているのです。

なお，倫理的・臨床的に問題がない範囲であれば，対象者の文化や好みに技法を適合させることで，ドロップアウト率が低下し，治療効果が高まるというエビデンスも示されています（Norcross, 2011）。

3. 対象者の人格特徴に適合させる

適性処遇相互作用（Aptitude-Treatment Interaction：ATI）のモデルに基づき，クライエントの様々な人格特徴と心理療法の間の効果的な組み合わせが研究されてきました。こうした研究の中で確認されてきた知見の一つとして，抵抗やリアクタンス（指示されると，それに従うよりも自分で決めたい気持ちが高まる傾向）が高いと評定された対象者は非指示的な心理療法による方が効果が上がり，抵抗やリアクタンスが低いと評定された対象者は指示的な心理療法による方が効果が上がる傾向があることが知られています（Beutler et al., 1991）。

4. 対象者の変化のステージに適合させる

　プロチャスカら（例えば，Prochaska & Norcross, 2014）の多理論統合アプローチにおいては，多様な心理療法の諸技法の中から，そのクライエントにとって効果的な技法を選択するためには，クライエントの「変化のステージ」に注目するのが有用だと考えられています。

　変化のステージとは，変化に対するその個人の準備状態のことです。クライエントの中には，人に言われて不承不承に心理療法家のもとにやって来た人もいれば，問題を改善するために具体的な行動を取る意志が明確にある人もいます。プロチャスカらは，こうした変化の準備状態を6つのステージに概念化しました（表1-2）。

　多理論統合アプローチにおいては，クライエントの変化のステージによって，どのような心理療法を用いることが効果的であるかが違ってくると考えられています。それぞれのステージで推奨される心理療法をまとめたものが表1-3です。

5. その他

　心理学的支援には，言語を媒体とする方法以外にも，遊戯療法，箱庭療法，絵画療法，心理劇，音楽療法，ダンスセラピーなど，非言語的な表現方法を活用するものも多数存在しています。対象者の状況によっては，こうした方法の方が効果が上がる場合もしばしばあるでしょう。

　また，心理療法の選択の問題に加えて，対象者の状況やニードに合わせて，個人心理療法か，カップルセラピーか，家族療法か，グループセラピーか，それらの併用かといった面接様式の選択も必要です。

　心理支援を提供する者には，こうした幅広い可能性の中で，支援の方法を選択し，調整していくことが求められています。その一方で，節操なく技法を選択するような過度の柔軟性は，治療効果を損ねることも知られています。ここに述べてきたような多様な議論を踏まえて，バランス感のある柔軟性を心がけることが必要でしょう。

第 1 章　心理学的支援とは

表 1-2　変化のステージ（Prochaska & Norcross, 2014）

前熟考期	当面，行動を変えようという意志をまったくもっていない。自分の問題に気づいていない。
熟考期	問題があることに気づいており，問題を克服しようと真剣に考えているが，まだ行動に移す決意はない。
準備期	変化したいという意志があり，変化の先駆けとなる小さな行動にすぐにでも取り組む準備ができている。
実行期	実際に明確に行動の変化が生じている。
維持期	行動変化が始まってから 6 か月以降の行動の変化を維持する時期。
終結期	問題行動に戻る誘惑を経験しなくなり，逆戻りを予防する努力をしなくてもよくなる時期。

表 1-3　多理論統合アプローチにおける心理療法の諸システムの統合（Prochaska & Norcross, 2014）

レベル	変化のステージ				
	前熟考期	熟考期	準備期	実行期	維持期
症状／状況	動機づけ面接法			行動療法 EMDR とエクスポージャー	
不適応的な認知		アドラー派心理療法	論理情動行動療法 認知療法 第 3 世代の行動療法		
対人葛藤	対人関係精神分析	交流分析	対人関係療法（IPT）		
家族葛藤／システム葛藤	戦略派家族療法	ボーエン派家族療法		構造派家族療法	
個人内葛藤	精神分析的心理療法	実存的心理療法	ゲシュタルト療法		

6節　心理学的支援の限界

　本章を終えるに当たって，心理学的支援の限界についても触れておきましょう。心理学的支援を学ぶ人には，その有用性だけでなく，限界についても理解しておくことが必要です。

　どのような心理学的支援も，決して完璧でも万能でもありません。支援者は自分の力だけで支援しようと無理をしないことです。クライエントにとって，医療，福祉，教育，法律，宗教など，他の分野の支援が有用であると思われる場合には，そうした支援を紹介したり，一緒に情報を探して検討したりすることが必要です。

　また，いかに優れた支援者でも，すべての対象者に肯定的な変化を引き起こすことができるわけではありません。支援者が自らの能力に対する現実的な見方をもっていないなら，支援が思うように効果を上げない時（そういうことは必ずあります），必要以上に落胆してしまうことになります。

　心理学的支援に効果があることは，過去40年以上にわたる多くの研究によって十分に証明されています（例えばLambert & Ogles, 2004; Wampold & Imel, 2015）。心理学的支援を受けたクライエントの大半が，それを有益なものとして経験しているという報告もあります（Consumer Reports, 1995）。しかしその一方で，心理学的支援を受けたクライエントの5％～10％が悪化しているという報告もあるのです（Lambert & Ogles, 2004）。この数字は，心理学的支援を受けない場合に悪化する人の比率を上回るものです。

　支援者はこうした事実を冷静に認識しておくことが必要です。そして，クライエントの悪化の兆候に注意しておき，そうした兆候が見られたら，遅滞なく率直にそのことを取り上げて話し合いましょう。

　症状や問題行動の悪化に限らず，心理学的支援に対する，そして支援者に対する不信や不満の兆候を捉えて話し合いの俎上に載せていくことは，心理学的支援のプロセスにとってきわめて重要なことです。クライエントは，支援の過程で悪化していると感じたり，不信や不満を抱いたりしても，すぐにはっきりそう言ってくれるわけではありません。むしろ直接的に伝えるのを避けようと

第1章 心理学的支援とは

する方が普通です。それゆえ，支援者の方が，そうした兆候に注意を払い，積極的に取り上げていくことが大事なのです。

　また，支援が思うように効果を上げていないと感じた場合には，支援者自身がスーパーヴィジョン（指導者から実践上の指導を受けること）を受けることも検討する必要があります。

　支援者にとって，支援が有効に機能していないことを認めるのは苦しいことです。しかし，そうした苦しさを味わいながらも，自らの支援の限界を受け容れ，オープンに穏やかに話し合う姿勢が大切です。そうした支援者の姿勢は，大きな文脈において，対象者に「完璧でなくても大丈夫」というメッセージを伝える，生きたモデルとなるのです。

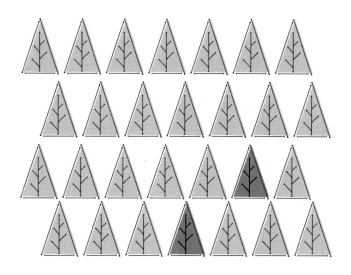

第 **1** 部

心理療法の諸学派

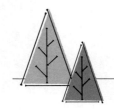

第2章 心理力動論

本章では、心理学的支援の基礎となる心理力動論とそれに基づく心理療法の概要について説明します。

1節　心理力動論の歴史

はじめに簡単に歴史を振り返っておきましょう。19世紀末、オーストリアのウィーンでヒステリーの治療に専念していた精神科医フロイト（Freud, S.）は、治療に用いていた催眠技法に限界を感じ、独自の治療方法を考案しました。ヒステリーとは、器質的な異常がないにもかかわらず、様々な機能障害や精神症状が現れる精神疾患です。フロイトが考案した技法は、寝椅子に横たわった患者に自由に話をさせ、その内容を分析することで、患者自身が自覚していない無意識の葛藤を明らかにするというものです。フロイトは、この技法を用いて様々な疾患の治療を行うと共に、人間の精神世界に関する理論体系を構築していきました。この技法と理論に、フロイトは精神分析という名をつけました（Gay, 1988）。

フロイト以後、精神分析の技法や理論については、様々な付加や修正が加えられ、その過程で、いくつかの考え方の異なるグループが枝分かれしました。代表的なものに、アンナ・フロイト、ハルトマンによる自我心理学、クライン、フェアバーン、ウィニコットらの対象関係論、コフートによってはじまる自己心理学、そしてサリヴァン、フロム、トンプソンらによってはじまった対人関係論などがあります。

また、精神分析という範疇にはとどまらないものの、精神分析的な考え方を

背景に，様々な心理療法の技法や理論が生み出されていきました。現在，多様な心理療法が存在する中，精神分析と共通性をもつ一群は，心理力動論的な心理療法，あるいは力動的心理療法と呼ばれ，心理療法の主軸の一つとなっています。

本章では，心理力動論的な心理療法の特徴を整理して解説しますが，なるべく公認心理師の心理学的支援の実践に役立てられるよう，細かい議論は省略し，具体的なイメージがつかめるように工夫したいと思います。なお，文中，理論について言及する時は心理力動論，心理療法について言及する時は力動的心理療法で統一します。

2節　心理力動論の特徴

心理力動論の特徴については，様々な整理の仕方がありますが，ここでは無意識の心の働き，人格要因の注目と人格変容という目標，洞察に向けた対話，転移関係への注目という4点に絞って説明します。

1. 無意識の心の働き

心理力動論の根幹にある発想は，人間の精神活動はすべて意識されているわけではなく，意識されない心の領域，すなわち無意識の世界があるという仮説です。フロイトの時代は，自我に脅威を与える記憶や観念が，無意識の世界に押し込められるという，埋もれた遺跡に喩えられる考え方がなされていました。現在では，こうした考古学モデルの無意識ではなく，現在進行形の体験がすべて自覚されるわけではなく，多くが意識として結晶化しないという解離モデルも提唱されています（Stern, 1977）。いずれにしても，自覚されない心の動きを想定し，その影響力に関心を払うのが，心理力動論の特徴です。

単純化した例を考えてみましょう。友人の結婚を喜ぶ気持ちと，妬む気持ちが同時にあるというように，2つ以上の気持ちがぶつかり合うことを葛藤と呼びます。妬む気持ちは，社会的に望ましくないとされるため，自覚されにくくなります。しかし，葛藤は無意識であっても存在し続けるので，意識や行動に

何らかの影響を与えます。例えば，結婚式の当日に寝坊するとか，会場を忘れるといったことが起こるかもしれません。支援を要する問題であれば，もっと複雑な無意識の影響が関与している可能性があります。心理力動論的なアプローチではそれらを共感的に理解しようと努めます。

2. 人格要因の注目と人格変容という目標

　心理力動論的な観点の共通点に，人格要因に関心を寄せるという点があります。人格（パーソナリティ）とは，人間の精神活動や行動を司る内的組織を意味する構成概念で，個人ごとにその特性が異なるため，「人柄」とか「個性」を作り出すものとも考えられます。様々な心理的な機能，感受性，思考様式，葛藤の処理様式などは，こうした人格の構成要素ということになります。

　人格変容というと大げさに聞こえるかもしれませんが，人間の人格は，一生の間に様々な変容を遂げます。経験を通して，ものの見方，感じ方，対処の仕方，考え方が変化します。それは成長という言葉で言い換えることも可能でしょう。

　力動的な心理療法が目指す人格変化には，成長と言い換えられる全般的なものも含まれますが，特に焦点を当てるのは，心理的困難を引き起こしている人格要素です。例えば，先ほどの例で言うと，妬みなどの陰性の感情への拒否が，堅くまた強すぎるという場合，それを緩和し，そうした感情の受容性を高めることが，心理療法のテーマになるかもしれません。このように，心理力動論は，心理的困難の背景にある人格要因に着目し，その変化を目指すという特徴があります。

3. 洞察に向けた対話

　精神分析の歴史では，無意識の意識化という意味で，洞察という語が用いられるようになり，精神的健康への王道として尊重されてきました（McWilliams, 1999）。洞察と言うと，やはり大仰な感じがしますが，私たちは様々な経験を通して，自分についての気づきを得ています。洞察も，そうした気づきとの連続線上で考えてよいのではないでしょうか。その意味で，自己理解（self-understanding）の拡張や，自己認識（self-awareness）の増大と言い換えてもよいでしょう。

　ただ，心理力動論が焦点を当てる無意識の人格要素は，あたりまえのこととして，振り返られることなく，自我親和的になっているため，自分一人では気がつきにくいものです。それを自我異和的にすること，そして，意識されなかった感情や思考を自分の一部として受容していくことは，たやすいことではありません。

　気づきを促すための主たる方法は対話です。特に力動的心理療法では，支援者の支持的，共感的，そして率直な姿勢をもとに，要支援者との信頼関係を築きながら，要支援者が安心して自由に語れる空間を提供できるように心がけます。

4. 転移・逆転移への注目

　要支援者が支援者に対して向ける欲求，感情，態度，空想は，転移（transference）という言葉で呼ばれています。フロイトの時代は，転移は，過去の人物に向けられていたものが，精神分析家に向け変えられたものであると考えられていました。しかし，その後，転移の概念は拡張され，患者が分析家との関係において発展させる様々な要素が含まれるようになってきました（Sandler et al., 2008）。さらに，現代では，転移は患者の側が一方的に持ち込むものではなく，知覚される精神分析家の要素と患者の体験様式が絡み合って生じるものと考えられるようになりました。また，患者との関わりの中で，分析家の中にも様々な主観的な反応，すなわち逆転移（counter-transference）が生じ，それが患者との関係性に影響を与えるという，二者心理学的な見方が優勢になっています（岡野ら，2011）。

　精神分析においては，こうした転移・逆転移を含んだ支援者と要支援者の関係そのものに関心を払い，そこで起こっていることについて話し合うことが，重視されています。公認心理師の相談業務の中で，要支援者と転移関係について直接話し合うという機会は，それほど多くないかもしれません。しかし，継続的な支援の中で密度の濃い関係が醸成される場合や，性格の問題がかなり大き

い要支援者と関わる時には，転移や逆転移に関する理解が役に立ちます。また，それがないと，要支援者の問題行動に巻き込まれて，危険が生じることも考えられます。その意味で，転移・逆転移は，対人援助に携わる人間が，標準装備しなければならない概念であると言えるでしょう。

3節　心理力動論の主要概念

精神分析を中心とする心理力動論では，無意識を含めた人間の心の動きを理解するために，様々な概念が作られてきました（Pine, 1990）。これらの概念は，臨床場面において，要支援者の心の動きを理解し，援助を行うための準拠枠としての役目を果たします。観察するにせよ，傾聴するにせよ，現象をよりきめ細かく分化させて把握するには，参照する準拠枠が必要です。その意味で概念は，臨床場面で用いる道具であると言えるでしょう。ここでは心理力動論的な観点から作られ，使われてきた主要な概念のうちいくつかを説明しておきます。

1. 欲求（need）

フロイトは，独自の心理学理論を構築するに当たって，生物学的な欲求を基礎に据え，その欲求と社会的な要請との衝突から，様々な不適応現象を説明しようとしました。彼が特に注目したのは，性的な欲求であり，生物的本能に由来し，突き上げてくるような性質を言い表すために欲動（drive）という言葉で言い表しました。フロイトはさらに人格を3つの要素で構成される構造として概念化しました。3つの要素とは，イド（id），自我（ego），および超自我（super-ego）の3つで，イドは最も原始的な部分で，本能的な欲動を生み出すところであり，両親のしつけが内面化され，道徳的判断を行う超自我との間で葛藤を引き起こすと考えました。

要支援者が抱える心理的困難を理解するためには，本人がもてあましている様々な欲求に注意を払う必要があります。それは，フロイトの言うような生物学的な性衝動に限定されません。人から愛されたい欲求，周囲から注目されたい欲求，人から尊敬されたい欲求，人に優越したい欲求，人を支配したい欲求

など，人が欲し求めるもの，そして時に扱いに困るものは，どちらかというと社会的な文脈や対人関係において体験されるものです。そうした意味で，ここでは欲動（drive）ではなく欲求（need）という用語を用いますが，心理的困難を考える上で，そうした欲求の概念は不可欠であると思われます。

2. 超自我（super-ego）

すでに触れたように，欲求と対立的な関係になりやすい，道徳心や良心を司る人格の構成要素をフロイトは超自我と名づけました。由来は自我よりも上位にあって，上から監視するような働きをすると考えられたからです。そのルーツは，親などの権威者の視点や価値観であり，しつけを通してそれが内面化されると考えられました。

超自我は，規範に沿って，向社会的な行動をとる上では重要な働きをします。したがって，超自我が十分に発達しないと，非行や犯罪といった反社会的な問題行動を引き起こす危険が出てきます。逆に，超自我が強すぎる場合には，行動は抑制的，消極的になり，年齢相応の興味・関心を発達させることができなくなったり，自己非難の強さが自尊感情の低下につながったりします。いずれの場合も，要支援者の心理的困難を理解する上で，欠かせない概念と言えるでしょう。

3. 自我（ego）

日本語で自我と言うと「我が強い」「我執」といった否定的ニュアンスが連想されますが，この用語はフロイトがイドや超自我に対して，主体的，意識的な自己を司る領域を言い表すためにドイツ語の一人称 Ich を用いたことに始まり，それが英語訳される際に，ラテン語の「私」という意味の ego と訳され，さらに日本語では自我と訳されたという経緯があります。しかし，その後，次項で述べる防衛という内部調節機能や，環境に適応するための種々の心理機能が，自我に属するものとして考えられるようになり，自我は機能という観点から考えられるようになりました。

環境に適応する機能としては，知覚，認知，思考，判断，言語，情緒の調節な

ど進化の過程で人類が獲得してきた生得的能力が土台にあり，その上に学習を通して獲得される様々な能力が積み上がります。さらにこれらの諸機能は，有機的なまとまりと一貫性をもち，主体としての自己を作り上げます。自我というと，そうした統合された主体的人格を指し，自我機能というと，自我を構成する要素となる個々の心的機能を意味します。

　自我や自我機能という概念の有用性は，要支援者の心理アセスメントを考える時に発揮されます。子どもの場合であれば，自我の発達の水準がどのレベルに達しているのか，個々の自我機能の発達はどうかと考えることができます。成人の場合，特に精神障害が疑われる時，精神医学的な診断とは別の次元で，患者の適応の水準がどの程度かを評価することで，支援の指針を得ることができます。

4. 防衛と人格のパターン

　防衛（defense）あるいは防衛機制（defense mechanism）と呼ばれているのは，ストレスの軽減，不安の回避，葛藤の一時的な解決，自尊心の維持など，精神的な安定を図るための心の動きや行動のパターンを総称する概念です。フロイトが最初に注目したのは，自我に脅威を与える葛藤を，無意識に閉じ込める抑圧という防衛でした。その後フロイトやその他の分析家たちによって，様々な防衛機制が概念化されていきました。現在では，発達の初期に使われる原始的な防衛と，より成長した段階で使われる高次の防衛機制に分類するということもされており，前者には，原始的引きこもり，否認，万能感的コントロール，原始的理想化，投影，取り入れ，投影同一視，スプリッティング，解離などが挙げられ，後者には，抑圧，退行，隔離，知性化，合理化，道徳化，分画化，打ち消し，自己自身への向け変え，置き換え，反動形成，逆転，同一化，行動化，性愛化，昇華などが挙げられます（McWilliams, 1994）。

　一般に防衛機制を用いること自体は，誰にでも見られることであり，特に病理を意味するものではありません。しかし，特定の防衛機制に頼りすぎると，非適応的な対処の仕方が恒常的になり，それが問題を生み出すと考えられます。例えば，隔離は不快な出来事について考える時，感情を切り離すことで冷静な

状況の分析を可能にするというよい面がありますが、その機制に頼りすぎると感情生活は枯渇し、冷徹で機械的な人間関係しか営めなくなる可能性があります。

　心理力動論の伝統では、様々な精神病理を人格のパターンと自我の発達水準という2軸で捉えようとしてきました。こうした理解の仕方は、心理療法的接近の可能性を評価し、支援の指針を考える上で、重要な役割を果たします。中でも防衛機制についての理解は、目指すべき変化の方向性を具体的に示してくれるという点で、心理力動論にとって欠かすことのできない概念と言えます。米国でまとめられた心理力動的診断マニュアル（Psychodynamic Diagnostic Manual）からパーソナリティ・パターンと防衛の対応を一覧にしたものを表2-1に示します（PDM Task Force, 2006）。

表 2-1　心理力動的診断マニュアル（PDM）によるパーソナリティ・パターンと防衛の対応

番号	PDMパーソナリティ軸の分類	防衛
P101	シゾイド（スキゾイド）パーソナリティ障害	引きこもり（物理的、空想世界に）
P102	パラノイドパーソナリティ障害	投影、投影同一視、否認、反動形成
P103	精神病質性（反社会性）パーソナリティ障害	万能感的コントロールへの指向性
P104	自己愛性パーソナリティ障害	理想化、価値下げ
P105	サディスティック、サドマゾヒスティックパーソナリティ障害	感情の切り離し、万能感的コントロール、反転、エナクトメント
P106	マゾヒスティック（成功回避性）パーソナリティ障害	取り入れ、取り込み的同一化、自己への向けかえ、道徳化
P107	抑うつ性パーソナリティ障害	取り入れ、反転、他者の理想化、自己の価値下げ
P108	身体化性パーソナリティ障害	身体化、退行
P109	依存性パーソナリティ障害	退行、反転、回避
P110	恐怖症性（回避性）パーソナリティ障害	象徴化、置き換え、投影、合理化、回避
P111	不安性パーソナリティ障害	不安に対する防衛の失敗
P112	強迫・衝迫性パーソナリティ障害	感情隔離、反動形成、知性化、道徳化、打ち消し
P113	ヒステリー性（演技性）パーソナリティ障害	抑圧、退行、転換、性愛化、行動化
P114	解離性パーソナリティ障害（解離性同一性障害、多重性パーソナリティ障害）	解離
P115	混合型/その他	

5. 対象

　フロイトの精神分析では葛藤や防衛といった精神内界の力動に関心を向けていましたが，臨床の実践が積み重ねられるにつれて，他者との関係が及ぼす影響に目を向けざるを得なくなっていきました。人間が根源的に求めているのは，性的な快体験ではなく，他者との関わりであり，その関わりの中で他者のイメージは内在化され，そのイメージは後の人間関係に影響を与えると考えられるようになりました。

　この考え方の一つの推進力となったのは，フェアバーンによる対象関係論です（Fairbairn, 1952）。彼は，早期の養育者との関係において，要求が満たされないストレスフルな親子関係において，よい親のイメージを保持するために，悪いイメージを自己が引き受けるといった，対象（object）の内在化に関する複雑な動きを理論化しようとしました。精神分析では，フロイトの用語法を引き継いで，他者のことを対象と呼びます。それは現実の他者そのものではなく，内的に取り入れられた表象というニュアンスを含んでいます。それが現在の生活にどのような影響を与えているのか考えることにより，問題の理解と援助の指針を生み出すことができるでしょう。

6. 対人関係

　対象関係論を含め，精神分析が伝統的に，空想やイメージの世界を重視するのに対して，現実の対人関係（interpersonal relationship）がもたらす影響力を重視する考え方があります。対人関係学派のサリヴァンは，養育者との実際の関係を通して，子どもが，不安を避けるための関係様式を身につけ，それがその後の対人関係に影響すると考えました（Sullivan, 1953）。愛着理論の創始者であるボウルビィも，乳児が養育者との間で作り上げる愛着関係が，その後の人生の関係をつかさどるための青写真のような役割を果たすと考えています（Bowlby, 1988）。

　サリヴァンは，さらに，乳幼児期にとどまらず，人生のすべての時期で，重要な他者との関係が大きな影響力をもつと考えています。特に，児童期の終わりに体験するチャムと呼ばれる親密な友人関係が，それまでの親子関係で生じ

7. 自己

　人間は2, 3歳のころから，自分という存在について意識をもち始め，その意識は成長と共に，分化しながら拡張していきます。そのすべてが明瞭に意識されるわけではありませんが，意識の対象となる自分という存在を表すのに，自己（self）という用語が当てられます。

　自己にまつわるテーマとしては，個人が自己をどのように捉えているか，自己を価値のあるものと感じているか，どのようなイメージをもっているか，現実の自分を受け入れているか，まとまりのあるものと感じているか，など，様々なものがあります。それらについては，自己概念，自己イメージ，自己肯定感，自尊感情，自己受容などの心理学用語が対応しています。

　また，自己は，対象つまり他者と対になる面があります。発達的に見ると養育者と自分との区別がつきはじめ，徐々に対象のイメージを保持しながら独自の活動範囲を広げていきます。そして，最終的には社会や生育史とのつながりの中で，一貫性のある自分を確立するといったプロセスがあります。それらは，自己と対象の分化，分離・個体化，自己同一性といった概念と対応しています。

　精神分析の世界でこの自己のテーマを，自己愛の病理と絡めて，大きく取り上げたのは，自己心理学派のコフートです（Kohut, 1971, 1977）。彼は，自己愛の病理の背景には，理想化できる親の欠如や，親からの共感的な関わりの不足があると指摘しました。これらは，要支援者が抱える心理的困難の背景を考える上でも重要です。

4節　心理力動論的支援の実際

　それでは心理力動論の観点を生かした心理支援の実践とは，具体的にどのように行うのでしょうか。

第 1 部　心理療法の諸学派

　公認心理師が心理支援をする現場は様々です。医療施設，教育施設，福祉施設など，領域や分野，そして支援の現場の性質により，支援業務の対象者，目的，方法なども異なります。一方，精神分析を中心とする力動的心理療法は，訓練を受けた分析家が，個人開業のオフィスで，要支援者と直接契約を結んで行うのが標準的な形態でした。公認心理師の中には，そうした標準的な形態で力動的心理療法を提供する人もいるでしょう。しかし，上記のような様々な現場では，そうではなく，その現場の枠組みに合わせて，標準的なやり方を修正して行うことになると思います。

　ここでは，標準的なやり方を説明した後，支援の現場に応じた修正や応用について触れておきたいと思います。

1. 設定

　心理療法を行う際の時間，場所，料金，面接室内の席の配置，話し合いのもち方など，比較的に固定された条件のことは，設定とか枠と呼ばれています。力動的心理療法の標準的設定は，最も端的に言えば，要支援者と支援者の 2 人が，落ち着いて話ができる場所で，時間を決めて話し合うというものです。この話し合いの場を面接と呼び，面接時間は通常 50 分前後で，面接頻度は週に 1 回から複数回とし，曜日や時間を決めて，継続的に繰り返していきます。

　古典的な精神分析では，1 回 45 分〜50 分の面接を，週 4, 5 回の頻度で行い，面接場面ではカウチ（寝椅子）に横たわって，自由に思い浮かぶことを話すという自由連想法が用いられてきました。しかし，現在では，週 1 〜 2 回の頻度で，対面法で行う，精神分析的心理療法が一般的に普及しています。

　公認心理師が支援業務に携わる現場では，標準的な設定による力動的心理療法をそのまま行うことは難しいと考えられます。そもそも，業務を行う施設や機関には，医療，教育，福祉など固有の目的があって，提供するサービスは「心理療法」そのものというよりは，それぞれの目的に沿った心理に関する相談というのが適切でしょう。面接で扱う内容は，目的に応じて変わってきますし，面接の時間，頻度，継続可能期間，料金など，設定の仕方も現場の事情に合わせる必要があります。それでも，継続的な相談関係が成立する限りは，力動的

心理療法の視点を生かすことはできます。

　設定に関して言えば，現場の事情に合わせつつも，なるべく面接時間，面接頻度，継続期間は十分にとれるように工夫します。しかし，それらに制約があれば，話し合う時間は少なくなるので，面接で取り扱うテーマの焦点を絞る必要が出てきます。面接の間隔が空けば，前回の話を思い出させるなど，連続性をもたせる工夫が必要となります。いずれにしても，設定の仕方がもつ意味を理解した上で，目的に沿った改変が必要となります。

2. 初期面接

　力動的心理療法に限らず，心理療法のプロセスに入る前には，要支援者から相談を受け，相談内容を聞き取った上で，支援者が理解を伝え，支援方法を提案するという段階があるはずです。初期面接，アセスメント面接，インテーク面接，コンサルテーションなど，いろいろな呼び方がありますが，いずれもこの段階の面接に対応するものです。

　この初期面接の段階は，広い意味での心理アセスメントが行われますが，そこで，力動的な観点は大いに役立ちます。主訴，問題歴，家族，生育史，現在の生活状況等の情報を集める中で，主訴の背景にどのような葛藤が想定されるのか，自我の発達状況はどうか，内的な対象表象や自己についてどのような感覚をもっているか，どのような質の対人関係が繰り返されているか，防衛様式と性格傾向はどのようなものか，といった点を考えながら面接を進めることで，ばらばらな情報につながりが生まれ，有機的な見立てのもとで，支援の方針を出すことができます。

　初期面接の結果，力動的な心理療法を提供する場合には，その目的や方法を説明する必要があります。特に重要なのは，見立てによる理解を要支援者に伝え，どのような変化を目指して心理療法を行うのか，目的を共有することです。この共有される目的が，これから行う心理療法の最も重要な枠組みとなります。心理療法の展開によって，目的を変更する必要が生じる場合もあります。また，目的そのものがはっきりしないという場合もあります。しかし，暫定的にでも目的がなければ，進むべき方向を見失い，来談動機の低下，惰性による継続，倒

錯的な関係などにつながる危険があります。

3. 心理療法過程における話し合いの進め方

　力動的な心理療法では，程度の差こそあれ，話し合う内容を限定せず，自由度をもたせるという点が，大きな特徴と言えます。話される内容については，善悪という観点から判断せず，どのような表現，どのような思い，どのような考えにも関心を向け，その背後にある要支援者の気持ちを理解しようと努めます。

　話し合いを進める中で，うまく理解できない点，不明瞭な点，つじつまが合わない点が出てきた場合，それについての疑問を大切にします。そのことについてすぐに質問をする場合もあれば，しばらくは話を続けて聞く場合もあります。いずれにしても支援者にとって大切なのは探索の姿勢です。そしてまた，そうした探索の姿勢を，要支援者にも共有してもらうように努めます。力動的心理療法が最もうまくいっている状態は，支援者と要支援者が，背後にある心の動きに関心をもち，探索の作業を共同で進めている時です。

　面接での話し合いで，支援者が意図的に行う働きかけを，質問，明確化，直面化，解釈といった技法として分類する見方があります。この中で，解釈は，無意識の内容を説明して聞かせるというもので，精神分析では最も重要な技法であると考えられていました。しかし実際の面接でなされる言語的な交流は複雑に入り組んでおり，解釈が単独で，また優位的に効果があるとは考えられません。時には，支援者が率直な疑問や感想を述べることで，要支援者の気づきにつながることもあります。いずれにしても一つの言葉かけによって，すべてが解決するといったことはありえません。支援者には，紆余曲折する進展の中で，粘り強く，かつ臨機応変に介入することが求められます。

4. 転移・逆転移の扱い方

　すでに触れたように，転移と逆転移を扱うという点は，力動的な心理療法の最も重要な特徴の一つです。しかし，具体的にどう扱うのかとなると，説明は困難を極めます。転移も逆転移も，その現れ方はきわめて個別的で，しかも微妙です。さらにそれを扱う，つまり話題として取り上げるとなると，かなりの

コミュニケーション・スキルが求められます。本や論文で見かけたやりとりを，見よう見まねで行うのは乱暴な分析と言わざるを得ないでしょう。本格的にスキルを身につけるには，スーパーヴィジョンや自分自身の個人分析が組み込まれた訓練課程を経ることが望まれます。

　ここでは，限られた紙面しかありませんので，ごく基本的な指針を述べ，簡単に説明するにとどめます。まず転移についてですが，転移的な状況というのは，はじめから明瞭に自覚できるわけではありません。要支援者の話し方，話の内容，態度や姿勢，行動など，あらゆることに関心を向け，そこに含まれているニュアンスを読み取る必要があります。また，転移と逆転移は裏表の関係にあるので，転移に気がつく上で，逆転移に対する感受性が助けとなります。例えば，支援を受けることは，屈従することだと感じる要支援者がいたとします。そして，支援者に対しては，どこか競い合うようなとげとげしい態度を取っていたとします。そこで何が起こっているのか，支援者が気づくきっかけとなるのは，「ちくちくする」という支援者が感じる感覚です。

　転移的な状況に気がついたら，それが何を意味しているのか考えようとします。そこで重要なことは，良し悪しの判断で片づけないこと，そして，行動によって回避しようとしないことです。例えば，人に対してとげとげしい態度を取るのは，一般的にはあまり好まれません。そこで，要支援者がとげとげしい態度をとった時，いやな態度を取る人だと判断して終わるなら，それ以上の探索は生まれません。また，とげとげしい態度を取らせないように，支援者の側が，反射的に要支援者におもねるような態度をとることもあります。そのような行動の応酬が始まると，考える余地はどんどんと狭まります。

　最終的には，要支援者と直接それについて話し合うことを目指します。しかし，概して人間は，目の前の相手との関係について話し合うことに慣れていません。下手な触れ方をすると，非難されたと受け取り，羞恥心，罪悪感，怒りなどの感情を誘発します。要支援者との信頼関係を確立しておくこと，要支援者の内省力を培っておくこと，要支援者が余裕をもって捉えられる取り上げ方を工夫すること，そして要支援者が傷ついたと感じたら，すぐに手当てをする言葉かけを行うことが大切になります。

以上のような，難しさを含みながらも，転移に関する話し合いを通して気づきが生まれる瞬間は，力動的心理療法において最も実りのある瞬間と言えます。長年自分を苦しめてきた心の動きを，目の前の相手とのリアルな関係の中で実感し，そこに支援者の共感的まなざしが加わることで，共に味わい，受け止める瞬間が作り出されます。

5. ワークスルーと関係の質の変化

　力動的心理療法において，転移に関係する気づきが最も実りある瞬間であると書きましたが，それによって一気に問題が解決するわけではありません。気づきが行動の変化，生き方のスタイルの変化に結びつかなければ，事態は改善に向かいません。したがって力動的心理療法では，長期間をかけて，気づきと行動の変化を繰り返し，改善を定着させるワークスルー（work through）のプロセスを大事にします。

　また，転移への気づきが改善を引き起こす原因なのかどうかという点は，議論があります。かつては，転移の解釈によって患者に洞察が生まれることで，治療的な変化が生まれるという説明がなされていました。しかし，現在では，洞察が生まれる前に，関係の変化が生じているのではないか，つまり洞察は変化の原因ではなく結果ではないかと考えられるようになっています。関係を変化させるには，一定の処方箋はなく，要支援者と支援者の試行錯誤の繰り返しの中で，徐々に醸成されると考えられています。

5節　児童，青年に対するアプローチ

1. 児童や青年に対するアプローチ

　力動的心理療法を児童や青年に適用する場合，どのようなことに注意を払うべきでしょうか。そもそも児童に力動的心理療法を適用することは可能なのでしょうか。当然のことですが，年齢が幼いほど，言語的な発達は未熟なので，様々な経験について語り，吟味するという作業を，大人と同じように行うことは考えられません。そこで，幼い子どもを対象とする場合には，遊戯療法（play therapy）という形態をとり，遊びを媒体として関わるということが行われます。

　力動的な観点からは，遊びは子どもにとって単に楽しいだけでなく，問題事象を解決するための思考実験の手段であり，未知の事柄，経験したがうまくいかなかった事態について，コントロールできる範囲で試行を重ね，克服のイメージをつかむ働きがあると考えられています。そこでは，発達しつつある象徴能力，想像力，運動能力がふんだんに使われ，創造的な学習が起こるというわけです。支援者は，遊びを通して，子どもが無意識に抱えている課題や不安の性質，思考内容をくみ取り，子どもの理解につなげると共に，遊びの伴走者として，遊びの内容を広げ，質を深めていく役割を果たします。

　子どもの年齢が上がり，小学校の中学年くらいになると，好む遊びが少しずつゲームなどスキルを競うものに変化していくため，遊びの内容から内面を解釈できる機会が少なくなります。それでも力動的な観点をもつセラピストは，遊びへの取り組み方や，支援者に対する関わり方から，子どもの内面を理解しようと試みます。また少しずつ発達していく，子どもの認知能力，言語能力に呼応して，子どもとの会話を通して内的理解を試みながら，必要な言葉がけをしていくことになります。

　子どもが思春期に入ると，遊戯療法で用いる遊びには，興味をもたなくなります。したがって，関わりの中心は言語的なやりとりに移っていきます。家族関係や友人関係に困難を抱えている要支援者も多いので，できればそれらについて話し合えるとよいのですが，そうした葛藤を帯びた問題は言語化しにくい面があります。また，自立がテーマになる青年期では，治療者然とした支援者の振る舞いに，親や教師の権威者像を重ね合わせ，反発するケースも少なくありません。子どもとの関係を水平に近づけながら，葛藤外のテーマについて話し合う時間を大切にし，子どもにとって新鮮な大人像を提供することが求められます。

2. 親のガイダンスについて

　児童や青年に対する支援を考える際には，並行して親に対しても支援を行うことが重要です。第一に，上述したように児童や青年は言語的な表現が十分で

ないために，支援を必要としている問題の全貌を客観的に説明するということができません。したがって支援者が問題を十全に理解するために，親から情報を得ることが必要になります。

養育過程にある児童や青年は，親をはじめとする家庭の環境から多大な影響を受けます。児童や青年が抱える問題を解決するために，親の協力を引き出すことはきわめて重要です。そのために親との間でも継続的な面接を設定し，話し合いを進めながら，子どもについての力動的な理解を共有するように努力します。

また，親と子どもの関係の中に問題があるというケースも，まれではありません。その場合，親自身が子どもとの関係を振り返り，子どもへの関わり方を変えていく必要が生じてきます。しかし，それはそれほど簡単なことではありません。背後に親自身の葛藤や性格的な問題が絡んでくるからです。時にはそれらに踏み込んでいく必要がありますが，そこでは力動的心理療法のスキルが必要になってきます。

6節　力動的心理療法の限界

本章の最後に，力動的心理療法の限界について触れておきます。心理力動論の観点そのものはどのような障害を有する要支援者についても，問題の理解と支援の方向性を考える上で有用です。しかし，支援の具体的な方法として，力動的心理療法のアプローチをそのまま適用することが，要支援者の状態を悪化させる場合があることを，支援者は心得ておく必要があります。その代表的なものとして，ここでは精神障害と外傷の問題を挙げておきます。

1. 精神障害に対する配慮

力動的心理療法のアプローチを適用する際に，気をつけなくてはいけない代表的なケースは，精神医学的な疾患や障害を有している場合です。特に統合失調症など精神病圏の障害を有する場合は，現実検討力をはじめとする自我機能に問題があり，現実への適応力が弱まっているので，精神内界の葛藤や過去の

人間関係を内省させることは，過剰な負担を強いることになります。特に，古典的な自由連想を促す設定は，要支援者にとって，目的がわかりづらく，あいまいな対人状況に曝されることで，心理状態の悪化を来す可能性があります。

境界性パーソナリティ障害など，パーソナリティ障害圏の要支援者の場合においても，あいまいな対人状況は過度の理想化や依存を引き起こし，その要求に心理支援者が応えられなくなると，逆に見捨てられ不安を強めたり，自己愛の傷つきを感じたりすることで，支援者との関係が不安定になります。場合によっては，敵意を含んだ行動化を引き起こす危険性があります。

要支援者がそうした障害を有していることに気がついた場合は，安易に心理療法を引き受けるのではなく，精神科の医療につなぎ，疾患に対する医療的ケアの体制を確立してもらう必要があります。逆に，しっかりと医療的ケアの体制が整ってから，力動的観点をもって心理支援を行うことができれば，要支援者の適応力を高め，社会復帰に向けた有効な支援を行う可能性も出てきます。その場合，コミュニケーションはなるべく透明，率直で，偽りのないものにすること，できることとできないことの限界設定をしっかり明示すること，そして要支援者が直面する現実的な課題に焦点を当て，支持的な態度のもとで課題解決に向けての話し合いを進めていくことが有用です。

2. 心的外傷ならびに環境上のストレスに対する配慮

最後に心的外傷や環境上のストレスについての配慮について述べておきます。力動的な心理療法では要支援者の葛藤や，防衛，性格傾向など，本人の内面に焦点を当てます。しかし，問題の性質によっては，本人の内面よりも，現実に起こった出来事の影響が大きいケースも存在します。地震や洪水などの自然災害，工場の爆発や鉄道車両の脱線などの事故災害，そして犯罪，性暴力，いじめ，虐待などの対人的被害体験はその典型的な例です。こうしたケースで，力動的な観点から，本人の問題性を探るというアプローチをとると，受けた被害体験が癒やされる前に，自分の責任を追及されるという二重の苦痛を被ることになりかねません。また，被害を受ける状況が継続している場合，問題を引き起こしている原因を放置することになります。

わかりやすい例としていじめが挙げられます。いじめを受けて不登校になった生徒がいた場合，不登校は問題行動ではなく，適切な対処行動であったかもしれません。そこでその生徒に対して力動的なカウンセリングを続けても，いじめが横行する環境を変えなければ，またいじめによって生じた学級集団に対する恐怖心が癒えなければ，事態は好転しないでしょう。

ただし，ここで留意したいのは，心的外傷や環境上のストレスが直接の引き金になったとしても，その受け止め方は人それぞれに異なり，そこにはその人の葛藤，防衛，性格傾向などが反映されるという点です。被害体験を克服し，より適切な対処方法を模索していく上で，力動的な観点は役に立ちます。その際，要支援者の安全を確保することを最優先させること，体験の克服に当たっては，被害の影響の大きさを認識し，共感的な姿勢をもって臨むことが大切です。

第3章

行動論

　行動論に基づく支援法は，現在，認知行動療法（cognitive behavior therapy）と応用行動分析（applied behavior analysis）が代表的なものです。神村（2013）は，認知行動療法を，「行動科学的原理の応用により，生活の困難につながるふるまいや受け止め方，感情や情動のコントロールに一貫した変容をもたらすことを目指す臨床心理学的技術の体系」と定義しています。そして，クーパーら（Cooper et al., 2007）は，応用行動分析を「行動原理から導き出される戦術を，社会的に重要な行動を改善するために組織的に応用して実験を通じて行動の改善に影響した変数を同定する科学」と定義しています。両者が言及している「行動科学的原理」と「行動原理」は，学習の原理を含んでいると考えて差し支えないでしょう。つまり，行動論に基づく支援は，その程度に差はあるものの，みな学習研究の知見の影響を受けています。そこで，本章では，まず，学習の基本を述べた上で，それがどのように臨床と関わっているかを描くことで，行動論に基づく支援法の大枠をとらえてみましょう。

1節　学習

　一般に，学習は，経験による比較的永続的な行動の変容，と定義されています。学習には，馴化，鋭敏化，古典的条件づけ，オペラント条件づけがあります。なお，馴化と鋭敏化は学習に含めないという考えもあります（坂上・井上，2018）。また，これらの他にも学習の種類があるという考えもあります（例えば，渡辺，2013）が，本節では，これら上に挙げたものについてのみ紹介します。

　数年前のある日，私はお寺の近くに越してきました。その翌朝6時に，私はお寺の鐘の音で跳び起きました。ところが，数日たつと6時をとうに過ぎてから

目覚め，鐘が鳴ったことなどまったく覚えていないようになりました。このように，同じ刺激を繰り返し呈示することで，その刺激に対する反応が減衰，消失することを馴化（habituation）と言います。逆に，同じ刺激を繰り返し呈示することで，その刺激に対する反応が増加することもあり，これを鋭敏化あるいは感作（sensitization）と言います。地震に遭って怖い思いをした人が，繰り返し地震を経験するうちに，以前と同じ震度の地震なのに以前よりずっと怖い思いをするようになったとしたら，それは鋭敏化が生じている可能性があります。一般に，呈示される刺激が強いと鋭敏化が，弱いと馴化が生じます。

　鐘の音で目が覚める，というのもそうですが，イヌの口に食べ物が入ると唾液が分泌されるなど，特に何の経験がなくてもある刺激に対して固有の反応が生じることがあります。この場合の刺激（例えばエサ）を無条件刺激，無条件刺激によって引き起こされる反応（例えば唾液分泌）を無条件反応と言います（図3-1a）。他方，イヌにメトロノームを聞かせても，普通は唾液は分泌されません。しかし，メトロノームを聞かせてエサを与えるということを繰り返すと（図3-1b），やがてメトロノームを聞かせただけでイヌは唾液を流すようになります（図3-1c）。このように，はじめは反応をひき起こさなかった刺激が，無条件刺激との対呈示によって反応を引き起こすようになることを古典的条件づけ（classical conditioning），レスポンデント条件づけあるいはパブロフ型条件づけと言います。なお，古典的条件づけを行う前，反応（例えば唾液分泌）を引き起こすことのなかった刺激（例えばメトロノーム）を中性刺激と言います。この中性刺激は，それが条件づけによって反応を引き起こすことになった時，条件刺激と呼ばれ，条件刺激によって引き起こされる反応は条件反応と呼ばれます。以下は，ワトソン（Watson, J. B.）とレイナー（Rayner, R.）による有名なアルバート坊やの古典的条件づけの実験です。

　　　生後11か月の男児は，白ネズミと一緒に遊んでいた。もちろん，泣いたりなんかしない。白ネズミに対する恐怖の兆候はみじんもなかった。ある日，いつものように男児が白ネズミに触れたその瞬間に，実験者が男児の背後で，鋼鉄の棒を金槌で強打し，大きな音を出した。男児は激しく跳び上がり，マット

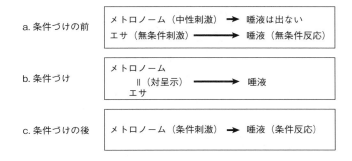

図3-1　古典的条件づけの過程

レスに顔をぶつけた。このように，白ネズミを見せ，大きな音を呈示するということを繰り返したところ，この男児は，白ネズミを見せただけで，大きな音を立てなくても，泣き出し，ネズミから逃げるようになった（Watson, 1930/安田，1980）。

　この坊やのエピソードの何が無条件刺激で，何が無条件反応や中性刺激でしょうか？　鋼鉄の棒が金槌で強打されることで生じた大きな音が無条件刺激，この刺激によって誘発された激しく跳び上がり，泣き出し，ネズミから逃げるといった反応が無条件反応（そして後に条件反応にもなります），白ネズミが中性刺激（後に条件刺激に変わります）ということになるでしょう。

　オペラント条件づけ（operant conditioning）あるいは道具的条件づけとは，反応の後の環境変化によってその後の反応の強度が変化することです。ソーンダイク（Thorndike, 1898）は，次のような実験を行いました。箱の中に，ネコを入れます（図3-2）。その箱の中には仕掛けがあり，ネコがある行動，例えば紐を引っ張ったら，扉が開いて，ネコは箱を出て，外にあるエサを食べることができました。ネコが箱に入れられてから箱を出るまでの時間は，はじめはかなり長いものでした（例えば160秒）。しかし，このような試行を繰り返すと，その時間はしだいに短くなりました（例えば5秒）。この実験での反応と環境変化は，厳密には広くとらえなければならないかもしれませんが，思い切ってわ

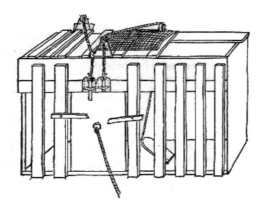

図 3-2　ソーンダイクが用いた問題箱の一つ（Thorndike, 1898, p.8, FIG.1）

かりやすく焦点化するなら，紐を引っ張るという反応が，その後エサにありつけるという環境変化によって，より速やかに生じるようになったとまとめられるでしょう。なお，ある反応の後にある刺激が生じる時，その後その反応がより頻繁に，より速やかに，より大きく，あるいはより長い時間生じた時，その反応に後続した刺激を正の強化子と言います。ソーンダイクの実験では，エサが（より広くとらえるならば扉が開くことも）正の強化子ということになります。なお，オペラント条件づけを説明するために，私はかつて，次のような架空の例を挙げました。

　あるクライエントが面接室に入ってきました。はじめ，このクライエントはなかなか話し出しませんでした。しかし，面接室に来て10分ほどして，ぽつりぽつりと語り出しました。セラピストは，その話に耳を傾けて「はい」「ええ」と相槌を打ちました。面接の終わりごろにはクライエントはずいぶん頻繁に話すようになりました（大河内，2007）。

　むろん，面接時間が進むに従ってクライエントの発言頻度が増加したのは，単にこの場面に慣れてきたせいであるという可能性も否定できません。しかし，クライエントの「語り」という反応にとって，セラピストの傾聴と相槌が正の強化子になっていたという見方もできるでしょう。このように，通常のカウンセリングにおいても，オペラント条件づけが（そして馴化，鋭敏化，古典的条

件づけも）働いているものなのです。

2節　ピーターの事例

　さて，行動論に基づくと思われる支援を例示しましょう。かなり古いですが，心理療法の歴史的事件の一つを学ぶ機会にもなりますので，ジョーンズ（Jones, M. C.）のピーターの事例を以下に要約します。

　　2歳10か月の男児ピーターは白ネズミ，ウサギ，毛皮のコート，羽のついた帽子，綿などを怖がっていました。つまり，これらの刺激が呈示されるとピーターは金切り声を出してばったり倒れる，すすり泣く，あとずさる，といった反応を示しました。こういった反応はウサギに対してより激しかったので，ジョーンズは，ウサギに対するピーターの恐怖反応を弱めることを試みました。支援は次のような段階で進行しました。

(A) かごに入れられたウサギが，部屋のどこにいても恐怖反応を示した。
(B) かごに入ったウサギが，4m離れていると我慢できた。
(C) かごに入ったウサギが，2m離れた所で我慢できた。
(D) かごに入ったウサギが，1m離れた所で我慢できた。
(E) かごのすぐ側で我慢できた。
(F) かごから出しても我慢できた。
(G) 実験者が抱いているウサギにさわってみた。
(H) 部屋の中を動きまわっているウサギにさわった。
(I) ウサギに唾をかけたり，物を投げたり，ウサギのすることを真似たりして，ウサギに働きかけた。
(J) 子ども用の高い椅子のそでにウサギが乗るのを許した。
(K) ウサギと一緒に何の抵抗も示さずに，しゃがんだ。
(L) 実験者がウサギをかごに入れるのを手伝った。
(M) ウサギをひざの上に乗せてやった。

(N) 1人だけでウサギと一緒に部屋の中にいた。
(O) 遊びの囲いの中にウサギを入れてやった。
(P) ウサギを愛撫した。
(Q) ウサギに自分の指をかじらせた。

　これらの段階のそれぞれで，ウサギに対してまったく恐怖を示さない3人の子どもと一緒に，ピーターはある部屋で過ごし，時どき，ウサギの部屋に入れられました。最初の7セッションで，他の子どもたちがウサギをなでたりしているうちに，ピーターもウサギにさわるようになりました。その直後，ピーターが猩紅熱に罹り，2か月間治療が中断した後，恐怖反応が増悪したので，新たな方法を追加しました。それは，好きな食べ物をピーターに与え，ピーターがその食べ物を食べている間に，恐怖で食べ物が食べられなくならない程度に，ウサギを少しずつピーターに近づける，というものでした。途中何度か後退がありましたが，40数セッションで，(Q)の，ウサギに自分の指をかじらせるところまでピーターの行動は変容しました。

（Eysenck, 1960／異常行動研究会 訳，1965, pp47-66）

3節　行動論に基づく多様な支援法：ピーターの事例から

　ピーターの事例に限らず，実際の臨床で行われていることは多様です。そこで，ピーターの事例を思い切って単純化したり，改変したりして，行動論に基づく支援をわかりやすく紹介してみましょう。
　もし，他の子どもたちがいなくて，食べ物を食べることもなく，ピーターには，ただ，ウサギが呈示されるという手続きがとられていたなら，それは，エクスポージャー（exposure）という技法が用いられていたと言えます。不適応的な反応を起こす刺激に人をさらさせるあらゆる方法をエクスポージャーと言います（Bellack & Hersen, 1985）。エクスポージャーが奏効したならば，ピーターは次のような経過をたどるでしょう。はじめのうちは，ウサギを見せられたら，ピーターは金切り声をあげる，などのいわゆる恐怖反応を示します。し

かし，ずっとウサギを見せられているうちに，あるいは何度もウサギを見せられているうちに，ピーターの恐怖反応は弱くなり，やがて，まったく恐怖反応を示さなくなります。こうしたエクスポージャーの治療効果は，古典的条件づけの消去に基づくという考えがあります（Freeman, 2005）。古典的条件づけが成立したのち，条件刺激のみが呈示され，無条件刺激は呈示されないという手続きを繰り返すと，やがて条件反応が生じなくなりますが，こうした手続きと現象を古典的条件づけの消去と言います。ただし，エクスポージャーの効果に関しては，これとは異なる説明，例えば馴化であるという説明もあります（三田村，2017）。

　ピーターの事例では，はじめから「ウサギに自分の指をかじられる」といった最も強い恐怖反応をひき起こしそうなものからではなく，「かごに入れられたウサギが遠くにいる」といったあまり強い恐怖反応をひき起こしそうにないものから取り組んでいます。このように，ひき起こす反応が弱い刺激から強い刺激へと段階的に刺激を呈示するエクスポージャーを段階的エクスポージャーと言います。また，エクスポージャーは不安や恐怖など不適応的な反応と拮抗する（両立しない）反応を引き起こす方法と併用されることがあります。一般に，好きなものを食べるという反応は恐怖と拮抗する反応になりうるので，ピーターの治療の後半で，ウサギをピーターに呈示する際，好きな食べ物をピーターに与えていたというのは，この方法を用いていたと解釈できます。拮抗反応を用いた段階的エクスポージャーを系統的脱感作（systematic desensitization）と言います。

　もし，ピーターがウサギに近づいたら，すかさずピーターに好きな食べ物を与えるようにして，その結果，以前よりピーターがウサギに近づくようになったとしたら，オペラント条件づけが用いられていたと言えます。特に，例えば，まず，かごに入ったウサギから4m離れているところまで近づくことができたら食べ物を与え，それがスムーズにできるようになったら，次は，かごに入ったウサギから2m離れているところまで近づくことができたら食べ物を与える，というように，強化の基準を段階的に目標に近づけるオペラント条件づけを反応形成，シェイピング（shaping），あるいは逐次接近法（successive

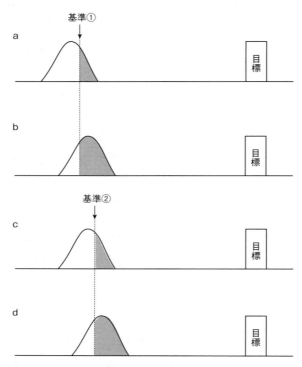

a. 現在生じている行動のうち，目標とする行動に近い行動（基準①より目標に近い行動。灰色の部分）を強化する。b. 基準①より目標に近い行動が強化された結果，目標に近い行動が増える。c. 強化基準を目標により近いところ（基準②）に移動させる。d. 基準②より目標に近い行動が強化された結果，さらに目標に近い行動が増える。

図 3-3　逐次接近法（浅野，1982, p.102, 図 3・4 をもとに作図）

approximation）と言います（図 3-3）。

　ピーターの事例では，ピーター以外に 3 人の子どもが登場しました。彼らは，ウサギに対してまったく恐怖を示さず，ウサギをなでたりしました。その後，ピーターもウサギにさわるようになりました。これは，モデリング（modeling）を用いていたと言えます（祐宗，1983）。他者の行動やその結果を観察すること

により行動に変化が生じること，もしくはそうした行動変化を促す技法のことをモデリングと言います。この時，観察される他者をモデルと言います。モデルには，最初から恐怖や不安が喚起されず落ち着いて行動がとれているマスタリーモデルとやや恐怖や不安を覚えつつ適切な対処をとることで目標行動を達成するコーピングモデルがあります（鈴木・神村，2005）。ちなみに，ピーターのモデルは，マスタリーモデルだったと言えるでしょう。

4節　行動論に基づく支援法の歴史

　ここで，行動論に基づく支援法の歴史に簡単に触れてみます。19世紀末に，パブロフ（Pavlov, I. P.）が古典的条件づけの組織的研究に歴史上はじめて着手しました。これとほぼ同時期に，ソーンダイクが，ネコを用いたオペラント条件づけを行っています。ただし，オペラント条件づけが古典的条件づけとは異なる条件づけであることを主張し，オペラント条件づけの組織的研究を始めたのは1930年代のスキナー（Skinner, B. F.）です。

　条件づけの研究が知られるようになりますと，精神疾患に分類される不適応的な行動もまた条件づけによって学習されるのではないか，そして，そういった不適応行動は条件づけによって治療されるのではないか，と問われるようになりました。前者の問いに答えるため，ワトソンとレイナーがアルバート坊やを対象に，後者のためにはジョーンズがピーター坊やを対象に研究を行ったのが1920年代です。ワトソンらは明らかに，ジョーンズはどちらかというと古典的条件づけを行ったのに対し，フューラー（Fuller, P. R.）は，1940年代に，オペラント条件づけを人間に適用しています。フューラー（Fuller, 1949）は，植物状態であった18歳の最重度知的能力障害の少年の，ほとんど動かなかった右腕が動くたびに少年の口の中に砂糖入りの牛乳を入れたところ，1分に3回の割合で，少年の右腕が動くようになりました。

　1950年代から1960年代にかけて，より治療的，支援的な取り組みが報告されるようになりました。ウォルピ（Wolpe, J.）が広場恐怖症，社交不安障害，限局性恐怖症など不安障害群に系統的脱感作などを適用し，治療成果を上げたの

がこの時期です。行動療法（behavior therapy）という用語がはじめて使われたのは、リンズレイ（Lindsley, O. R.）がスキナーらと取り組んだ精神科患者へのオペラント条件づけの研究プロジェクトの名称として（O'Donohue et al., 2001）ですが、心理療法としての行動療法が誕生し、発展したのは、ウォルピの功績によるところが決定的に大きいと言えます（O'Donohue et al., 2001）。また、ウォルピが活躍したのとほぼ同じころ、ビジュー（Bijou, S. W.）らが、オペラント条件づけを用いて、子どもの行動問題を改善する活動を開始し、これが後に応用行動分析と呼ばれるようになりました。

行動論に基づく支援法が実現した1950～60年代に、認知論に基づくとみなされる支援法も報告されています。当時の認知論の代表的な臨床家エリス（Ellis, A.）やベック（Beck, A. T.）は、クライエントが何に注意を向けているか、その注意を向けていること（出来事）をクライエントがどのように解釈しているか、その出来事の影響をクライエントがどのように見積もっているかなどに治療の焦点を当て（神村, 2015）、こうした認知の変容を図ることで、抑うつ障害群などの治療を推し進めました。1970年代以降、徐々に行動療法家たちが自分たちの実践に認知論に基づく支援法を採用するようになり、今日、認知行動療法と呼ばれる心理療法体系になりました。

1980年代後半に、子ども特に自閉症スペクトラム障害児の支援を中心に貢献してきた応用行動分析のやり方と考え方を、成人の不安障害群、パーソナリティ障害群などの治療に適用する試みが始まっています。機能分析心理療法（Kohlenberg & Tsai, 1991）やアクセプタンス＆コミットメント・セラピー（ACT, Hayes et al., 2004）などの治療名がつけられたこうした試みは臨床行動分析、第3世代の行動療法などと総称されています。特にACTは、近年、認知行動療法家が積極的に採用する傾向にあります。

5節　行動論に基づく支援の要点

行動論に基づく支援の考えと方針は、次のようにまとめられるでしょう。心理療法の対象となる行動上の問題の中には、学習の産物であるものが含まれ

ます（Wolpe, 1982）。こういった学習性のものは，消去によって解消されます（Wolpe, 1982）。あるいは，問題となっている行動とは異なる望ましい行動を学習させることで無効化します。行動上の問題の中には，脳の器質的な障害など学習以外の要因の産物であるものもあります。こうした問題は，学習によって根本的に解決することはできませんが，障害をふまえた上で，適切な行動をするように学習を進めることで，二次的な障害を最小にします。また，クライエントが環境に適応するために彼らの行動を変容させることを目指すという「リハビリ」的な視点だけでなく，クライエントが適応しやすくなるように，環境を変容させるという「バリアフリー」的な視点ももっています（三田村, 2017）。

　本章で取りあげたピーターの事例は，行動論に基づく支援について，偏った印象を与えてしまうかもしれません。ピーターの事例はあくまでも行動論に基づく支援の一つにすぎません。行動論に基づく支援法は多様です。例えば，ピーターの場合，実際のウサギを用いてエクスポージャーを行いましたが，クライエントに恐怖刺激を想像してもらうという形でエクスポージャーをすることもあります。クライエントとセラピストの間の言葉によるやりとりも決して少なくありません。平均以上の言語発達水準の成人クライエントとの面接場面では，他の学派の支援アプローチとの区別がつきにくいほど盛んに会話が交わされることがあります。

　エクスポージャーや逐次接近法などを紹介しましたが，行動論に基づく支援は実に技法が多いです。しかしながら，それらの技法の使い方を誤ると効果がなかったり，かえってクライエントに害を及ぼしたりすることがあるので，注意が必要です。例えば，段階的エクスポージャーで用いられる刺激は，すべて機能的に同一次元上にあることが望まれます。もし次元の違う刺激が混入していると，治療がうまく進まない恐れがあります。このことを，図3-4を用いて説明しましょう。段階的エクスポージャーではそれが引き起こす反応が弱い順に刺激を呈示していくのですが，それは，そうすることで，後に呈示される刺激が引き起こす反応が弱くなることを想定しているからです。図3-4では，刺激Aが引き起こす不安の強さは1，刺激Bは2，といったように，それぞれの刺激が引き起こす不安の大きさは刺激Aから刺激Eまで，弱い順に並べられてい

ます。まず,刺激Aを呈示し,それによって引き起こされる不安が1から0に減少したら,もともと2の強さの不安を起こす可能性のあった刺激Bは,1の不安しか引き起こさなくなります。したがって,刺激Bが引き起こす不安反応の消去も比較的容易になる,ということです。なお,このように,刺激Aによって引き起こされる不安が消去されることで,刺激Bによる不安が弱まることを,刺激Aから刺激Bへの刺激機能の転換が生じたと言います(三田村,2017)。しかしながら,刺激間でこういう転換が生じるには,それらの刺激が機能的に同一次元上にある必要があります。誤解を恐れずにわかりやすく言い換えると,刺激Aと刺激Bが結びついている必要がある,ということになるでしょうか。もし,刺激Bが刺激Aとはまったく違う種類の不安を引き起こすものであったならば,エクスポージャーによって刺激Aによる不安が1から0に減少しても,刺激Bが引き起こす不安の強さは2のままになります。

　行動論に基づく技法の誤用を防止するために,それぞれの刺激,環境内の出来事がクライエントにどのような影響を及ぼすのか,クライエントの反応,症状,問題行動のそれぞれが周囲の環境,人々にどのような影響を及ぼしているのかを見極める必要があります。こうしたいわゆる「見立て」を行動論に基づ

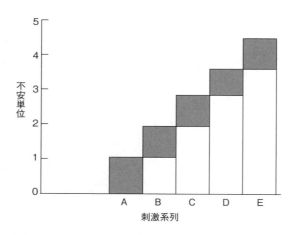

図3-4　段階的エクスポージャーによる不安の解消の過程
(Wolpe, 1982／内山監訳,1987, p.195, 図8.1)

く支援法では機能的アセスメントとかケースフォーミュレーションなどと言います。ケースフォーミュレーションは，支援，セラピーの導入期に欠かせないものですが，面接のたびにその時点での問題理解とそれに基づくその後の戦略を考えるものでもありますので，支援，セラピーが続く限り毎回行っていくものです（鈴木・神村，2013）。また，文学的な表現になりますが，ケースフォーミュレーションは，時間的空間的に「木も見て森も見る」よう心がけることです（三田村, 2017）。クライエントの症状とその影響を微視的に検討する（時間的空間的に木を見る）だけでなく，全体としてのクライエントやクライエントの家族など周囲（空間的に森を見る），クライエントのこれまでの経緯と長期的な将来展望（時間的に森を見る）を巨視的にもとらえた上で，具体的な技法を選択し，適用することです。

　行動論に基づく支援を実際に行うには，学習の基礎知識は欠かせません。本章で紹介した「学習の基本」は，文字通り基本の「き」であり，まだまだ知らなければならないことがたくさんあります。例えば，馴化には自発的回復や刺激般化と呼ばれる現象がありますが，これらと同じ名前の現象が古典的条件づけやオペラント条件づけにもあります。オペラント条件づけの強化子には，正の強化子だけでなく，負の強化子もあります。実森・中島（2000）など，比較的平易な本などを参照し，学習の基本を習得してください。

column no.1　保健医療分野の現場から

　保健医療分野における心理師の活動領域は広く，その業務すべてについて触れることはできないので，ここでは精神科領域を中心にお伝えします。精神科を取り巻く環境は著しく変化しており，中でも国による政策の影響は大きく，わが国では精神疾患を「5大疾病」の一つとして重点的に対策を行っています。うつ病や統合失調症，不安障害などをはじめとする精神疾患で苦しむ人々は，2011年において320万人を超えています（厚生労働省HPより）。また，薬の発展も伴って治療法も入院治療から外来治療中心に変化してきています。このような時代背景のもと公認心理師という国家資格をもったこころの専門家が新たに加わることは，これまで支援が遅れがちであった精神疾患をはじめ，様々な疾患で苦しむ人々の心理的な支援の充実が期待されているのだといえます。

　精神科領域の特徴は，その対象者がうつ病や統合失調症，認知症などの患者であることです。これらの精神疾患は，脳機能の低下が日常生活に支障をきたすと考えられており，物事を正確に判断することを難しくしています。受診に来られても障害による問題や辛さをうまく他人に伝えることができない場合や，時には患者本人でさえ周囲を巻き込むような問題に気づいていないこともあります。このような場合に，その問題や障害の程度について評価すると共に，その辛さにも目を向け患者に寄り添いながら必要とされる心理的支援を行うのが心理師の仕事です。

　精神科における心理師の業務には，まず，今苦しんでいる患者の病気や障害がどのようなものであり，心理的な側面がどのように影響しているのか見定める心理アセスメントがあります。これらは実際に患者に会って話を聞く心理面接や特定の場面において直接行動を観察したり心理検査を用いたりと，多様な方法を用いて行います。この心理アセスメントの結果は，医師の診断の補助や今後の治療方針などに役立ちます。例えば，薬のみでよいのか，心理的支援が必要なのか，必要であるならばどのような支援が望ましいのかなどです。

　心理アセスメントと共に心理的な介入も大きな業務の一つです。患者に合わせて，個人心理療法や，デイケアをはじめとした集団療法などを行います。患者一人ひとりに合った支援を行うために様々な介入法を知り，実践できることが求められます。困難なことですが同時にやりがいもあります。病気や障害のメカニズムを理解しより役立つ援助を行うため，学会や研修会への参加など自己研鑽は欠かすことはできませ

● 渡辺克徳
（仁愛大学人間学部心理学科）

ん。また，心理支援の対象者は患者本人に限らず，その家族が対象となることもあります。若い心理師が自分の親ほどの年齢差のある年配者の担当となる場合などは，心理師として誰もが不安を経験することでしょう。このような場合，患者やご家族も担当者に対して不安を感じてしまうことがあります。筆者も今まで担当した方々とのやりとりを思い出すと，自分が年を重ねた後になって，あぁ，この年齢ではこのようなことを考えるものなんだなぁと後に理解する（実感をともなう）ことも多くあります。未婚の時に，母親担当をしたことなども思い出します。患者との体験は結局，事後的にしか理解できないことも多く，振り返れば自分の未熟さに気づくことばかりです。

しかし，これらのことは，悪いことばかりではありません。今となっては，それでよいとさえ思っています。患者とのやり取りによって，ふだん気づかない，見えないものが見えるようになってきます。人が苦しむものが何かがわかり，それを患者と一緒に乗り越えたり，受け入れたり，何とか対処できるようになったりすることができた時には，何とも言えない達成感のようなものがあります。人には歴史があり，患者の多様な人生を少しでも理解できた時には，自分自身が少し成長したような感覚をもつことがあります。このような感覚を患者と共にもてることが診療科を超えて心理師が働ける理由ではないかと思います。病気や障害に対する治療的側面はもちろんのこと，人として個人を尊重し共に成長するという側面の2つの視点が心理師には重要であり，そのためには失敗も含めて様々な経験を重ねることが本当に大切です。

最後に保健医療領域の心理師は，心理的支援の専門家として，その土台に，コミュニケーション力，マネージメント力が必要です。専門的な技法や技術もこれらがあってはじめて開花します。患者や医療スタッフを含めて，関わる人々にきちんと寄り添えるような人が心理支援者に向いています。心理師が医療チームの中に存在することで，これまで以上に患者の体験に寄り添う全人的医療提供の一助となることができれば素晴らしいことです。そのためには自分を含め，人に興味をもち，出会いを大切にし，自分と他人の成長を確信できることが重要だと思います。今も執筆しながらそのことを自分に問いかけています。

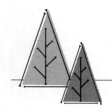

第**4**章

システム論

　第2章の心理力動論は精神分析が，第3章の行動論は行動主義と行動療法がその基盤にありますが，システム論はもともと心理療法や心理学から生まれた理論ではありません。しかし，第10章でも解説されるように，システム論は家族療法やカップル・セラピーを中心に心理療法の世界に広く取り入れられており，心理療法の発展に大きな影響を及ぼしてきました。

1節　原因と結果というものの見方・考え方

　システム論は，私たちが日常的に慣れているものの見方や考え方とは違う見方・考え方をします。システム論とは何かということを説明する前に，私たちが日常的に馴染みのある原因と結果というものの見方・考え方について，統合失調症の家族研究を例にとって説明しましょう。

　統合失調症についての科学的な解明が十分でなかった時代には，統合失調症は家族が原因で発症すると考えた専門家たちがいました。例えば，女性精神分析家のフロムライヒマン（Fromm-Reichman, F.）は，患者の症状の無意識的な意味に着目し，統合失調症を生み出す母親（schizophrenogenic mother）という概念を提唱しました。同じく精神分析家で後に多世代家族療法のパイオニアの一人となったボーエン（Bowen, M.）は，患者と母親の共生的な関係が問題の根底にあるとして，母子共生（mother-child symbiosis）という概念を提唱しました。また，人類学者のベイトソン（Bateson, G.）らの研究グループは，家族の矛盾した複雑なコミュニケーションを二重拘束（double bind）として指摘しました。さらに，精神科医のリッズ（Lidz, T.）は，親子の世代間境界の混乱

が統合失調症を生み出すとし，そうした混乱を招きやすい夫婦関係として，分裂した夫婦（marital schism）とゆがんだ夫婦（marital skew）を指摘しました（加藤，1982）。

このように，統合失調症の解明と治療に熱心な心理療法家や精神科医たちは，家族の様々な病理性に着目し，統合失調症発症との関連性を主張したのでした。簡単に言えば，家族が統合失調症発症の原因であるとみなされ，ともすると家族は悪者扱い，犯人扱いされかねませんでした。このように，あることが原因となってある結果がもたらされるというとらえ方を，直線的因果律（linear epistemology）と言います。しかし，こうした家族の病理性は，後の研究や臨床実践によって，必ずしも統合失調症患者の家族に特有なものではないことが明らかになり，現在では家族が原因で統合失調症を発症するとは考えられていません。そして，統合失調症患者の脳の構造や神経伝達物質の異常が見られることが科学的に明らかにされ，効果的な薬物の開発が進んで，統合失調症の治療は大きく前進しました。

こうして，家族が原因で統合失調症を発症するという考え方は否定されましたが，だからといって統合失調症と家族は無関係ではないことも次第に明らかになりました。1950年代から英国においてEE（Expressed Emotion: 感情表出）研究が行われるようになり，患者家族の高EE（患者に対する批判的コメント，敵意，過度な情緒的巻き込まれ）が再発の一因子であることが明らかにされ（Leff & Vaughn, 1985），わが国でも追試が行われ，家族への心理教育の重要性が認識されるようになりました。つまり，家族は原因ではないけれども，統合失調症患者の状態には影響を与えることが明らかになり，患者に対する治療も家族に対する心理的援助も両方とも大切だということがわかったのです。

このように，統合失調症と家族の関係については，原因－結果という見方が有効ではないということが明らかになりました。しかし，この原因－結果という見方は，私たちの日常に深く浸透しており，その考え方から自由になるのは容易ではありません。例えば，子どもに何か問題が生じればそれは母親の育て方のせいだ，というような見方は，一般の人たちはもとより，残念ながら現在でも専門家の間ですら見られます。

2節　システム論のものの見方・考え方

それでは，本章のテーマであるシステム論とはどのようなものの見方・考え方なのでしょうか。また，原因－結果という私たちが日常的に慣れているものの見方・考え方とはどのように異なるのでしょうか。

1. システム (system) とは

システムとは，「一緒にされたもの」という意味のギリシャ語に由来しています。日本語では「秩序をつけて組み立てられた全体」という意味で「組織」や「体系」と訳されます（遊佐, 1984）。人間も家族も学校も会社も，地球も太陽も宇宙もシステムであり，システムは無数に存在するのです。この多種多様なシステム全般を説明しようとするのが一般システム理論（General Systems Theory）であり，理論生物学者のフォン・ベルタランフィ（von Bertalanffy）によって考案されました。その後，ミラー（Miller, J. G.）が精神医学界での一般システム理論の適用を重視して，人間などの生物体のみに当てはまる一般生物体システム理論（General Living Systems Theory）を発表しました。以下，これらのシステム論ではどのようなものの見方・考え方をするのか，また，システムの特性としてどのようなことが想定されているかを見てみましょう。

2. 対象を環境との関係を考慮して理解する

一般システム理論では，研究や治療の対象を理解しようとする時に，その対象を取り巻く環境との関係を考慮して理解します。例えば，不登校の子どもを理解しようとすれば，その子どもの心理に注目して不安や感情や思考を理解するだけでなく，その子は家族とはどのような関係でどのような体験をしているのか，学校のクラスではクラスメートや担任とどうなのか，部活ではどうなのか，といったことも含めて理解することで，子どもの問題をより多角的に理解できると考えるのです。

同様に，ある家族について理解しようとするのであれば，その家族を取り巻く親族，職場，地域社会，国家など，その家族の生活と関わりのある様々な環

境との関係を考慮して理解しようとします。

3. 閉鎖システム（closed system）と開放システム（open system）

　一般システム理論によると、無生物も動物も人間も精神過程も家族も国家も宇宙も機械もシステムであり、同様の概念で説明できるとされています。これを異形同質性（アイソモーフィズム：isomorphism）と言います。そして、システムの中でも、そのシステムを取り巻く環境との間で情報や刺激やエネルギーや物質のやりとりがなく、それ自体で自己完結的に成り立っているものを閉鎖システム（closed system）と言います（図4-1）。これに対して、人間、家族、学校、会社、地域社会などの生物体システムは、取り巻く環境との間で様々な相互影響関係の中で存在しており、開放システム（open system）と言います（図4-2）。例えば家族は、収入が増えれば消費がより活発になって経済を活性化するでしょうし、反対に不況下では、収入が減って消費が押さえられ、父親の小遣いも減らされてそれが夫婦喧嘩を引き起こすこともあるでしょう。

　このように考えると、対象が個人であれ家族であれ、学校や職場や病院であれ、その内部だけに注目して理解しようとすることは、あたかもそれらを閉鎖システムとみなすことと同じになってしまい、そのシステムが環境から受けて

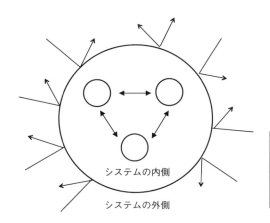

図4-1　閉鎖システム

第 1 部 心理療法の諸学派

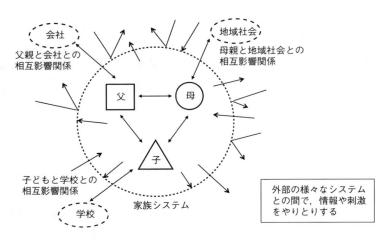

図 4-2 開放システム

いる影響や環境に与えている影響を見落としてしまうことになります。つまり，個人を理解しようと思ったら，家族や職場や会社など，個人を取り巻く環境も視野に入れないと，肝心な個人の特徴や葛藤や問題を十分理解できないことになってしまいます。

　例えば，うつ状態にある人を想定してみましょう。その人の脳の中では神経伝達物質の変化が生じているかもしれませんし，心理的にはうつ状態の人によく見られる悲観的な認知の歪みが見られるかもしれません。この人を開放システムとしてとらえると，その人自身の脳内の変化や認知の歪みはもちろんのこと，家族，学校，職場での人間関係やストレスもうつ状態に何らかの影響を与えているのではないかと考えることができます。例えば，夫婦間の深刻な葛藤，学校でのいじめ，上司によるパワハラなどが強いストレスとなり，うつ状態に影響を与えている可能性があるでしょう。そのような場合，家族や学校や職場で何が起こっているのか，本人はそれにどのように対処できているのかできていないのか，どのようなストレスを体験しているのかを理解しないでうつ状態であることだけに注目して援助しようとしても，有効な援助はできないでしょう。

　また，その人のうつ状態によって，その人の家族も学校も職場も何らかの影響を受けている可能性があります。うつ状態の子どもへの接し方をめぐって父

第4章　システム論

親と母親が衝突したり，クラスでどのように接してよいかわからず担任教師が不安になったり，職場では休職によって社員の仕事の分担を変更しなければならなくなったりするかもしれません。そのように考えると，援助の対象はうつ状態の個人だけでなく，その人に影響を与えまたその人から影響を受けている人や集団も含めることが大事になってくるでしょう。

4. 直線的因果律と円環的因果律

　1節で述べたように，直線的因果律とは，何らかの原因があって何らかの結果をもたらすという，私たちが日常的に馴染みのある一般的な考え方です（図4-3）。例えば，母親が過保護に育てたから（原因），子どもは不登校になった（結果）というような理解の仕方です。直線的因果律では，原因となっている人を悪者や加害者，結果として何らかの悩みや問題を抱えている人を被害者とみなし，原因である悪者や加害者を取り除いたり変えたりしなければならないと考えるようになります。そして，原因・悪者・加害者とされた人の責任を追及して苦しめることになりかねません。しかし，このような理解は，現実を無視した過度に単純化した理解だと言えます。なぜならば，子どもと母親は閉ざされた人工的カプセルの中で生きているわけではなく，家族のみならず学校や地域社会など様々な環境の中で多くの人と関わりながら生きているからです。また，もし母親の育て方が原因で子どもが不登校になるのであれば，反対に子どもに何も問題が起こらず元気に登校していた場合，それは母親の育て方が良かったからであり，父親も祖父母も友人も学校も子どもの成長・発達とは無関係だということになってしまいます。

　このように，原因と結果という単純な見方をする直線的因果律に対して，人

図4-3　直線的因果律

第1部　心理療法の諸学派

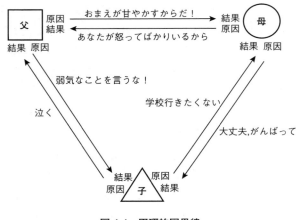

図 4-4　円環的因果律

と人との関係では出来事はお互いに影響を及ぼし合っていて，どれもが原因であり結果であるという見方，つまり複数の要素が相互に複雑に絡み合っていて何が原因で何が結果かを判別することは難しいという見方を，円環的因果律（circular epistemology）と言います（図4-4）。例えば，登校を渋る子どもと両親の間で，次のようなやりとりが見られるかもしれません。

　　子ども：お腹痛いよ……学校行きたくない……
　　母親：(不安を感じながら，子どもに優しい声で）大丈夫よ，がんばって行きなさい。
　　子ども：う～ん……でも……・
　　父親：（子どもに向かって強い口調で）何を弱気なこと言ってるんだ。しっかりしろ‼
　　子ども：（泣きべそをかく）
　　母親：(父親に）そんなに怒らないでくださいよ。この子だってつらいんですから。
　　子ども：（不安げに母親に寄りかかる）
　　母親：（子どもを抱き寄せて，父親に）ほら，あなたがそうやって怒るから怖がっているじゃないですか。
　　父親：だいたいおまえがいつも甘やかすから，こんなふうに学校に行けなくな

るんだ。
母親：私のせいだって言うんですか！　この子だってがんばっているのに。あなたがそうやって怒ってばっかりいるから，余計に学校に行く気がなくなるじゃないですか！
子ども：（泣き出す）
母親：ごめんね。お父さん怖かったでしょう。
父親：勝手にしろ！

　父親は母親が甘やかすのが原因だと言い，母親は父親が怒ってばかりいることが原因だと言っており，2人とも子どもの登校渋りを直線的因果律で捉えており，相手を原因とみなして変えようとしています。しかし実際には，原因とみなされて責められている時，人は変わる気になれませんし，むしろ葛藤や問題はさらにエスカレートします。このように，3人はお互いに影響し合っていて，その中で起こる葛藤や問題は，この人が原因でこれが結果として生じたと単純に言えるようなものではなく，もっと複雑なやりとりがされているため，円環的因果律で理解することが有効です。それは，家族に限らず人間関係一般に言えることであり，学校や職場など様々なシステムにおける問題を理解する上でも役立つのです。

5. 階層性（hierarchy）

　家族などの開放システムの特性の一つとして，階層性があります（図4-5）。図の中の師郎個人を当該システムとしてみた時，師郎は消化器系，神経系，呼吸器系，循環器系などの器官システムから成り立っています。さらにそれぞれの器官システムはより小さな様々な細胞システムから成り立っています。このように，あるシステムを構成するより小さなシステムをサブシステム（下位システム）と言います。一方，師郎を含むより大きなシステムとして田中家という家族が考えられます。その田中家を含むより大きなシステムとして，父方親族や母方親族などを含む親族システムが考えられます。このように，あるシステムを含むより大きなシステムをスープラシステム（上位システム）と言いま

第 1 部　心理療法の諸学派

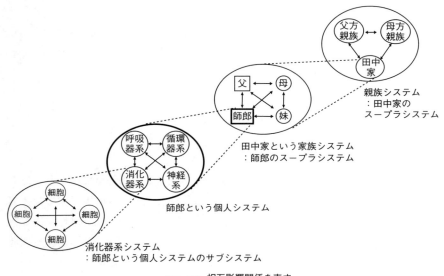

図 4-5　システムの階層性

す。システムは様々なサブシステムやスープラシステムとの階層性の中で存在しているのであり，サブシステムからもスープラシステムからも影響を受けるし，反対にサブシステムやスープラシステムに影響を与えるのです。

　例えば，師郎のサブシステムである消化器系に何らかの異常が現れ，入院したとしましょう。師郎の入院は，スープラシステムである家族に影響を与えます。母親が夜まで病院に付き添わなければならなくなり，まだ幼い妹が寂しい思いをして朝になるとお腹が痛いと言って登校を渋るかもしれませんし，それまで毎日帰宅が遅かった父親が仕事を早く切り上げて病院に見舞いに来るという変化が生じるかもしれません。さらには，田中家のスープラシステムである親族にも連絡が行き，孫のことを心配した父方祖父母が遠方から駆けつけてきて，師郎の母親に向かって「あんたが母親としてしっかりしていないから，この子は入院することになったんだ」と言って責めるかもしれません。責められ

た母親は，父親に「どうして私があなたのお母さんからあんなふうに責められなくちゃいけないの!」と怒りをぶつけるかもしれません。

　このように，システムは階層性を成しており，当該システムとサブシステム，スープラシステムとの間では複雑な相互影響関係が展開しています。したがって，あるシステムを理解しようとする時，そのシステムを構成するサブシステムとそのシステムを含むより大きなスープラシステムの両方を視野に入れることが大切になります。例えば，家族というシステムを理解しようとする時，その家族のサブシステムである両親サブシステム，子どもサブシステムはもちろんのこと，一人ひとりの個人サブシステムを理解することが必要になりますし，同時に家族システムを取り巻くより大きなスープラシステムとして，親族，学校，職場，地域社会などを視野に入れることが大切になります。

3節　生物体システムの3属性

　これまで述べてきたシステムの特性は，生物体以外の様々なシステムにも当てはまるものでしたが，人間が関与し構成する生物体システム（個人・家族・学校・職場・地域社会・国家など）を理解する上で重要なのが，構造，機能，発達（歴史）というシステムの3つの属性です。第10章でもこれら3つの属性については取り上げられており，とりわけ構造と機能について詳述されていますので，ここでは特に発達（歴史）に比重を置いて説明しましょう。

1. 構造

　生物体システムの構造とは，ある時点でのシステムの部分と部分の組み合わせ方や関係，システムの仕組みのことです。家族の場合であれば，サブシステム間の関係を理解することで，その家族特有の構造を把握することができます。

　例えば，ある両親と子どもの3人家族では，子どもと母親はふだんから仲が良く，子どもは学校のことなどよく母親に話すし，母親も子どもに毎日の出来事を話したり父親に対する愚痴をこぼしたりしています。一方，父親は仕事が忙しくて毎日帰宅が遅く，子どもの学校のことはほとんど知らないし，母親と

もほとんど話をしないという日常生活を送っています。母親と子どもの心理的距離が非常に近く密着していて，反対に父親は 2 人と疎遠な家族構造だとみなすことができます。そうした関係の中で，子どもが症状を現したり問題行動を起こすかもしれません。

　ところで，家族の構造は，家族ライフサイクルの段階によって変化するのが一般的です。例えば，平均的な家族では，子どもが乳幼児の段階では，両親と子どもが行動を共にする時間が長くて心理的距離が近いでしょう。それが，子どもが思春期にさしかかると，子どもは両親と行動を共にすることが減り，また親には言えない秘密を抱えたり，時には反抗することも生じたりして，両親との心理的距離が幼い頃ほどは近くなくなるのが一般的でしょう。このような家族の構造に焦点を当て，構造を変化させることで症状や問題を解決しようとするアプローチの代表が，ミニューチン（Minuchin, S.）が創始した構造派家族療法です。先述した母親と子どもが密着していて父親が疎外されているような家族構造を，構造派家族療法では図 4-6 のように表します。そして，図 4-7 のように父親と母親が親サブシステムとして協力し，子どもと適度な距離を保ちながら関われるようになることを目指します。

図 4-6　母親と息子が密着し父親が疎外されている家族構造

図 4-7　協力的な親サブシステムと子どもとの機能的な家族構造

2. 機能

　生物体システムの機能とは，微視的（マイクロ的）な過程（プロセス）で，ある程度の規則性をもって繰り返される出来事のパターンやコミュニケーションのことです。言い換えれば，人と人との間で展開する言動の連鎖であり相互影響関係です。

　例えば，ある夫婦は子どもが学校に行き渋っていることについて話し合いを始めると，以下のようなやりとりになってしまいます。

　妻：ねえ，あの子のことだけど，スクールカウンセラーから，お父さんとお母さんで対応を一致させた方がいいって言われているでしょ。
　夫：だから，見守るとかのんきなこと言ってないで，頑張って学校に行くように，おまえからも厳しく言わないとダメだって。
　妻：ちょっと待ってよ。見守ってあげるのが大事だって，スクールカウンセラーにも言われているでしょ。
　夫：見守るって，いったいいつまで指をくわえて見ていればいいんだ。もう2か月経つのに，何も変わらないじゃないか。
　妻：あなたがあの子を追い詰めるようなことばかり言うからでしょ。
　夫：俺はただ，頑張らなきゃダメだっていうことを言っているだけだ。
　妻：それがあの子には厳しすぎるのよ。
　夫：あたりまえのことを言っているんじゃないか。見守るなんて，おまえが甘いんだよ。
　妻：甘くなんかないわよ。そもそもあなたは仕事ばかりして，あの子が小さい頃から一緒に遊んであげたことなんてないじゃない。
　夫：俺は家族のために一生懸命働いてきたんだ!!
　妻：それは父親として当然でしょ!!

　2人は子どもの問題に悩んでおり，何とかそれを解決したいと思って話し合いを始めるのですが，いつの間にかお互いを責め合う衝突のダンス（dance of conflict）（Weeks & Fife, 2014）と言われる悪循環に陥ってしまっています。

第1部　心理療法の諸学派

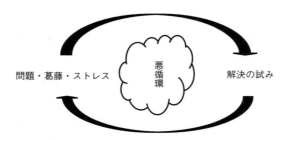

図 4-8　問題・葛藤・ストレスをめぐる解決の試みと悪循環

　このように，家族は何か葛藤や問題を解決しようとしてお互いに行動したり働きかけたり，あるいは逆にある行動や働きかけを控えたりするのですが，そのような解決の試み（attempted solution）（平木・中釜，2006）が皮肉なことにかえって葛藤を強めたり問題を維持・強化してしまうという悪循環に陥ってしまうことが多々あります（図4-8）。このような悪循環や家族メンバー間のコミュニケーションという家族の機能にもっぱら焦点を当てるアプローチが，コミュニケーション派とも呼ばれるMRI（Mental Research Institute）のブリーフセラピー（Brief Therapy）です。人と人との間の日常的で具体的な言動やコミュニケーションに焦点を当てるもので，洞察は重視されず，問題を維持させている行動パターンをやめさせ，それに代わる機能的な行動パターンを生み出すことを目的としており，第3章の行動療法（行動論）と類似点が多いとも言えます。

3. 発達（歴史）

　生物体システムの属性の3番目は，発達（歴史）です。発達（歴史）とは，時間の経過と共にシステムが変化していく巨視的（マクロ的）な過程（プロセス）です。

(1) 家族ライフサイクル

　家族システムの発達という属性に焦点を当てているのが，家族ライフサイクルという考え方です。これは，平均的な家族が時間の経過と共にどのような発

達段階を進み，そこでどのような発達課題に向き合いながら変化していくかについてのモデルです。

表4-1を見てください。家族ライフサイクルの第1段階は，結婚前の成人期です。まだ新しい家族を築く前ですが，この段階で同性・異性と親密な関係を経験し，源家族（生まれ育った家族）から心理的に自立しておくことが，その後の良好な夫婦関係につながると考えられています。そして，結婚して第2段階に進むと，夫婦のそれぞれが，源家族との関係を保ちつつ，お互いに異なる生活習慣や価値観や歴史をもった源家族で生きてきたパートナーに適応しながら，2人の絆をより強めていくという変化が求められます。もし，夫婦の一方あるいは双方が源家族と過度に密着した関係が続いていると，夫婦の絆を脅か

表4-1　家族ライフサイクル

家族の発達段階	個人・家族に求められる変化
第1段階：結婚前の成人期～家族形成の基盤づくり～	・同性，異性との親密な関係を築く ・源家族からの心理的自立 ・職業選択とコミットメント
第2段階：新婚夫婦の時期～2つの異なる家族システムの結合～	・夫婦間の相互適応と相互信頼感の確立 ・葛藤解決のスキルの獲得 ・夫婦間の心の絆と実家との絆とのバランス
第3段階：乳幼児を育てる時期～幸せとストレスの狭間～	・夫婦関係の調整：父親，母親としての役割の取得 ・世代間境界の確立 ・人間としての自分の親を見つめ直す
第4段階：学童期の子どもを育てる時期～家族から社会への広がり～	・子どもの教育への関与 ・子どもの活動量や活動範囲の増大への対処 ・学校や地域社会との交流
第5段階：思春期・青年期の子どもを育てる時期～健康な家族でも揺れる段階～	・子どもの自立を促進し，一方で子どもの依存を受け止める，柔軟な家族境界の確立 ・アイデンティティの確立（子ども）と再確認（親） ・夫婦関係の問い直し
第6段階：子どもの巣立ちとそれに続く時期～岐路に立つ家族～	・夫婦の新たな関係 ・成長した子どもと大人対大人の関係への変化：子離れに伴う喪失感への対処 ・父母（祖父母）の老化や死への対処 ・老後への準備
第7段階：老年期の家族～様々な別れと人生の統合～	・生理的な老化への対処 ・配偶者の老化や死への対処 ・人生の振り返りと統合

すことになりかねず，離婚の危機につながることもあります。

その後，子どもができて第3段階に進むと，夫婦にとって非常に幸せな時期にもなり得ますが，子育ては様々なストレスをもたらすものでもあります。米国の研究（Belsky & Kelly, 1994）では，子どもの誕生によって夫婦関係が悪化したと感じている夫婦は5割にも達するというデータもあるほどです。次の第4段階では子どもが学校に通うようになり，子どもも親も学校という家族とは異なるルールをもつ新たな社会システムに適応していかなければなりません。

第5段階は，思春期・青年期の子どもがいる家族の段階で，子どもは依存的で幼児的な面と自立的で大人な面の両方を見せるため，親はその両方に柔軟に対応することが求められます。また，夫婦としての協力関係が改めて問われる時期でもあります。そして，第6段階になると子どもが家族から自立していくので，親は子離れに伴う喪失感に対処しなければなりません。さらに第7段階では，きょうだいやパートナーとの別れや自分自身の死に向き合うことが必要になります。

このように，どのような家族であっても，永遠に一定の状態にとどまっていることは不可能であり，時間の経過と共にその姿や関係性を変化させていく必要性があるのです。そして，必要とされる変化が起こらない時，家族の誰かに症状や問題が現れたり，離婚の危機や親子の深刻な対立など関係上の問題が生じやすいと考えられています（Haley, 1973; McGoldrick et al., 2015; 野末, 2009）。例えば，思春期は親子関係がそれ以前の上下関係からより対等に近い関係に大きく変化する必要がありますが，親がいつまでも子どもを幼児のようにコントロールしたり，極端に突き放して必要なサポートを提供しないと，不登校，家庭内暴力，非行などの問題につながることもあります。このような時，子どもの問題は家族の関係が変わるべき時期に来ているというSOSの意味があると考えられます。

家族ライフサイクルの視点は，家族療法をはじめとして世界中の心理療法家に大きな影響を与えたと言われる催眠療法家のミルトン・エリクソン（Milton H. Erickson）が非常に重視していたと言われていますし（Haley, 1973），主として家族の構造に焦点を当てる構造派家族療法でも重視されてきました。ただ

し，ここに述べた家族ライフサイクルのプロセスはあくまでも平均的なものであり，こうしたプロセスをたどらない家族も少なくないことを忘れてはいけません。離婚や死別によるひとり親家庭，子どものいない夫婦，同性愛のカップルなど，家族には様々な形態がありますから，家族ライフサイクルのモデルを絶対視するべきではありません。

(2) 多世代の歴史的プロセス

　家族ライフサイクルよりもさらに長期間にわたる3世代以上の家族の歴史的プロセスに焦点を当てて理解することも，現在の家族の葛藤や問題を理解し援助する上で役立ちます。

　例えば，ある不登校の息子をもつ父親は，子どもがまだ小学校に上がる前から「一生懸命勉強して有名な大学へ行け」が口癖でした。子どもが学校に行けなくなってからも，「頑張って学校に行かないと，おまえの将来は真っ暗だ」と息子を厳しく叱責し続けました。息子はそのような父親に対して不信感を強く抱くようになり，次第に口をきかなくなりました。母親は，父親に対して「この子も苦しんでいるんだから，そんなに責めないで」と言うのですが，父親は耳を貸そうとしませんでした。このような家族の状況は，機能という属性から見れば，父親が一方的に息子を叱責し，息子は父親の言うことに耳を貸さない，母親が息子をかわいそうに思って父親に態度を改めるように求めるが，父親はそれを無視する，といった悪循環が生じていると理解することができます。また，構造という属性から見れば，父親と母親の夫婦サブシステムとしての協力関係がうまくいっておらず，母親と息子の心理的距離が近くて密着しており，父親が疎遠になっていると理解することができます。

　一方，家族の歴史的プロセスという属性に焦点を当てると，なぜこの父親はここまで子どもに学歴を要求するのかという疑問がわいてきます。その理由を父親に尋ねてみると，実家が経済的に貧しかったために進学を諦めて就職したこと，その就職先で人一倍働いてきたにもかかわらず出世することができず悔しい思いをしてきたこと，息子にはそんな苦労をさせたくないと思ってきたことが語られるかもしれません。つまり，父親自身の過去の源家族の苦しい状況

や進学や就職をめぐってのこれまでのつらい体験が，息子との関わりに大きな影響を及ぼしてきたことが理解できるかもしれません。このように，家族の多世代にわたる歴史的プロセスに着目するということは，過去に原因があるとみなすこととは違います。現在に影響を及ぼし続けている過去について理解することができると，人は過去から解放されて自由になれることがあり，それが現在の家族との関係の変化や問題解決につながることがあるのです。

　一般的に，子どもに何か症状や問題が見られた時，多くの心理療法では親との関係に注目しますが，ボーエン（Bowen, M.）の家族システム理論（Family Systems Theory）やボスゾルメニイ・ナージ（Boszormenyi-Nagy, I.）の文脈療法（Contextual Therapy）などの多世代家族療法（Transgenerational Family Therapy）では，祖父母世代やそれ以上の世代も視野に入れます。両親はそれぞれの祖父母からどのような影響を受けてきたのか，それが夫婦関係や子どもとの関係にどのような影響を及ぼしているのかというように，多世代にわたる歴史的なプロセスに注目します。そして，過去が現在に及ぼす影響を重視することから，精神分析すなわち第2章の心理力動論と類似点が多いとも言えます。さらに，家族の歴史的プロセスを理解することによって，個人の精神内界過程や家族内の相互作用の理解と介入を促進するので，家族療法と個人療法を統合するアプローチであるとも言えます。また，家族の構造を重視してきた構造派家族療法は，家族の成人メンバーに現在も影響を与え続けている過去について近年より積極的に取り上げるようになっており（Minuchin, Lee, & Nichols, 2007），多世代家族療法との共通点が拡張しつつあります。

4節　システム論の有効性と課題

　これまで，システム論のものの見方・考え方について説明してきましたが，最後にその有効性と課題について触れておきたいと思います。

1. 原因追及や犯人捜し・悪者探しをしない

　すでに述べたように，システム論では個人の問題を理解する際に，個人と環

境との相互影響関係を円環的因果律で理解します。それによって，誰かが悪いとかこの人が原因だという原因追及や犯人捜し，悪者探しをしないという特徴があります。「あなたが原因だ」とか，「あなたが悪い」と言われれば，誰でも傷ついたり怒りを感じたりして，問題解決への意欲は低下するでしょう。システム論では，必ずしも原因を解明しなくても変化は生じるし，問題は解決するという楽観的な姿勢が根底にあります。

2. 症状や問題を抱えた本人が来談しない場合

　不登校や引きこもり，あるいは親に対する家庭内暴力など，個人が何らかの問題や症状を抱えていても，その当の本人が相談機関や医療機関に行くことを拒むことは珍しくありません。そのような時，本人の症状や問題，心理的特徴を理解するだけではなく，本人と関わりのある人たち（通常は家族や学校など）との関係にも焦点を当て，本人が家族にどのような影響を与えているか，家族は本人にどのような影響を与えているか，どのような悪循環が生じているのかを理解できると，たとえ本人が来談しなくても，家族の本人への働きかけを工夫することで，間接的に本人に影響を与え問題解決につなげることが可能になります（平木，2012）。

3. システム論を取り入れた心理療法の効果

　欧米諸国では，システム論を取り入れた心理療法の効果に関する実証的研究も盛んに行われてきました。例えば，レフら（Leff et al., 2000）は，うつ病の治療として薬物療法を受けた群（$n=37$）とカップル・セラピーを受けた群（$n=40$）を比較した結果，1年後および2年後のフォローアップでカップル・セラピー群の方が有意に改善したことを報告しています。また，思春期の行為障害や非行の問題には，マルチシステミックセラピーや機能的家族療法の効果が実証されており，国や州の社会政策において積極的に導入されていますし，思春期の拒食症には，構造派家族療法の他，モーズレイ家族療法モデルや行動療法的家族システム療法の効果が実証されています（藤田，2013）。

　わが国にシステム論や家族療法が紹介されてすでに30年以上が経ちますが，

欧米のように普及しているとは言い難く，実践している心理臨床家も非常に少ないのが実情です。今後は様々な領域での支援に活用され，その効果についての実証的な検討が蓄積されていくことが望まれます。

4. 統合的アプローチへの貢献

　心理療法の歴史の中では，長らく個人療法と家族療法はまったく異なる相容れないアプローチであるとみなされがちでした。しかし，1980年代以降，様々な理論やアプローチを統合する試みが活発になりました。すでに述べたように，システム論に基づけば，個人を支援の対象とする時も，その人の家族など周囲の人たちとの関係を視野に入れることになりますし，反対に家族を支援の対象とする時には，その構成メンバーである一人ひとりの個人を視野に入れることになります。つまり，システム論の観点からすれば，個人と家族は切っても切れない関係にあるし，個人療法と家族療法を相容れないものと考えることはできず，むしろ両者は補完的に活用できるものだということになります。そのため，個人療法と家族療法を統合する試みは，欧米諸国では30年以上前から活発に議論されてきましたし（Feldman, 1992; Nichols, 1987; Sander, 1983），わが国でも徐々に関心をもたれるようになってきました（藤田，2010；平木，2003；平木・野末，2000；中釜，2010；野末，2003，2015）。

5. 浮気と暴力・虐待の問題：直線的因果律による理解と介入の必要性

　円環的因果律に基づく理解は，原因追及や犯人捜しをしないのが大きな特徴ですが，このような理解やそれに基づく介入は，時に苦しみを抱えている人にとって非常に不公平なものになる危険性もあります。例えば，浮気や暴力，虐待といった問題は，当事者間の相互影響関係の視点から理解することも必要です。しかし，それだけにとどまってしまうと，浮気をした人とされた人，暴力を奮う人と暴力を奮われる人を対等に扱ってしまうことになり，「どちらにも問題はない」としているようなものですし，浮気や暴力による心身への深刻な影響を不問に付す非倫理的態度だと言えるでしょう。

　したがって，このような問題に関しては，加害者と被害者という直線的因果

律による理解も必要です。つまり，加害者の問題や責任を取り上げて介入することと被害者への心身両面のケアとサポートがまずは必要になります。例えば，浮気の問題をきっかけとしてカップル・セラピーを受けに来る夫婦は少なくありませんが，浮気をされた方は，ひどい抑うつ状態に苦しんでいたり激しい怒りを感じていることが少なくありません。このような状態からある程度心理的に落ち着いた状態になるまでに，数か月とか場合によっては1年以上かかることもあります。そして，浮気の背景にはもともとの夫婦の親密さやコミュニケーションの問題があるのが一般的ですが，そうした問題を円環的因果律で理解して改善していくのは，浮気をされた人がある程度心理的に落ち着き，2人の関係の修復を望むようになってからになります。

6. ジェンダー・バイアスの問題

　システム論に基づく心理療法では，人と人との相互影響関係を重視しますが，あたかもその影響力は皆対等で，男性と女性，夫と妻，親と子には違いがないかのようにみなしています。例えば，夫婦間に葛藤や問題が生じた時，理論的に言えば，夫が変化しても妻が変化しても2人の関係性は変わりうるし，葛藤や問題は解決につながるはずです。しかし実際には，妻が変化しても夫が支配的で妻の変化を無効化したり，反対に夫が変化しても妻が自己愛的で自分自身の変化を拒むことも起こります。

　このような人間関係における影響力やパワーの問題，とりわけジェンダーにまつわる問題は，家族の中では様々な形で生じており，ヘア・マスティン（Hare-Mustin, 1987）は心理療法理論が見落としてきたジェンダー差別について指摘しました。そして，心理力動的理論にはジェンダーの違いを強調しすぎるアルファ偏見（alpha prejudice）というジェンダー・バイアスがあり，一方，システム論に基づく家族療法は，男女の違いが存在していてもそれを無視し，男女を同等に扱おうとして家族を抽象的機械的な存在として捉えてきたベータ偏見（beta prejudice）というジェンダー・バイアスがあると指摘しました。

　家族の中では，伝統的に女性は抑圧され弱い立場に置かれてきて，男女平等が叫ばれて久しい現代においてもその問題は根強く残っており，わが国でも家

族心理学や発達心理学の中で実証的研究が蓄積され議論されてきました(柏木・平木, 2009)。一方, 近年では, 一般的に男性は女性ほど感情表出をしないこと(Levant, 2001), 心理療法の中で重視されている感情表現や悩みを打ち明けること自体が, 男性にとっては恥の感覚につながること (Wexler, 2009) 等が指摘されており, こうした男性の特徴を理解して心理的な援助をすることが, 男性との間で葛藤や問題を抱えている女性を心理的に援助し関係を改善することにもつながる (Sweet, 2012) と考えられるようになってきました。

ジェンダーの問題は, 家族に限らず, 学校, 職場, 地域社会など, 至る所に見られます。しかし, わが国では心理療法の文脈の中では, これまで十分議論されてきたとは言えません。本章で紹介したシステム論は, 家族に限らず様々な集団や人間関係に適用可能で有用なものの見方・考え方です。しかし, 対象がいかなる集団や人間関係であれ, そこに生きる人々が実際に体験している複雑な悩みや苦しみを共感的に理解するためにも, システム論を絶対視することなく, ジェンダーの視点も統合して理解することが必要です。

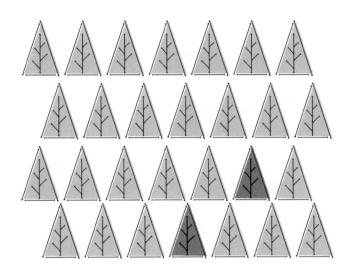

第 **2** 部

支援者に求められるあり方

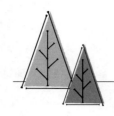

第 5 章
心理学的支援における価値と倫理

　私たちは何のために心理学的支援を行うのでしょうか？　心理学的支援を行うことによって，私たちは何を実現しようとしているのでしょうか？　心理学的支援は，どのように価値と関係しているのでしょうか？

　しばしば科学は価値から中立であると言われます。もしそうであるなら，心理学的支援は単なる科学ではありません。と言うのも，私たちは苦悩を抱える人を，ただ苦悩するままにさせておき，その苦悩の経過を黙って観察したりはしないからです。私たちは苦悩を抱える人に積極的に関わり，その苦悩を和らげ，その人が希望をもってよりよく生きていけるよう援助します。「よりよく」という言葉に端的に表れているように，心理学的支援は価値を実現しようとする営みなのです。

　心理学的支援は，科学に基づく営みではありますが，決して科学そのものではなく，価値から中立ではありません。心理学的支援はむしろ価値に根ざし，価値から切り離すことができない営みです。心理学的支援は，いじめ，虐待，暴力，ハラスメント，差別など，人を傷つける行為を容認しない姿勢を，さらには民主的で，公正で，基本的人権を尊重する姿勢を基礎としています。支援者がこうした価値に背くような実践を行った場合，その支援者は倫理違反を問われ，場合によっては何らかの処罰を受けることになります。

　本章においては，心理学的支援の基礎にある，価値と倫理にまつわる諸問題について考えてみたいと思います。

第5章　心理学的支援における価値と倫理

1節　心理学的支援と価値

1. 心理学的支援は何を目指して行われるのか？

　心理学的支援は，何を目指して行うものでしょうか？　もちろん，対象者がよりよく生きられるようになることです。それでは，よりよく生きるとは，具体的にはどういうことでしょうか？

　最もシンプルに考えれば，心理学的支援が目指す「よりよい状態」とは，心理的な症状や問題行動が緩和された状態ということになるのかもしれません。しかし，そもそも何が支援の対象となるべき「症状」や「問題行動」であり，何がそうではないのかを決めること自体がそう簡単なことではありません。例えば知能指数が平均よりも2標準偏差以上低いことは「障害」の条件となりますが，2標準偏差以上高いことは「障害」の条件とはなりません。かつて同性愛は治療が必要な「症状」だとされていましたが，現在では尊重されるべき個性の一つとみなされています。過度の依存は問題とみなされやすいですが，それに比べると過度の自立は問題とみなされにくい傾向があります。つまり，心理的な症状や問題の定義には，その社会における価値判断があきらかに含まれているのです。

　様々な論者が心理学的支援が目指す「よりよい状態」とは何かという問いに様々な仕方で答えてきました。心の健康を増進すること。十分に機能する人間になること。自己実現すること。愛し，働くことができるようになること。真実の自己との結びつきを強めること。

　ビューチュラー（Beuchler, 2004）もまた，この問題に取り組んだ論者の一人です。彼女は「人は信じるもののために闘う」と述べ，心理療法において闘うに価する正しさがあると感じるものとして以下のような項目を提示しています（表5-1）。

　支援者が価値だと信じているものを目指す支援が，クライエントにとっては苦しみのもととなってしまうこともありえます。それゆえ，支援者には，自らの信じる価値を自覚することと共に，クライエントが信じる価値を，またその時代の社会が志向する価値をよく理解するよう努め，支援の具体的な状況にお

表5-1 ビューチュラーによる心理療法における価値 (Beuchler, 2004をもとに作成)

好奇心を喚起する
希望を鼓舞する
親切にする
勇気を促進する
目的感覚をもつ
感情のバランスを取る
喪失に耐える
統合性を発達させる

いて目指すべき価値をたえず問い直していくことが求められます。

2. クライエントの自己決定とセラピストの中立的姿勢

　心理学的支援において，当然のことながら，支援者にはクライエントの人格を尊重することが求められます。そこには，クライエントの自己決定を尊重することが含まれています。これは，支援者は自分の価値観をクライエントに押しつけてはいけないということです。支援者には中立的な姿勢が必要だと言われるのはそういう意味です。

　しかし，これまで述べてきたように，心理学的支援そのものが価値と結びついたものである以上，支援者はクライエントとの関わりにおいて，価値の問題に積極的に関与していくことが必要になる場合もあるでしょう。

　例えば，対人不安や劣等感が強く，教室に入れないという問題を抱えた学生が心理療法を受け始めたとしましょう。ある面接でクライエントは，もう大学を退学してしまい，誰とも顔を合わさずに自宅でできる仕事をしながらひっそり生きていくことにしたと言い出します。この時セラピストはクライエントのこうした消極的な自己決定を尊重し，この点に関して何らの働きかけもせずにただ受け容れるべきなのでしょうか？

　あるいは，クライエントが家族に暴力を振るっていることを話し，かつ，それを止めたい気持ちや，止めようとする努力をまったく見せない時，セラピストはそうした話をただ受容的に傾聴し，「暴力を振るうことを止めるつもりはない」と言うクライエントの自己決定を尊重していてよいのでしょうか？

あるいはまた，プレイセラピーで，子どもがセラピストをアザができるほど叩いたり，おもちゃを次々にわざと壊す時，こうした行為を尊重して受け入れていてよいのでしょうか？

まずは，皆さん自身がそれぞれ，こうした場面について自分なりに考えてみて欲しいと思います。よく考えることを通して，こうした問題についての意識を高めていくことが大切です。もちろん，こうした場面で実際にどのように対応するかは簡単な問題ではありません。具体的な状況の詳細によるところもあるでしょう。しかし，少なくとも，上に挙げたような場面においては，セラピストは，クライエントの考えや行為に関して，支持しないと表明する，再考を促す，明確に禁止する，などの対応を検討すべきです。「中立性」や「自己決定の尊重」という概念の下にこれらの言動を放置するなら，それは支援者による暗黙の承認や支持として受け取られ，心理学的支援の基礎にある価値を蹂躙してしまうことになるでしょう。

すでに述べてきたように，心理学的支援は対象者と共に価値を実現しようとする営みであり，セラピストは価値の実現にコミットする必要があるのです。

3. 価値判断と受容的態度

以上のように，セラピストはクライエントについても，クライエントの環境についても，セラピスト自身についても，常に価値についての判断を下しているのです。支援者にとって，そうした価値判断を避けることはできません。

しかしながら，支援の実際においては，通常は，クライエントの自己決定を尊重し，中立的な姿勢を維持することが有用です。セラピストはクライエントを裁く立場にはなく，クライエントを理解し，ありのままを受け容れる姿勢が基本となります。

一見するとこの2つは矛盾しているように見えます。実際，この2つを両立させるのが困難な場合もあるでしょう。しかしなお，セラピストは自分がクライエントの行為について価値判断をしていることに明確な気づきをもちながら，なおクライエントに対して受容的な態度を取ることができます。受容とは，クライエントの言動に表れている価値を正しいものと認めることではなく，ただ

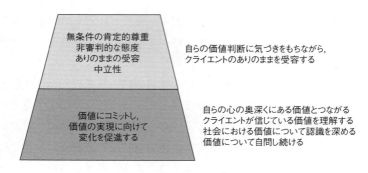

図 5-1　心理学的支援における価値判断と受容的態度

クライエントのありのままを認識することなのです。セラピストがクライエントに対して明確にノーと表明する場合でも，クライエントに対して受容的な態度でそうすることができるでしょう。クライエントに対して受容的な態度でオープンに対話することによってこそ，焦点となっているクライエントの行為に変化をもたらす可能性が開かれるのです（図 5-1）。

2節　職業倫理

心理学的支援における価値の問題は，しばしば倫理の問題として表れてきます。つまり，支援者には職業倫理を遵守することが求められるのです。

心理職は専門職ですから，その業務には一般の人には容易に判断できないことがらがたくさん含まれています。そのため，心理職は対象者に対してとても優位な立場にあるのです。こうした立場を利用すれば，対象者を利用したり傷つけたりすることも容易にできてしまいます。だからこそ，心理職には職業倫理が強く求められます。心理職が，人々からその専門的権威を認められ，信頼されるならば，職業倫理を守ることによってその信頼に応えなければなりません。

第5章　心理学的支援における価値と倫理

1. 職業倫理の実用的な側面

　公認心理師の資格は名称独占の資格であって，業務独占の資格ではありません。つまり資格をもっていない人でも，心理に関わる業務を行うことはできるのです。実際，公認心理師の資格をもっていなくても心理療法家として有能な人はいます。だとすれば資格の意味はいったいどこにあるのでしょうか？

　もちろん，資格には様々な意味があります。しかし社会的に見て最も重要だと思われるのは，資格が職業倫理と結びついているということです。資格を保有することは「職業倫理を守ります」という社会に向けた表明なのです。実際，重大な倫理違反が確認されれば，資格の登録が取り消されることもありうるのです。

　職業倫理に関する職能団体としての制度がしっかり整っていればこそ，資格は社会から信頼に足るものとみなされます。しかし，これは単に形式的に制度が整えられれば自動的に保証されるものではありません。資格保有者一人ひとりの倫理意識がしっかりしていなければ，制度は形骸化し，有名無実となってしまうことでしょう。公認心理師の一人ひとりが職業倫理について学び，理解を深めることは，資格に対する社会からの信頼を高め，この職業を成立させるために，実際上，とても大事なことなのです。

2. 職業倫理と法

　職業倫理に関して「抽象的な議論よりも，具体的に何をしたら法的にアウトなのかを教えて欲しい」という声が聞こえてくることがあります。倫理意識の低い，残念な意見だと言わざるをえません。職業倫理は，法（法律，条例など）を守っていれば大丈夫というようなものではないのです。ここで法と職業倫理の区別を理解しておきましょう。

　法は社会秩序維持のため公権力によって求められる最低限の倫理的行動の規範であり，守るよう外側から強制される規制です。「法は倫理の最低ライン」とも言われるように，法を守ることは最低限のことです。それは専門家が目標として掲げるようなものではありません。

　これに対して職業倫理は，職業集団が自ら定めた倫理的な行動規範であり，内

79

面化され主体的に遵守される規範です。職業倫理は，単に守らなければ処罰されるからという理由で，守ることを強いられる行動上のルールではないのです。職業倫理を守ることは専門家としての誇りと責任感の表れであり，アイデンティティの一部となるべきものなのです。

3. 命令倫理と理想追求倫理

　倫理には，命令倫理と理想追求倫理があります。一般に倫理と呼ばれるものには，性質の異なるこの2種類の倫理が含まれていることを理解しておきましょう。

　命令倫理とは，「～しなければならない」「～してはならない」と，専門家として最低限，守るべき規範を記述したものです。心理職における命令倫理の代表的なものとしては「業務上知り得た対象者の個人情報を漏らしてはならない」という，いわゆる守秘義務が挙げられます。命令倫理に違反した場合には，その程度に応じて何らかの処罰が与えられます。

　これに対して理想追求倫理は，専門家として目指すべき理想を記述したものです。心理職における理想追求倫理としては「基本的人権を尊重する」「常に専門家としての資質の向上に努める」といったものが挙げられます。

　倫理違反が問題になるのは，たいていの場合，命令倫理が関わっている問題です。しかし，だからと言って命令倫理を守ってさえいれば，理想追求倫理は無視してよいというものでは決してありません。むしろ，理想追求倫理を常に心に留め，高い理想を目指し続ける姿勢を保つことこそが，命令倫理に（さらには法に）違反するような事態に陥るのを予防する最強の予防策なのです。

4. 倫理的に健全な実践のためのルール

　ここでは，倫理的に健全な心理学的支援を実践する上で大事になってくる様々な実際的なルールのうち，代表的なものを取り上げます。

(1) 秘密保持

　心理学的支援は，非常にデリケートな個人の秘密を扱います。多くのクライ

エントが，支援者を信頼して，これまで誰にも言えなかったことを告白します。支援者はクライエントの信頼に応えるため，このように職業上知り得た秘密を守らなくてはなりません。また，公認心理師であれば，秘密保持は法的義務でもあります（公認心理師法第 41 条）。

ただし，支援者はただ機械的に秘密を守りさえすればよいというものではありません。支援者は，クライエントがよりよく生きられるよう援助するために役立つと考えるからこそ，秘密を守るのです。自傷や他害の深刻で現実的な恐れがある場合のように，もし秘密を守ることで，かえってクライエントの人生が破滅的になっていくと合理的に予測されるような事態においては，違った対応が必要になってきます。このように，秘密保持にはいくつかの例外があります（表 5-2）。

このような例外的な場面においては，支援者はクライエントの秘密の一部を周囲と共有することが求められます。ただしこれらの例外的な場合においても，伝えられる情報の内容と，伝えられる人物の範囲は，必要最小限に留められるべきです。例外的な状況と言えども，守秘義務が全面的に解除されるわけではないのです。

異なる専門家等と連携して支援チームとして支援に当たる場合には，秘密保持について特に注意が必要です。話合いに参加する専門家等の間で，必ずしも情報の取り扱いについて共通理解があるとは限りません。支援チームのメンバーに対して，心理学的支援で得られる情報の性質やその扱い方について説明して理解を得ると共に，共有される情報の取り扱い方に関して明確なルールを作

表 5-2　秘密保持の例外となる状況（金沢，2006 に基づき作成）

1. 明確で差し迫った生命の危険があり，攻撃される相手が特定されている場合
2. 自殺等，自分自身に対して深刻な危機を加える恐れのある緊急事態
3. 虐待が疑われる場合
4. そのクライエントのケア等に直接関わっている専門家同士で話し合う場合
5. 法による定めがある場合
6. 医療保険による支払いが行われる場合
7. クライエントが自分自身の精神状態や心理的な問題に関連する訴えを裁判等によって提起した場合
8. クライエントによる明示的な意志表示がある場合

っておくことが重要になってきます（秀嶋，2017）。

　以上のような特別な場合を除けば，支援者は秘密を守って支援活動を行います。

　ただし，秘密を守って行われる通常の支援においても，支援者は，面接室で語られたクライエントの心の秘密がいつまでも同じように秘密のままに留まっていてよいのかについてはいつも考慮しておくことが必要でしょう。支援者は，クライエントの心の秘密をクライエントの生活場面の誰かが知ることで（あるいは知らないままでいることで），クライエントの心や行動にどのような影響が及ぶのかということを考えてみる必要があります。

　うまくいっている心理学的支援においては，通常，面接室で語られたクライエントの秘密はクライエント自身によって適度に周囲の人たちに共有されていく方向に進むことが多いものです。秘密は孤独感と関係し，秘密の共有は親密さや絆の感覚と関係します。一方で，ほどよく秘密をもつことは，個人の自律性の感覚を高めます。支援者はこうした観点からクライエントがその秘密をどう扱っていくかに関心を寄せ，その成り行きを見守り，支えるのです。

　面接において語られる秘密をどう扱うかという問題は，倫理的な問題であるだけでなく，臨床的にきわめて重要な問題でもあるのです。

(2) 多重関係の回避

　支援者が，支援の対象者と支援以外の関係を意図的にもつ時，それは多重関係と呼ばれます。例えば，支援者と要支援者という関係に加えて，教員と学生の関係があるような場合です。対象者と友人関係になったり，恋人関係になったりすることも，多重関係になります。支援の契約として定められた報酬以外の贈り物やサービスを受け取ることも，多重関係の問題と考えられます。

　多重関係は，一見無害なように見えても，予想外に支援を妨げることがしばしばあります。例えば，支援者が教員であって，対象者が自分の担当する授業を受ける学生であるような場合，対象者はその授業の成績評価について様々な疑問をもつかもしれません。そうでなくても心理学的支援においては多くの複雑な要因が関与しています。わざわざ事をさらに複雑にするべきではありませ

ん。

　ただし，そうは言ってもその地域に他に心理職がいないなど，たとえ多重関係になったとしても支援の依頼を引き受けた方がメリットが大きいと考えられるような場合もありえます。そういう場合には，対象者に多重関係がもたらしうる問題についてよく説明し，同意を得てから心理学的支援を行うようにします。

　また，クライエントが感謝の表現として，常識的な範囲内の金額のささやかな贈り物を持参した時，これを受け取らないことは，支援者からの拒絶と体験されることもありえます。支援者が贈り物を受け取ることで，クライエントからの感謝の気持ちをしっかりと受け容れることが有用であることもあるでしょう。こうした場合には，贈り物の心理的な意味や，受け取ることがもたらす多様な影響について慎重に考慮して対応することが必要です。

　しかしながら，どのような事情があろうとも，対象者と性的な関係になることは，支援を台無しにし，対象者を傷つける結果をもたらします。これは絶対に避けなければなりません。

　非性的な多重関係については様々な議論があります。一方には，すべての多重関係は職業倫理的な問題を孕んでいるから避けるべきだという意見があります（Kitchener, 1988）。他方には，慎重な考慮に基づく場合には，非性的多重関係は支援を促進する可能性もあり，一概には避けるべきとは言えないという意見もあります（Lazarus & Zur, 2002）。ただし後者の議論においても，安易な多重関係が容認されているわけではありません。

(3) インフォームド・コンセント

　インフォームド・コンセントは，支援者が支援について説明し，対象者に理解してもらい，同意を得て支援を進める手続きです。インフォームド・コンセントは，対象者の自己決定の権利を保障するものであり，支援のあり方や方針の決定に関して，対象者の積極的な参加を求めるものでもあります。説明される内容には，通常，支援の方法，時間や料金，秘密保持のあり方，記録の保管期間などが含まれます。

支援事例について学会で発表したり，論文にまとめたりする場合にも，事前に対象者にそのことを説明し，同意を得る必要があります。

心理職が倫理違反を問われたケースを事後的に検討してみると，インフォームド・コンセントがしっかりできてさえいれば，そうした事態を回避できたのではないかと考えられる場合がよくあります。支援者は，自らが提供しようとしている支援について対象者に説明し，対象者が疑問を抱いているように見える時には黙って見過ごさず，支援者の方からそのことを積極的に取り上げて話し合うことが必要です。

3節　倫理的な意志決定のプロセス

1. 倫理的判断が問われる場面

支援を行っていると，支援者には，どう対応すればよいか，倫理的な面から疑問に思うことが出てくるでしょう。以下にそうした場面の例として，一つ架空事例を挙げてみます。こうした場面でどう対応すればよいでしょうか？　考えてみてください。自分ならどう対応するかを考えてみることによって，こうした問題への意識を高めていくことがとても大切です。また同時に，どうして自分はそのように対応するのか，その理由を説明してみましょう。倫理的判断を下すに当たっては，その判断の根拠を示すことが求められます（注：対応において考慮すべきポイントを章末に示します）。

●クライエントが「覚醒剤」とおぼしきものを所持していたケース

Ａ君は，17歳，高校2年生の男子。不登校気味で高校のカウンセリングルームに相談に来ている。Ａ君は，入学時点では成績優秀だったが，入学後は成績がどんどん低下し，今では底辺層になっている。

学校外では，同じ学校の同級生でバンドをやっていて，週末には集まって練習している。バンド活動は楽しくやっている。家庭では両親の仲が悪く，夫婦ゲンカが絶えない。家ではＡ君はほとんど部屋にこもっている。

ある日の面接で，Ａ君はかなりためらった後に，「ちょっと訊きたいことがあ

るんだけど…」と言う。話すよう促すと次のような話が出てきた。

　先日，バンドの練習中に，同級生のB君から，C先輩から買ったというドラッグを見せられた。Aもやってみろよと勧められ，好奇心でC先輩から買ってしまった。飲むと頭がすっきりし，ハイになるという。「これって覚醒剤なんでしょうか？」と，A君はポケットから小さな袋を取り出して見せた。

　カウンセラーは，「どうだろう，いずれにせよ怪しげな薬だね。これは先生が預かっておいていいかな」と言った。A君は素直に薬を差し出したので，カウンセラーはこれを受け取り，「よく打ち明けてくれたね」と伝えた。

　A君はほっとした表情をしたものの，すぐに不安げな顔つきになり「でもこのことは誰にも言わないでください。絶対です。お願いします」と言ってそそくさと席を立ち，逃げるように部屋から出て行ってしまった。

　この後，どう対応すればよいだろうか？

2. 倫理的に疑問を感じる場面での判断過程

　このように，日々，支援に取り組んでいると，クライエントにどのように対応するべきなのか，倫理面における疑問が生じてくることもたびたびです。

　支援者は，そうした場面に出会うたびに，そのつど，何らかの判断を下していかなければなりません。これは難しい課題であり，しばしば支援者にとって非常にストレスフルな課題ともなります。そうした課題に取り組むに当たっては，ヒルら（Hill et al., 1995）のモデルを知っておくことが役に立つでしょう（表5-3）。

表5-3　倫理的な問題における判断過程（Hill et al., 1995に基づき作成）

1. 問題を認識する
2. 問題を定義する（対象者と共に）
3. 解決方法を検討する（対象者と共に）
4. 解決方法を選択する
5. これまでのプロセスを見直し，選択し直す（対象者と共に）
6. 実行し評価する（対象者と共に）
7. その後も反省・評価を続ける

このモデルにおいて，決定的に重要で，最も難しいのは「問題を認識する」という最初の段階でしょう。倫理違反の申し立てに至るような場合でも，何らの疑惑も不満もないところから，単一のエピソードに関して，即，申し立てとなることは多くありません。むしろ，クライエントは疑惑，不信，不満を抱きつつ，少なくともしばらくは（時には長期にわたって）セラピストとの接触を続けていることが多いものです。こうした期間に，セラピストがクライエントの疑惑や不信や不満の兆候に気づき，それをしっかり取り上げて話し合うことができれば，少なくとも事態の悪化を予防できるはずです。

　こうした作業は倫理的に健全な実践を行う上で重要であるばかりか，臨床的に効果的な実践を行う上でも重要なことです。治療同盟についての最近の研究では，成功した心理療法の経過においては，治療同盟の悪化と修復のプロセスが認められるという知見が示されています（Safran et al., 2011）（第6章103ページ参照）。つまり，成功した心理療法においては，常に良好な治療関係が維持されているわけではないのです。むしろ成功した心理療法においては，治療同盟に亀裂が入り，クライエントがセラピストに対して不満や不信を体験する時期があることが多いのです。そしてセラピストがそれに敏感に気づき，落ち着いて受けとめ，しっかり話し合うことができる時，治療同盟が修復され，クライエントに治療的な変化がもたらされるのです。

　以上に加えて，判断に迷う時には，一人で抱え込もうとせず，同僚に相談したり，スーパーヴィジョンを受けたりすることも大事なことです。

4節　倫理的に健全な実践と臨床的に効果的な実践

　心理学的支援の実践には，理論的な視点から得られる方向づけはあるにせよ，唯一の正しい具体的なやり方が常に用意されているわけではありません。それでも支援者は支援の過程のすべての瞬間において，何らかの判断を下して支援の舵取りをしていかなければなりません。支援の針路を決めるこうした舵取りは，しばしば「臨床的判断」と呼ばれています。それに加えて，本章において見てきたように，支援の針路を決める舵取りには「倫理的判断」もまた明らか

第 5 章　心理学的支援における価値と倫理

に関わっています。

　心理学的な支援において，この 2 つの側面は，いったいどのような関係にあるのでしょうか？

　倫理的な側面には，何か堅苦しいものというイメージがつきまといます。心理学的支援の専門家の間でも，しばしば，倫理的側面は，自由で創造的な臨床実践を縛るものとして捉えられていることが多いように思えます（図 5-2）。

　確かに，倫理的側面と臨床的側面の関係に関して，このような見方が当てはまる面があることは否定できません。歴史的に見ても，現在の心理学的支援を導く倫理的な規範の重要な部分は，支援者たちが自ら探究してきた結果として得られたものというより，訴訟の結果として，あるいは市民による異議申し立て運動の結果として，外部からもたらされたものだからです。しかし，それでもなお，倫理的側面と臨床的側面の関係をこのように捉える見方だけでは不十分だと思います。

　というのも，本章のあちこちで示唆してきたように，職業倫理は支援者の心の奥深くに内在する価値の感覚と結びついたものであり，専門家の誇りと責任感の表れだからです。また，臨床的に効果的な実践を求める考察と，倫理的に健全な実践を求める考察とは，決して別々の独立したものではなく，きわめて密接に関連し合うものだからです。これら 2 つの側面は互いに促進し合うものとして見る見方が必要なのです（図 5-3）。

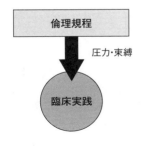

図 5-2　支援の倫理面が臨床面を拘束するモデル

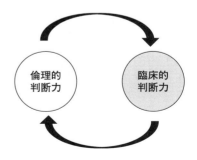

図 5-3　支援の倫理面と臨床面が相互に促進し合うモデル

クライエントが「覚醒剤」とおぼしきものを所持していたケースの対応において考慮すべきポイント

　心理職の職業倫理として，クライエントの秘密を守ることは非常に重要なことである。このケースの場合，差し迫った自傷他害のおそれがあるとは言えず，その点では守秘義務の例外には当てはまらない。とはいえ，クライエントを含めて複数の生徒たちが覚醒剤を使用していることが疑われるという事態は，学校としての迅速で適切な指導が求められる重大な事態であり，指導の有無やその内容によっては生徒たちの将来に重大な影響を及ぼす可能性がある。カウンセラーが守秘を優先することが生徒たちにとって結果的に重大な不利益をもたらす可能性も十分に考えられる。スクールカウンセラーとしては，チーム学校の視点に立ち，「そのクライエントのケア等に直接関わっている専門家同士で話し合う場合」という守秘義務の例外として，事態について校長に報告する必要があると考えられる。その際には，クライエントの了承を得るよう努めることが第一だが，了解が取れない場合でも，最低限必要とされる範囲の情報を迅速に報告することが検討されるべきである。

　こうした事態における判断には，雇用契約や学校内の相談室の運用に関わる規程も関わってくる。学校とカウンセラーとの雇用契約において，深刻ないじめや犯罪等の重大な事態に関しては守秘の例外とし，校長に報告するものと取り決められている場合もあるだろう。あるいは，相談室の運用についての規程において，相談室は，クライエントの援助のために必要だと判断される場合，校長の管理のもとで関連の教員と連携・協力して援助を行うと定められている場合もあるだろう。こうした事態に備えて，日頃から，学校としての対応方針を校長等と検討し，その方針との齟齬が生じないように雇用契約や相談室の運用に関わる規程を整備しておくことが必要である。

　いずれにせよ，報告される情報は必要最小限に留め，その情報にアクセスできる人の範囲を明確に限定しておく必要がある。またクライエントの秘密に関わる情報の扱い方について，情報共有する関係者に適切に理解してもらうよう努力することも重要である。

　日頃から，相談室の広報や，インフォームド・コンセントにおいて，こうした面も含め，守秘のあり方について対象者に明確に伝えておくことも必要である。

第6章
援助的コミュニケーションのスキル

1節 援助的コミュニケーションとは

1. 援助はすべてコミュニケーションの中で

　心理学的支援は，すべてコミュニケーションの中で行われます。それは面談やカウンセリングはもちろん，電子メールや手紙，さらには近年の Skype や Zoom を使ったいわゆる「非対面型カウンセリング」においても，コミュニケーションであることに違いはありません。コミュニケーションとは，情報の送り手と受け手とがいて，そこに記号化されたメッセージ（言葉や文字など）があって成立しているものです。そして，特に援助的コミュニケーションにおいては，その対象であるクライエントや関係者との間で相互に影響を与えながら刻一刻とメッセージが積み重ねられていくという性質をもっています。それゆえに援助的コミュニケーションは，とても繊細かつ柔軟になされなければいけません。

　本章では，煩雑さを避けるために，基本的には面接カウンセリング（例外的に箱庭療法や遊戯療法を含む）における援助的なコミュニケーションを想定して，わかりやすさを目指してできるだけ具体的に，解説したいと思います。

2. クライエントがはじめて来た場面を想像してみよう

　ここでまず，クライエントがはじめて相談機関を訪れた場面を想像してみましょう。

（1）電話かメールでの予約

　コミュニケーションはすでに予約を入れる段階から始まっています。それは，

とても緊張したもの（メールであれば，硬くていねいすぎるような文面）か，あるいは逆に素っ気ない，ぶっきらぼうな様子かもしれません。それらに対して，支援者であるこちら側は，手短かながら基本的に温かくサポーティブに対応します。けれども，譲りすぎてはいけないので「これからすぐに行っていいですか？」とか「時間はちょっとはっきりしないんですけれど……」などのような要望には，その傾向がその後も続くかもしれないということを念頭に置いて，現実的に無理のない範囲で対応しなくてはいけません。人によっては，その場で相談内容を語り始める場合もありますが，それには応じずに「では，詳しくは当日伺いますね」と伝えます。はじめに譲りすぎるとその後にそれを修正するのが難しくなるからです。

(2) はじめての来談

はじめて来談したクライエントはどんな様子でしょうか？　すごく急いで時間ギリギリか，少し遅刻してくるかもしれません。あるいは，予約の時間よりもかなり早く来て，待合室で緊張して（あるいは沈んだ様子で）待っているかもしれません。さらに，すごくラフな服装とボサボサ髪だったり，その反対に就職面接を受けに来たようなきっちりした服装かもしれません。このようにクライエントを観た時には，すでにかなりのコミュニケーションが始まっています。ここでクラエントにどう声をかけるでしょうか？

基本的には穏やかな微笑で，静かめの声かけを心がけるべきです。

ところで，こちら側の服装・髪型・雰囲気はどうでしょうか？　当然ながらこちらもしっかりと見られています。きっちりしすぎていないか，乱れていないか？　あるいは，温かすぎや反対に事務的すぎて警戒されていないか等々，初回の出会いは特に慎重になるべきです。

(3) まずは，クライエントに語ってもらいながら，必要に応じて短く返す

はじめに担当者としての自己紹介をして，「どのようなことで，お越しになりましたか？」「どんなご様子ですか？」などの言葉で，自然な語りを促します。そうする中で，表6-1のような応答をするのが基本となります。

第 6 章　援助的コミュニケーションのスキル

表 6-1　基本的な傾聴と応答

うなずき・相槌・要約	うなずく，相槌を打つ 「うん，うん」，「そうなんですね」，「ええ」 「（相手の話をまとめて）○○ということだったんですね」
反射・共感	相手の話をそのまま受け止める，感情を言葉にする，繰り返す 「（相手が話したことに対して）○○と感じたんですねぇ」 「（悲しみに対して）それはつらかったですね」 「（喜びに対して）それは嬉しくなりますね」 「（怒りに対して）それはイライラしますよね」，「納得いきませんよね」など
探索	より詳しく状況を知るための問いかけ。「なぜ，どうして」と責めず，穏やかに関心があることを示す 「もしよかったらもう少し聞かせてくれませんか？」 「そうしたのには，何か思うことがあったからじゃないかと思ったのですが，どうでしょうか」など
自己開示	聴くだけではなく，自分の感情や考えを適切に伝える 「（相手が怒りを表現できないと感じた時）あなたの話を聴いていて，なんだかとても悔しい気持ちになりました」 「私はそれを聞いて○○と感じたけれど，それを聞いてどう思いますか」など

　まずは「うなずき」「相槌」で，相手の話をさえぎらず受け止めることが大切です。そして，やや混乱しているクライエントには特に「○○ということだったんですね」と要約して返すことで「ちゃんと理解していますよ」ということが伝わります。それと同時に，「あなたは今，○○というお話をしてくれていますよ」ということを照らし返すことができます。このようなコミュニケーションによって，わずか数分で安心感のある空間を作り出して，クライエントが「この人にならどんどん話したい」という気持ちになることが可能となります。次の「反射・共感」では，まず傾聴しながら相手の感情を言葉にしたり，相手が言ったことを繰り返します。そして，さらに次の「探索」では相手の話をより詳しく聴くために「この人は何を感じていて，伝えたいのだろう」と相手に興味関心があることが伝わるよう，声のトーンを穏やかにしながら問いかけるようにします。

　最後の「自己開示」は心理療法においては通常，セラピストの体験談を話すのではなく「今ここで」セラピストが感じたことを伝えることを指します（第7章参照）。ただ，怒りや不満といったネガティブなものをそのままぶつけるこ

とではなく,「あなたを理解したい」というメッセージを込めることが重要です。また,特に思春期のクライエントにはセラピストの類似の体験談を話すことが意味をもつ場合もありますが,それを聞いて相手がどう感じたかを慎重に探ることとセットにする必要があります。

　このようにして,クライエントがしっかり話を聴いてもらえていると感じれば,上述のようにわずか数分で,信頼感を得られることも少なくないのですが,反対にそれが達成できなかった場合には,コミュニケーションは困難な方向へと向かっていきます。いずれにしても,技法を型通りに使うことや,聴き手がただ話を聴くことよりも,聴き手の受容的な態度が相手に伝わり,話す側が「聴いてもらえてよかった」と感じられるかどうかが,何よりも大切になります。

　例えばここまでの段階で,沈黙が訪れる場合があります。クライエントが考えている,あるいは内省している様子の沈黙は,じっと待つべきですが,反対にクライエントがこちらの反応を待っているか「考えてもとりあえず何も出てこない」という沈黙は,長く待ちすぎると無意味なだけでなく「クライエントを放置している」ことになるので避けるべきです。そして,次の段階に行く方がよいでしょう。

(4) ほめたり肯定してはいけないのか？

　一般的にセラピストは,クライエントをほめてはいけないと言われています。それは,セラピストがほめると,クライエントはセラピストにほめられそうなことしか言えなくなるからだとされています（例えば諸富,2015）。また諸富(2015)によれば,同様にセラピストが「そうですよねー」とクライエントに同意すると,クライエントはセラピストの賛同や同感を得られなさそうなことを話せなくなるとしています。けれども,筆者の経験ではそのようなことは,ごくまれな例外をのぞいてはあり得ません。その例外とは,クライエントがよほど過剰適応的な人である場合か,セラピストが無意識のうちにかなり支配的になっている場合です。

　反対に,筆者のもとを来談するクライエントの中で,「前のセラピストはただ聴いてくれるだけで,何も言ってくれなかった。」「前のカウンセリングはまる

で留守番電話に吹き込んでるみたいだった。」とおっしゃる方が年々増えてきている印象があります。「現代のカウンセリングでは，傾聴を重んじるだけでは不十分だ」との思いを強くしています。

これは第1章において「1人の人間として認めてもらえたこと，励ましや自信を与えてくれたこと，違った視点からの意見やアドバイスをもらえたことなど，明確な技法以前の，セラピストの関わり方（中略）肯定的な治療関係は，それ自体で治療的価値があるだけでなく，他のあらゆる治療作業が効果的に働くための基礎となるという意味でも重要なものです。肯定的な治療関係がしっかり形成されることで，学派に固有の技法が有効に作用するのです」（p.8〜10）と述べられている通り，現代の心理学的援助においては，必要なこととされてきています。それは妙木（2015）が指摘しているように，支援者の姿勢として「禁欲規則」や「中立性」を重んじる精神分析の文脈においてさえ，支持的・肯定的な関わり方が近年とても重要なこととなってきていることと同列です。

ここまで述べてきたような内容をヒル（Hill, 2009）は，探索段階と，洞察段

表 6-2　ヒルの探索段階スキル

目標	スキル
注目，観察，傾聴 (Attend, observe, listen)	・アイコンタクト・表情・うなずき・身体の姿勢 ・身体の動き・距離感・言葉使い・沈黙・さえぎらない・身体接触しない（あるいは最小限の接触）・最小限の励まし・承認−保証
思考の探索 (To explore thoughts)	・言い換え・思考についての開かれた質問（Open questions）
感情の探索 (To explore feelings)	・感情の反射・感情の開示・感情についての開かれた質問（Open questions）

表 6-3　ヒルの洞察段階スキル （Hill, 2009 より筆者が作成）

目標	スキル
気づきの促進 (Foster awareness)	・チャレンジ（Challenge）
洞察の促進 (Facilitate insight)	・洞察や解釈についての開かれた質問 ・洞察の開示
治療関係に関する洞察の促進 (Facilitate insight into relationships)	・即時性（Immediacy） （セラピストが「今，ここで」感じたことを開示する）

階，そして行動段階の3段階のスキルとしてまとめています。ここでは，コミュニケーションとしての意味の大きい第2段階（洞察段階）までを表にまとめて紹介します（表6-2，表6-3）。

(5) 対話がうまく進まない時

　これまで述べたような基本的な傾聴と応答や，探索・自己開示でも，対話がうまく進まないこともあります。例えば，クライエントが自分を責めすぎていたり，無力感に覆われすぎていて「私は，まったくどうしようもない人間なんです」とだけ繰り返す場合もあります。

　このような場合は，もちろんこれまで述べてきたような傾聴と共感を十分にした上で，表6-4に示したような応答をすることも必要です。

　「ノーマライゼーション（normalization）」は一般的には福祉用語として使われ，「通常化・標準化」といった意味があります。カウンセリング場面ではクライエントの状況や，そこから生じた感情や行動は異常なことではなく，そのプロセスを考えるなら誰にとっても自然なことであると伝えるアプローチです。このように言われることによって，クライエントは安心し，気持ちが穏やかになっていきます。怒りや嫉妬，自責感などのネガティブな感情を抱いているク

表6-4　現代の心理療法において有効なスキル（細谷・福島，2016; 福島，2016をもとに筆者が作成）

ノーマライゼーション（normalization）	相手の気持ちを受け止めながら，今の状況や生じた感情は誰にとっても普通に起こることであり，おかしいことではないと伝える。 「怒りを感じることが苦しいのですね。でもその気持ちを抱くことは誰にとっても自然なことだと思いますよ。」 「（クライエントの行動に対して）そういう状態の時には，誰しもあなたと同じようにしちゃいますよね。」
バリデーション（validation）	相手の中で生じた感情や言動を承認することでより深い共感を示す。 「これまであなたがしてきた苦労を考えれば，周りからそんなふうに言われたらやる気をなくすのはもっともなことだと思いました。」 「そういう状況なら，あなたのようにするのはとても納得のいくことです。」など
肯定（affirmation）	相手の言動に対し，肯定的な側面や労い，感謝の言葉を伝えていく。 「言いにくいことを話してくださり，ありがとうございます。」 「あなたはこれまで誰にもわかってもらえない中で必死にやってこられたんですね。それはすごいことです。」など

ライエントや，喜びを感じることに抵抗を抱いているクライエントに対して用いることが多いですが，まずは相手の気持ちを受け止めてから行い，あるがままの（今，ネガティブになっている）自分を否定されたと思われないようにすることが大切です。

「バリデーション（validation）」は「強める」「承認する」といった意味があり，認知症患者へのアプローチとしても知られている，より深い共感を示す技法です。クライエントの話に対して「そのとおり」であると認め，相手の言葉をあえて強調することで，より深い感情を吐き出せるようにしていきます。

「肯定（affirmation）」はセラピストがクライエントの言動や思考を肯定的に解釈したり，それらを温かく受けとめ，良さを見いだすことです。これは怒りやクレーム，誰にも言えなかったことなど，本来言いにくいことを話してくれた相手に対し用いると，その後の関係が悪化せず，むしろより関係が強化されることも多く，すでに様々な形で実証されつつあります（久間ら，2013）。

これらの介入技法は先述の表6-1～表6-3の技法をベースにしながら，相手の状況や関係性によって使い分けられることが理想です。このようにすると，それまで停滞していたカウンセリングも，ぐっと進展しやすくなります。

(6) 援助的コミュニケーションがうまくいっている指標は？

ここまで述べてきたようなスキルによって，援助的コミュニケーションがある程度促進されてきたら，すでにクライエントに対して，安心感やこれからの取り組みへの動機づけ，自己肯定感などが供給できているはずです。けれども，それを単なるカウンセラーの独りよがりでなく，客観的に確かめるためにはどのようにしたらよいでしょうか。表6-5に示す5つの指標が，カウンセリングにおける探索がうまくいっている時の指標として実証されたものです（岩壁，2007a）。

表6-5 探索が成功しているかどうかの指標 (岩壁，2007a をもとに筆者が作成)

鮮明さ（vividness）	クライエントがある出来事について語る時に，その出来事の詳細を生き生きと再現できている。
具体性（concreteness）	出来事のより細かな部分まで気づくことによって，クライエントが自分の感情反応などを引き起こしたきっかけとなったものを見つけ出している。
個人的関連性（personal relevance）	自分とは関係のない出来事やそれほど重要でないことではなく，最も自分の関心が向いていることがらに意識を向けていられる。
幅広さ（width）	問題と関わるかもしれない出来事を広く見直している。
深さ（depth）	一つひとつの問題に十分な時間を使って考えている。

2節　非言語的なコミュニケーション

　ここまで，予約からはじめの出会いまでを除いては，主に言語的なコミュニケーションについて解説してきました。けれども，これらと並行して非言語的なコミュニケーションも成立しています。この節では，この非言語的なコミュニケーションスキルを解説します。

1. 波長合わせ（ペーシング，チューニング）

　クライエントの調子やテンポ・トーンに合わせることです。すべて基本的にはジェスチャーも含めて，クライエントのスタイルに合わせるべきです。それは幼い子が何となく楽しそうに体を動かしているのを見て，大人のこちらが「きちんと習った」ダンスで応じたりするのが，とても不自然で時には暴力的でさえあるのを想像していただければ，わかりやすいと思います。

　ですから，例えば視線については「じっと見つめてくるクライエント」には，こちらも温かくじっと見つめていきます。反対に「目を逸らしがちなクライエント」には，セラピストも見つめすぎないようにすることが大切です。そして「ヒソヒソ話」には「ヒソヒソ話」で応じることで，静かでも感動的な触れ合いが生じることもあります。

　非言語的なコミュニケーションは，とても影響力が大きいものですが，セラピストの側は定型化して慣れっこになっていたり，無自覚・無神経になってい

たりする場合があるので，時々，自分の面接を録音・録画して，自己チェックを試みたり仲間同士のチェックを受けたりすると大変役に立ちます。

2. 瞬間瞬間のトラッキング

　トラッキングとは「追跡」「追尾」という意味ですが，心理学的支援においては「クライエントの動作をていねいにひろっていく」という感じです。例えば，「とても辛そうですね」「大きなため息ですね」「何か，晴れ晴れとした表情になっていますね」などと，クライエントの動作や表情を言葉にして返す手法です。この時，決して冷たく観察した結果を伝えるのではなく，温かく共感的に指摘することで，クライエントは自分の本当の感情に気づき，その場での体験や洞察が深まります。

3. 意図的ズラし

　特に非言語的なコミュニケーションは，1.の波長合わせでダンスの喩えを出しましたが，単に「クライエントのスタイルに合わせればよい」ということでもありません。例えば，筆者がある時，とても明るく元気よく話すクライエントに合わせて，こちらも明るく元気よく話し続けた時，「先生，能天気なんですね」と言われたことがあります。反対に，クライエントに合わせて暗く沈黙がちに対応していて「そんな暗い顔しないでください」と言われてしまったこともあります。どちらの例も，このように言われること自体は悪くないし，こう言い合える関係があるということは関係作りに成功している証拠だと言えるのですが，クライエントがこのように率直には言えずに不満を募らせた場合には，関係が修復不能にまで至る場合もあります。

　つまり，声のトーン，話す速度，視線，沈黙，笑い等々のすべてに関して，クライエントのそれに合わせつつも「合わせすぎない」という「意図的なズラし」も必要なのです。速くて大きなしゃべり方には，それとかけ離れない程度のゆっくりめで中くらいの音量の声で応じるとよいでしょう。表面的な語りには，それよりもやや内容を深めて返すなどです。同様に，あまりにも沈んだ沈黙がちのクライエントには，それよりもやや明るめの声で，少しだけセラピス

トの方が言葉多めにする工夫も必要です。笑いに関しては，ここで短く論じるのはとても難しいものですが，基本的にはクライエントの笑いについていくべきであり，「ごまかし」でない心からの笑いが自然に起こるような場合は，とても豊かなコミュニケーションが成立していると言えるでしょう。

4. スローダウン

　コミュニケーションの速度を緩めて，じっくりと味わいながら語ってもらう手法です。これが，自然に起こる場合も少なくないのですが，クライエントによっては，終始一貫して早口で語る場合もあります。これはこれでカタルシス効果をもつ，とてもよい体験となる場合が多いのですが，「新しい体験」や「変容」にはつながりにくいのも事実です。

　そのため，セラピストが意図的に応答を徐々にゆっくりにしていくか，それでもうまくいかない場合は「どのように感じていますか」などの内省を促す質問をしたり，さらには「少し時間をとって，それを味わってみませんか」と導入するのが効果的な場合もあります。

　イメージとしては，テンポの変わらないポップミュージックやジャズなどではなく，間に必ずゆっくりな楽章が入るクラシックの交響曲や協奏曲を想像するとよいでしょう。

3節　イメージや物を媒介としたコミュニケーション：分析的第三者から，イメージ療法まで

　ここまでは，クライエントとセラピストの直接的なコミュニケーションについて説明してきました。けれども，心理学的支援の中には，遊戯療法や箱庭療法，さらには描画やコラージュなどを用いた芸術療法も大切なものとして含まれます。これらは，すべてセラピストとクライエントの間に別のものがあるという意味で「間接的な」コミュニケーションとなります。

　けれども，少しだけ視野を広げるなら，行動療法や認知療法（第9章参照）におけるワークシートやゲシュタルト療法（第8章参照）における「空の椅子

第6章 援助的コミュニケーションのスキル

（エンプティ・チェア）」も，さらには夢やイメージを扱うセラピーも，すべて間接的コミュニケーションを使っていると言ってよいでしょう。

上記のような間接的コミュニケーションによる，心理学的支援を考える際に，参考になるのが，精神分析の文脈で語られる「心的空間」や「分析的第三者（analytic third）」（Ogden, 1994）です。

精神分析家のスィーガルはクライエントの心的世界を抱え込む（コンテインする）ような心理的空間として「心的空間」について論じ（Segal, 1991），さらにオグデンは精神分析治療の中でセラピストとクライエントによって作り出される第三の主体を「分析的第三者」と呼んでいます。そして，藤山（2003）によれば，セラピストが行うべきことは，「この第三の主体の体験に人間的な形を与えることであり，その前提として自らの主体的体験と間主体的体験の交錯を十分に受け取り，味わうこと」としています。

つまりこれらは，クライエントとセラピストの深いコミュニケーションによって生じた新しい何ものかをしっかりと味わい，その新たな体験に人間的な言葉や名前を与えて，変化の基盤とするということです。この意味においては，この節の始めに書いた遊戯療法や箱庭療法，さらには描画やコラージュ，夢，イメージなどを使った間接的なコミュニケーションによる心理学的支援が，すべて当てはまる考え方です。クライエントやセラピストの内面から生じたイメージや，夢・絵画・箱庭その他をゆっくりと一緒に味わうことに関して，これらすべてを，このような分析的第三者を「味わい」「名づける」つもりで向き合うのが理想的な態度と言ってよいでしょう。

このように心理学的支援におけるコミュニケーションとは，単に目の前のクライエントと交流するだけでなく，セラピスト自身がセッション内においても「夢想（reverie）」（Ogden, 1994）することによって，進展していくものなのです。けれども，もちろんセラピストがクライエントを無視して，自己愛的に夢想し続けていたら，セラピーは進展しないだけでなく，クライエントを孤立させ，問題は悪化し，さらにはセラピーの中断を含む，「もう二度と心理療法なんて受けたくない」という思いに至らせてしまうという意味で，最悪の事態につながりかねません。

4節　危機的関係におけるコミュニケーション：セラピーの山場を越える

1. セラピーに「危機」はつきもの

　第5章においてもセラピストがクライエントの疑惑や不信や不満の兆候に気づき，それをしっかり取り上げて話し合うという，治療（作業）同盟の亀裂とその修復が治療的変化をもたらすと述べています。

　別の言い方をすれば，心理学的支援において，支援が終始スムーズに行くということはそれほど多くありません。あるいは，そのようにスムーズに行って終わった事例は，クライエントが何か遠慮したり，「出し切れないもの」を抱えたままで終わった可能性も高いのです。そのような場合は，一度は症状がなくなっても，また再発するリスクも高まります。

　ここまで述べてきた「援助的コミュニケーション」が，本当にクライエントの役に立つために深く進めば進むほど，治療関係の亀裂のリスクをはらんだものになるはずなのです。

　このようにセラピーの「危機」は，ある意味避けがたいものですので，その時のコミュニケーションをどうするかも，想定していなくてはなりません。以下，事例を挙げながら考えていきましょう。

【事例1】軽度自己愛パーソナリティ障害の女性

　　　ある対人援助専門職のクライエントは，職場で怒りを溜めて，時々怒鳴ってしまうという問題を抱えていました。セラピストの肯定的な関わりにより，順調に改善し，自己肯定感も上がり，職場で怒鳴ることはなくなっていきました。そのような30回近いセッションを経た後，予約メールの行き違いをめぐるセラピストの対応のズレに対して，セラピストの促しに応じて「実は……」と，かなり厳しいセラピスト批判を繰り広げました。「私だったら，対象者にこんな事はしない」「がっかりです」という厳しい批判の言葉もありました。セラピストはたじろぎ傷つきながらも，できるだけ真摯に向き合い，そのようなやり取りができてとても良かったことを伝えました。さらに，今後はそれをお互いに

さらに率直に伝え合うことが課題である等を伝えました。このようなやり取りの後にはじめてセラピストに対して本当の信頼感がもてるようになり，クライエントの自己愛傾向が弱まっていきました。

このようなプロセスは，特に自己愛性パーソナリティ障害には不可欠とも言えるものですし，ここをどう乗り越えて治療的なやり取りにできるかが，心理師の実力が問われるところでもあります。

2. 転移・逆転移をふまえたコミュニケーション

第2章においても解説されているように，心理療法の進展と共に，転移・逆転移という現象が生じます。これをコミュニケーションの中でいかに無理なく扱うかということが，援助的コミュニケーションの最大の課題とも言えますし，セラピーの山場となるとも言えます。

【事例2】対人恐怖症の30代男性

対人恐怖症を抱える30代男性Aさんは，「ここに来る前に受けていたカウンセリングでは，カウンセラーと怒鳴り合いになって中断した」と語りました。Aさんは父親や兄に対する激しい敵意を抱えたまま音信不通の状態にもなっていたのでした。セラピストは「遠からずその敵意が転移的にセラピストに向けられるだろう」と予想しながら，Aさんの希望でもあった夢分析を中心とするセラピーを進めていきました。はじめの1年間はとても順調に夢の中のイメージも変化し，症状もある程度は改善されつつありました。

けれどもちょうど1年が経過した41～42回目の面接では「何かまだ足りていない感じ。セラピストを責めたい気持ち。」「先生は手を抜いてるんじゃないか」「手ぬるい！」と2セッションにわたりかなり攻撃的に語りました。そこでセラピストは「Aさんは厳しく高圧的なお父さんとお兄さんの下で育ってきて，以前おっしゃったように，それとは違う理想の兄を私に投影していた。でも，これは嘘なのではないか，本当はただ手抜きしているだけなんじゃないかと思うのでしょうか」と解釈を伝え，さらにできるだけ真摯に「これまでちょうど

いい緊張感でやってこれて成果もあがっている。これ以上厳しくやるのは適切と思えない」と穏やかに，けれどもきっぱりと説明しました。するとその次の回では「前回，前々回と変な攻撃性を先生にドーっと出しちゃった」と語るので「Aさんはお父さんとお兄さんの下で，ずっと言いたいことが言えずに来たけれど，今回はじめて年上の男性にしっかり主張して，しっかり話し合えたということでしょうか」とセラピストが転移解釈をまじえながら支持すると「たしかにここの場で出せたのがよかったのかも」と振り返り，その後はますます改善して，終結に至りました。

　事例1も事例2も，セラピストであった筆者が単に冷静に対応したわけではありません。ちょうどどちらの事例も，その時期に「ここまでの経過にやや安心してしまっていた」，「自分はクライエントの親や兄弟とは違って，理想的なセラピストなのだ」というような逆転移があったのは否定できません。そして，そんな時にクライエントから責められると辛い気持ちにはなります。そのようなこちらの気持ちを自覚しながら，上記のように対応する必要があります。

3. 心理療法の中断と失敗に至るコミュニケーション：負の相補性

　クライエントの問題が解決する前に，クライエントが一方的に来談を中止することを「中断（drop out）」と呼びます。岩壁（2007a）によれば，欧米におけるいくつかのメタ分析による中断率の平均は42〜50％にものぼり，クライエントの約半数が中断していました。

　さらに岩壁（2007b）によれば，このような心理療法の中断や失敗は「負の相互性」あるいは「負の相補性」（negative complementarity）と呼ばれる，セラピストとクライエントがお互いに怒りと敵意を増幅させてしまうネガティブなコミュニケーションによるものが多いとされています。それは，クライエントはこれまでに培ってきた対人関係パターンの反復として，セラピストに陰性の反応を起こすことが多く，さらにその対人的な状況を自分で対処することが難しいからです。それゆえにこそ，このような状況は，クライエントの不適応的な対人パターンや葛藤を扱うまたとないチャンスでもあります。けれども，セ

ラピストがそれに対して怒りで対応して，お互いの怒りを増幅させてしまうことによって心理療法が失敗または中断することが実際に多いのです。

このような負の相互性や負の相補性は，転移や逆転移と呼ばれる現象よりも，より普遍的・一般的なものであるとされています。また，この負の相補性についてのストラップの研究を，さらにより多くの事例を対象にして検証したヘンリー（Henry et al., 1986）の研究によれば，それまで行われてきた臨床訓練において，このようなネガティブなセラピスト－クライエント関係に気づき，それに対して効果的に反応することに関する訓練が欠けていたとされています。そして，臨床トレーニングにおいて，対人関係プロセスと治療技法をより直接的に統合する必要があると提言しているのです。

4. 具体的対応モデル：クライエントの怒りや性愛的感情表出にどう対応するか

具体的に危機的関係におけるコミュニケーションをどのように進めていくべきなのかについての実証的研究はまだ多くはありませんが，その代表的なものを紹介します。

第3章においても触れられている，クライエントとの治療（作業）同盟の亀裂について実証的な方法で扱った研究の代表的なものとしては，サフランとムラン（Safran & Muran, 1996, 2011）の4段階モデルがあります（表6-6）。

次に，日本の研究では髙岡ら（2013）による，「怒りを表出したクライエント

表6-6 サフランとムランの治療同盟の亀裂とその立て直しモデル
（Safran & Muran, 1996 をもとに筆者が作成）

第1段階	セラピストは「今，何を経験していますか？」「何かあなたが，引いている感じがするのですが」というような介入で，クライエントの作業同盟の亀裂を示唆する怒りの表出や引きこもりへの探索を促進する
第2段階	セラピストはクライエントが作業同盟の亀裂を示す理由や感情（怒りや不満足感，絶望感など）を探索する。セラピストはさらに亀裂の責任を認める。
第3段階	クライエントが回避していると思われる場合は，セラピストはその回避の裏側にある恐怖や個人的な期待感，信念，恐怖感などを探索する。「それらを表現したら，どうなってしまいそうですか？」などが典型的な介入である。
第4段階	クライエントが自分自身の対人関係上のテーマに気づき，その探索を始める。

第 2 部　支援者に求められるあり方

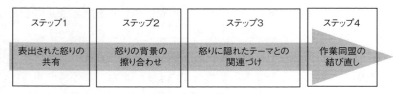

図 6-1　クライエントが表出した怒りへの対応モデル

への治療的対応に関するプロセス研究」があります。これは，APA（アメリカ心理学会）による，マスターセラピストのデモンストレーションビデオ 5 例を課題研究という手法によって分析した結果に基づいて，モデル化したものです。この研究において，クライエントの怒りの表出型としては抑制型と激情型に 2 分類され，さらにどちらの型も共に①表出された怒りの共有，②怒りの背景の擦り合わせ，③怒りに隠れたテーマとの関連づけ，④作業同盟の結び直し，の 4 つの介入段階をたどることが確認されています（図 6-1）。

さらに，同様に APA のビデオを分析した藤岡ら（2010）は，クライエントの恋愛／性的感情表出モデルの 5 段階を作成しています（表 6-7）。

これらの実践的なモデルが頭の中にあれば，私たちセラピストはゆっくりと穏やかに，危機的場面を乗り越えて，治療的にとても意義深いプロセスを経過していくことができます。

表 6-7　クライエントの恋愛／性的感情表出モデル

第 1 段階	クライエントがセラピストへの想いを表す準備を行う段階
第 2 段階	クライエントが恋愛／性的感情を表す段階
第 3 段階	クライエントがさらに具体的な欲求も伝える段階
第 4 段階	クライエントがセラピストから「恋愛／性的関係をもてない」と伝えられることで未練を表す段階
第 5 段階	次第にセラピストへの想いを収め，特定の他者との関係を探索する段階

5節　まとめ

　ここまで援助的コミュニケーションについて解説してきました。物やお金，移動手段などの支援を使わずに行う心理学的支援は，そのままコミュニケーションによる支援であると言っても過言ではありません。
　このようなコミュニケーションについて，いかに自覚的でハートフルかつスキルフルにできるかが，心理師にとって最重要なことと言って間違いないでしょう。

column no.2　福祉分野の現場から

　心理師が携わっている福祉の現場は，主に児童や障害に関連する施設，また女性や高齢者に関連する施設などがあります。
　私は大学院修了後から主に児童の生活支援や障害児の療育支援に携わっており，現在は地域の中にある発達支援センターで心理師として働いています。
　発達支援センターとは，子どもの発達に関連するあらゆる相談に対応し，子どもたちがよりよい成長をしていくために必要な支援を行っている施設です。対象は0歳から18歳までで，私は6歳までの未就学児の療育支援を担当しています。
　そこでの支援対象はもちろん子どもですが，その保護者が地域の中で安心して子どもを育てていけるように支援することも求められています。子どもに生まれつき障害があるとわかった保護者や，成長の中で発達の遅れや問題を指摘された経験をもつ保護者たちは，想像もつかないような苦しみを抱えながら相談に来ることが多いです。そのため，保護者たちが子どもの発達を理解しながら成長を支え，よりよい親子関係を築いていけるように，保護者の気持ちに寄り添いながら一緒に進んでいくことがとても大切だと感じています。
　心理師の具体的な役割は主に「アセスメント」「療育支援」「地域援助」の3つになります。
　アセスメントでは子どもの行動や状態の背景の理解，情緒の理解を，行動観察や聞き取り，発達検査などの評価から，分析的，総合的にとらえることが求められます。そして，子どもの発達を支える家族のもつ力や家庭状況のアセスメントと，幼稚園・保育園などの子どもの環境全体のアセスメントもあわせて行っていきます。
　療育支援は，小集団や個別など，支援の形態や内容は様々ですが，いずれも子どもの生活を豊かにし，社会の中で過ごしやすくなるためのものという点では共通しています。療育支援においては生活動作の自立や社会の中で必要な力をはぐくむこと，自己肯定感をはぐくむこと，そして子どもに関わる人たちへの具体的な助言や心理的サポート，環境調整をしていくことが心理師に求められています。私は小集団と個別の場面で療育を行っており，小集団療育では保育士など他の専門職と共に遊びや課題を行うほか，着替えや排泄，食事指導も行っています。個別療育では1時間の面接の中で子どもに合わせた机上課題や遊びを設定し，保護者から子どもの様子を聞きながら，必要に応じて具体的な助言も行います。また相談内容によっては保護者と1対1で面接をすることもあります。

● 遊佐ちひろ
（成城カウンセリングオフィス）

　地域援助では，幼稚園や保育園の巡回相談など，子どもと関わる人たちへの適切な助言，働きかけを必要に応じて行いながら，子どもの育ちを支える環境を一緒に作っていきます。

　また，子どもたちの育ちを支える上で，他職種との連携は欠かせません。子どもの育ちには医師や看護師，保健師，保育士，PT（理学療法士），OT（作業療法士），ST（言語聴覚士）といった様々な専門職が関わっており，心理師にはそのチームの一員としての役割も求められています。

　このように心理師には子どもの発達の知識のみならず，様々な専門性が求められています。はじめてこの仕事に携わると決めた時，「子どももいない自分に親たちの苦しみがわかるだろうか？」ととても不安に思いました。

　今でもその不安はゼロではありませんし，自分の無力さに挫けそうになることはありますが，それでも親子を目の前にすると，少しでもこの親子が安心して過ごし，日々の中で楽しいな，よかったなと思える時間を作りたい！　という気持ちがわいてきます。そう思えるのは，子どもたちの成長や楽しそうな親子の笑顔，そして一緒に働く仲間の存在があるからです。子どものことが受け入れられず，クレームを言いながら通っていたお母さんが最後にスタッフ全員に向かって「ここに来れてよかった！」と言ってくれる姿や，子どもの特性をつかむことで困っていることが減り，よい関係を築けるようになった親子の姿を見ると，大変さもやりがいに変わります。

　子どもや保護者からはもちろん，発達支援センターという多くの専門職が関わる場所は，一人では学びきれない多くのことを学んでいける場所です。私も子どもたちと同じように学ぶことを楽しみながら，これからも丁寧な支援を続けていきたいと思います。

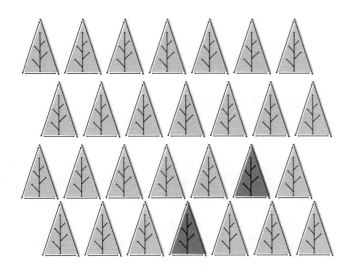

第3部

心理学的支援の多様な技術

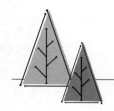

第 7 章

気づきを促進する

　本章では，力動的心理療法のアプローチから，クライエントの気づきを促すための基本的な4つの技法について，具体例を通して学習します。それぞれの技法には，実践上の注意点や限界があります。また，対象喪失という観点から，クライエントに気づきを促すことの功罪について考えます。

1節　力動的心理療法における気づき

　精神分析療法にルーツをもつ力動的心理療法は，洞察志向アプローチとも言われます。洞察とは，クライエントがセラピストとの対話を通して，それまで十分に自覚していなかった自らの行動・感情・思考の特徴やパターンについて新しい理解を得ることです。それは，「ああ，そうだったのか」という情動体験をともないます。クライエントは洞察を通して，しばしば自分を支配していた無意識的な欲求や情動の意味が理解できるようになり，そこから次の段階へと進んでいきます（前田，1985）。
　例えば，「同僚との関係がぎくしゃくしてしまう」ことに悩む30代の女性が心理療法を開始しました。彼女は，セラピストとの対話を重ねるうちに，次のようなことを語りました。「私は，自分に対する要求水準が高くて，『できるだけ早く，正確にできないとダメだ』とプレッシャーをかけて仕事をがんばってます。けれども，周りの同僚の女性たちは，気楽な感じで仕事をしている。余計なおしゃべりもするし，ミスをしても気にしていない。そんな彼女たちを見るとイライラして，つい，きつい口調になってしまうのです。だから彼女たちからすれば，私はけむたい存在なのだと思います。……本当は，彼女たちのよ

うに気楽になれたらいいのにと思うんですが，彼女たちがうらやましいのかもしれません…私の父がとても厳しい完璧主義の人でした。小さい頃は，常に父の顔色をうかがって，父の期待するような成績をとらないといけない，と思い詰めていました…父親に認められたかったのだと思います」。ここでクライエントは，同性同年代の同僚とうまくいかない問題の背景には，幼い頃の父親との関係が影響していることに気づきました。気づきの中身を具体的に整理すると，次のようになります。

①過去の体験の影響に気づく（幼い頃に取り入れた父親の極端な完璧主義が，現在の思考・行動パターンを形成していること）。
②繰り返している対人関係のパターンに気づく（完璧を目指していない同僚に対して怒りを感じ，きつい態度をとってしまうこと）。
③現在の対人関係における自分の感情に気づく（気楽に見える同僚に対してうらやましさを感じていること）。
④過去の対人関係における自分の願望に気づく（父親に認められたい欲求があること）。

以上の気づきには，自己の内面に関するいくつかの次元・内容が含まれています。力動的心理療法では，こうした様々な気づきを包括して，洞察と呼びます。ではこれから，洞察を促すセラピストの関わりについて，基礎的な技法から発展的な技法の順に学んでいきましょう。

2節　技法１：葛藤を明確化する

最も基本的な技法は，傾聴技法の一つである感情の明確化です。これは，セラピストが，クライエントの内的体験に思いをめぐらせ，感情を言語化していく関わりです。例えばクライエントが，「この先，どうしたらいいのかと思うと……」と語り，打ち沈んだ表情のまま言葉が続かない時，「この先のことを思うと，不安でたまらないのでしょうか？」と，セラピストが問い返すのは，そ

の一例です。クライエントが語っている言語的な内容と共に，表情，姿勢，口調など非言語的な要素を観察することで，セラピストは，クライエントを苦しめている感情は何か，仮説を立てることができます。それは多くの場合，不安，怒り，悲しみ，後悔，恥といった苦痛な情緒です。クライエントが言語的・非言語的に表出している苦痛な情緒を，セラピストが理解し，言葉で明確化して返すことは，クライエントの自己理解を促す第一歩になります。なぜなら，クライエントは，苦痛な情緒に圧倒され，混乱しており，自分の心の中で何か起きているのか，内省する余裕を失っているからです。

　クライエントの心痛は，たいていの場合，相反する感情がぶつかり合う葛藤に由来します。そして混乱状態にあるクライエントにとって，自分が苦しんでいる葛藤の成り立ちに気づくことは難しいことです。例えば，「母親との関係を考えたい」と来談した20代の女性は，幼少期から母親に猛勉強を強いられてきたと語り，「私がどんなにがんばっても，母は決してほめてくれなかった。私のがんばりをわかってくれなかった」と，眉根を寄せて涙をにじませ，膝の上ではこぶしを握って訴えました。そこでセラピストは，「あなたのがんばりをわかってくれなかったお母さんに怒っているのですね」と，怒りの感情を明確化しました。すると，その後の面接でクライエントは，小声でぽそぽそと「母親の期待に応えられない自分は悪い子ではないか。教育費をかけてくれた母に申し訳ないと思う」と言い，がっくりとうなだれました。ここで表出されたのは，母親に対する罪悪感です。クライエントは，「母にがんばりをわかってもらえない」怒りを感じている一方，「母の期待に応えられない」罪悪感も抱えています。しかし，怒りが語られる時に罪悪感は表出されず，逆に罪悪感が意識の前面に出ている時に怒りは背後に引っ込んでいるのです。すると怒りと罪悪感が別々に意識されることはあっても，両者が葛藤になっていることに，クライエントは十分気がついていません。このような場面でセラピストは，「お母さんに怒っている一方で，申し訳ないとも思うのですね」と，葛藤を明確化します。怒りと罪悪感，どちらも抱えているから苦しいのだ，とクライエントは心痛の正体を知ることができます。人は，正体の知れない苦痛よりも，正体のわかった苦痛の方が，耐えやすく，対処法も考えやすくなります。

葛藤を処理する自我の機能に着目した自我心理学では，精神内界の葛藤は避けられず，普遍的にみられるものであり，人間の行動の基底にある最も重要な力動的要因である，という見方をします（山崎，2002）。セラピストは，この見方に立って，葛藤に開かれた態度をもつことが大切です。葛藤の明確化は，非常にシンプルな技法ですが，その背後に「葛藤は人生につきものである。心理療法の目的は，葛藤を受けとめるクライエントの心の器を大きく育てることにある」というイメージ（遠藤，2003）があると，葛藤に苦しむクライエントに対して，落ち着いて対応できるでしょう。

3節　技法2：支持と直面のバランスをとる

2番目の技法は，直面化（confrontation）です。精神分析的心理療法における直面化は，より意識に近い現実状況や思考・行動パターンあるいは葛藤を，クライエントに提示し，文字通り直面させ，その矛盾や問題点に注意を向けさせること（福井，2002）と定義されます。具体的なセラピストの応答としては，クライエントの態度を観察していて，目についた事実，特に反復されているもの，あいまいなもの，不自然なもの，矛盾しているものを指摘することになります（前田，1985）。直面化を用いるのには，注意が必要です。なぜなら，クライエントにとって，自分の感情と行動が矛盾していることや，自分の行動がマイナスの結果を招いているという事実に気づくということは，困難で苦痛な作業だからです。

例えば，長年引きこもっている青年が，「アルバイトができるようになりたい」という目標をもって来談しました。しかし，面接を始めるとクライエントはアルバイトについて具体的に話すことはなく，「外出は嫌だ」と訴え，その理由を数え上げることに終始しました。それに対してセラピストは，「あなたは最初の面接で，アルバイトができるようになりたいと言いながら，外出が嫌いな理由について話すことに時間を費やしていますね」と指摘しました。けれどもクライエントはセラピストの指摘には反応せず，「外出は嫌だ」という訴えをいっそう強い口調で繰り返しました。セラピストは，（このクライエントはアルバ

イトしたいと言っているが，新しい行動を起こすことを回避している。本当に変わりたいと思っているのだろうか？）と疑問に思うかもしれません。しかし，クライエントはセラピストの指摘を，現在の自分のありようを批判され，否定されたと体験し，さらにかたくなな態度に出たと考えられます。ここでポイントになるのは，直面化を用いるためには，クライエントがセラピストに支持されていると実感できることが必要だということです。

　支持と直面化のバランスについて，家庭内暴力のケースを例に考えてみます。中学校に適応できず，不登校に陥っている息子が「お前の育て方が悪い！」とわめいて母親に手を挙げ，金銭を要求しています。それに対して，母親は「息子の言うように，自分の育て方が悪いのだろうか？」と罪悪感にかられ，また暴力がエスカレートするのを恐れて，金銭を渡しています。母親にとって，金銭の要求に応じることは，自らの罪悪感を緩和し，息子の暴力を収めるという，一時的な解決策になっています。ところが, 息子は暴力によって金銭が得られることを学習しますので，問題は持続します。悪循環にはまっている母親は，金銭を渡すという自らの対応が，家庭内暴力を維持していることに気づいていません。この点を母親に直面化する必要がありますが，その前段階として，母親に情緒的なサポートを与えます。例えば，「よく相談にいらっしゃいましたね」，「これまで，お一人で苦しんできたのですね」，「専門家に相談することはとても賢明な判断ですよ」とねぎらい，「この状況をどうにか解決しようとしていらっしゃったのですね」と変化に対する動機づけを肯定し，「息子さんに対して罪悪感があるとのことですが，お話を聞いていると，これまで精いっぱい対応されてきたことが伝わってきました」と罪悪感を緩和していくのです。このような情緒的なサポートが与えられると，精神的視野狭窄に陥っていたクライエントは，別の視点から問題を眺める余裕をもてるようになります。そこで，セラピストは「その時，お母さんはどうされたのですか？」，「そうしたお母さんの対応に，息子さんはどんな反応をしましたか？」といった質問によって，息子－母親間の行動連鎖を丁寧に明確化していきます。その延長線上に，「お母さんが良かれと思ってお金を渡していることが裏目に出てしまって，暴力の引き金になってしまっているようですが？」と，直面化を組み込みます。

家族療法の大家であった国谷誠朗は，直面化がうまくできないと面接時間の浪費になることを指摘し，セラピストが「クライエントから逃げたり，回避したり，単に受け止める立場にとどまったりしないで，その場に起こっていることを共有するべく，正面切って働きかけること」が必要だと述べています（東京家族療法研究会，1996）。大変厳しい言葉です。一方，セラピストが，「クライエントに問題を解決する力があると，こころから信じている」ことが必要であると，国谷は説いています（遠藤，2008）。クライエントを肯定し信頼することと，直面化すること，この2つが車の両輪となってはじめて，クライエントの気づきを促すことができます。

4節　技法3：面接場面で起こっていることをフィードバックする

　クライエントは，職場や学校の人間関係や家族関係がうまくいかずに，悩み苦しんでいます。そして，面接場面も一つの対人関係です。クライエントは，自らの対人関係の問題を，セラピストとの関係に映し出しますので，セラピストは，面接場面で起こっている出来事を，クライエントの問題を理解する生きた材料として観察します。セラピストの観察と理解をフィードバックする関わりは，クライエントが自分と自分の周囲の人との関係性について，気づきを得るのに役立ちます。この技法について，具体的に見てみましょう。
　クライエントは，「表面的な対人関係しか作れない」ことに悩んで来談した男子大学生です。クライエントは，「周りの同級生はうちとけた友だち関係を作っているのに，自分は表面的な関係しか作れない」と言います。そこでセラピストが，「表面的な関係というと？」と聞き返し，状況を明確化しようとしました。しかし，クライエントはセラピストの問いかけには答えず，「他にも気になっていることがあって」と，レポートの締め切りを守らないと授業の成績にどういう影響が出るかについて詳しく説明しました。その後の面接でも，クライエントは，セラピストの対人関係に関する質問には答えずに，レポートの話題に終始しました。

このクライエントの主訴は,「表面的な対人関係しか作れない」ことですから,「表面的な対人関係」の特徴の一部分が,セラピストの質問に答えないという"今,ここの"対人態度に現れていると理解できます。このような場面では,セラピストは観察者として,面接場面で起こっていることをクライエントにフィードバックします。「今,私は,『表面的な対人関係』とはどういうことなのかを尋ねたのですが,レポートの話になってしまいましたね。対人関係について話すよりも,レポートの話題の方が話しやすいようですね。私との関係でも表面的な関わりが起きているのかもしれませんね。うちとけた関係を作るのが難しいというあなたのテーマと関係がありそうですね」と,クライエントの主訴を理解するという文脈で,面接場面で起こっていることを伝えます。

クライエントの対人関係の問題とはどのようなものか,その性質を見極めるためのサンプルが,"今,ここの"セラピストとの関係に現れるという視点は,精神分析療法における転移(transference)の概念に基づきます。転移とは,狭義には,幼児期に重要な対象(父親,母親など)に向けていた感情や態度がセラピストに向かうことを指しますが,広義には,過去の対人関係のパターンの再現であり,セラピストとの関係の中で現れる不適切な思考や態度,空想,情動のすべてを指します。マラン(Malan, 1979)は,転移の概念を,①現在の生活場面における対人関係,②"今,ここの"クライエント−セラピスト関係,③過去の養育者との関係という,「人の三角形」(図7-1)として考えています。

マランの「人の三角形」に従うと,上記のセラピストの「私との関係でも表

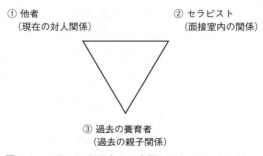

図7-1　マランによる人の三角形(妙木, 2018を改変)

面的な関わりが起きているのかもしれませんね。うちとけた関係を作るのが難しいというあなたのテーマと関係がありそうですね」という応答は，面接室の外で問題となっている現在の対人関係のパターン（①）と，面接室内のクライエント－セラピスト関係で起こっている事象（②）を結びつけて，クライエントにフィードバックしていることになります。クライエントの内面では，①，②，③は別々の事象としてとらえられていますので，面接室外と面接室内の対人態度の類似性を指摘するセラピストの応答は，クライエントに新たな気づきをもたらします。また，現在の対人関係のパターン（①）は，幼少期の家族関係（③）に影響されて形成されていますので，面接が初期から中期に進むに従い，①と③を結びつける応答，②と③を結びつける応答，そして，①と②と③を結びつける応答を導入していきます。

　例えば，先のクライニントが，「母は，ちょっとしたことでヒステリックに怒るタイプの人でした。小さい頃，僕が自分の意見を言ったとしても，それが母の思ったことと違っていると，『あなたは，どうして母親の気持ちがわからないの！』と激昂して，お腹が空いても食事を出してくれませんでした」という，幼少期の親子関係（③）を思い出したとします。これに対し，現在の対人関係のパターン（①）を結びつけた応答の一例は，次のようになります。「自分の意見を言うとお母さんを激昂させてしまう，それは小さい子どものあなたにとって怖いことだったでしょうね。それで，自分を守るために，自分の意見や気持ちは言わないようになったのかもしれませんね。大人になった今も，小さい時のパターンが残っていて，できるだけ自分の考えや気持ちを言わない，その結果，人との関係が表面的になってしまうのかもしれませんね」。そして続けて，面接室内の関係（②）も結びつけて，「ここでも，私（セラピスト）に対して，自分の考えや感情を出すと，私が激昂するのではないか，という恐れが，頭に浮かぶことがあるのでしょうか？　それで，私との関係も表面的なものになっているのではないでしょうか？」と応答すると，「人の三角形」の①②③を結びつけることになります。

5節 技法4：セラピストの自己開示

1. セラピストの内的体験をクライエントに開示する

　最後の発展的な技法は，セラピストの自己開示です。自己開示には，いくつかのタイプがありますが，ここでは，セラピストが心の中に思い浮かべていることをクライエントに自己開示して，クライエントの自己理解を促す方法について学びます。この技法の前提には，セラピストの心の中にわき起こる感情や思考には，クライエントの対人関係の特徴の一部が映し出されている，という考え方があります。つまり，クライエントとの交流によって生じたセラピストの感情や思考は，クライエントを理解する素材として活用可能だということです。この方法の実際について，遠藤（2015）の架空事例を改変して解説します。

　　クライエントは，部下との関係に悩む男性会社員です。クライエントは，「部下との付き合い方がわからない」，「相手が自分の話をちゃんと聞いてないような気がする」，「同じ部署の人間がよそよそしくて，自分は避けられている感じがする」と言葉少なに語ります。一方で，業務の内容や会社組織については微に入り細に渡り説明します。クライエントの説明には，セラピストにはなじみのない業界用語がたくさん出てきます。セラピストが（クライエントの話についていくのが大変だ……そしてクライエントが悩んでいる部下との関係について，まだ具体的に聞けていないので，こちらから質問する必要があるな）という感想を思い浮かべていると，クライエントから，「先生は，私の話がわかりましたか？　きっとご存じない業界の話なので，わかりにくいのではないですか？」と問われました。セラピストは，「はじめて聞く業界用語もありますが，あなたの話を理解したいと思っています」と応じました。するとクライエントは，淡々と，業務についての解説を続けるのでした。

　　その後の面接で，セラピストは「お仕事や会社のことについてはずいぶんお話しされましたが，あなたが部下の方に対して，どんな場面でどんなふうに困っているのか，もう少しお話ししてくれますか？」と，促しました。そうすると「打ち合わせの場で，部下が私の言っていることを理解しているかどうか，確認し

なければならないので疲れる」とのことでした。そこでセラピストは、「ここでも同じことが起こっていませんか？　私があなたのお話をちゃんと聞けているか、気になっているのではないでしょうか？」と、面接場面で起こっていることをフィードバックし、部下との関係性がセラピストとの間で繰り返されていることを指摘しました。それに対してクライエントは「そうでしょうか？　仕事も面接も、正確を期すためには、確認するのはあたりまえだと思います。特に仕事は結果が求められますから」と応答した後、いつものように仕事の内容の説明に移りました。このような面接が繰り返されるうちに、セラピストは、（自分がクライエントの話を正確に理解できているかどうか試されているようなプレッシャー）と、（セラピストとして手も足も出ないような無力感）を感じるようになりました。

そんなある日の面接で、クライエントは「先生は私のことがどれぐらいわかりましたか？　これだけ話したのだからしかるべき反応があってもいいと思うのですが」とセラピストの反応を求めました。セラピストはその瞬間、（息詰まるような重苦しさ）と（部下がクライエントのことを避けたくなるのももっともだなあ）という思いにとらわれました。これは、クライエントに対する部下の内面をセラピストが面接場面でリアルに体験した瞬間でした。そこで、セラピストは、次のように伝えました。

「今、私は重苦しい感覚を感じました。これまでの面接で、どうも私は、あなたの話を正確に理解しようとプレッシャーを感じていたようです。そのため、あなたが私の知らない仕事の話をしている時は、一生懸命理解しようと聞いていました。その一方、セラピストとして、あなたの自己理解を深めるための質問をしなければと思い、実際、いくつか質問もしましたが、私が質問してもあなたの応答は短く、すぐに仕事の話に戻っていきました。そこでセラピストとしてうまくあなたの役に立てていないと感じて悩んでいたのです。そこにあなたから『先生は私のことがどれぐらいわかりましたか？　これだけ話したのだからしかるべき反応があってもいいと思うのですが』と聞かれたので、まるであなたの部下になって、結果を求められているような気分になりました。でも、私が部下の人の気持ちになっては、あなたの援助にならないと感じて、今、困

感しています…この私の連想を聞いて，どんなことが浮かびますか？」
　クライエントは，セラピストの言葉にじっと聞き入り，やがて苦笑して「それじゃ，先生は答えに詰まりますね」と答えました。そして「相手に正確さを求めることが，かえって人から距離をとってしまい，周囲となじめないことになっていたのかもしれない」と，自らの対人関係に問題について考え始めました。

　自己開示技法とは，セラピストのうちに生じたネガティブな感覚や感情を，そのままクライエントにぶつけることではありません。この事例でセラピストは，クライエントからの問いかけによって喚起された『重苦しい感覚』を開示していますが，それに続けて，『重苦しい感覚』がなぜ生じたのかについてのセラピストの理解（仮説）も伝えています。セラピスト側のネガティブな感覚や感情を一方的に伝えるだけでは，クライエントとの関係は壊れてしまいますが，ネガティブな体験を手がかりとして，クライエントの対人パターンについてセラピストが理解したことを伝えることは，すなわち，クライエントとの関係を継続し，援助したいという，セラピストのポジティブな意思を伝えることになります。これはクライエントにとって新しい体験です。クライエントはこれまで，無意識のうちに，部下に『息が詰まるような重苦しさ』を感じさせ，その結果，孤立していました。そこに，『重苦しさ』を感じても離れない，はじめての対象（セラピスト）が現れ，それまで無意識に繰り返していた，不適応的な対人パターンに気づく機会を得ました。つまりクライエントは，自分がセラピストの心にどのような感情を引き起こしたのかを告げられることで，セラピストの心に映った自分の姿を発見したのです。成田（1999）は，セラピストが自身の「心の井戸」をその深みまで見つめることによって，セラピストとクライエントがともに，今まさに経験している感情を見いだすことができるとし，クライエントとセラピストの「心の井戸」は，「地下水でつながっている」と図解しています。上記のケースでも，セラピストの感じた「重苦しい感覚」は，周囲となじめないクライエントが感じていた苦痛につながっていたと理解することもできます。

　セラピストが自己の内面に起きたことを描写して見せることは，クライエントに自己開示のモデルを示すことにもなります。事例のクライエントは，自己

の内面について触れることに困難がありましたが，セラピストがどのように内面に触れるかを示すことで，クライエントの内省を促す効果も期待できます。

　セラピストの自己開示が，心理療法の技法として成立するためには，クライエントとセラピストとの内面の交流で何が起こっているのかを第三者の眼で観察し，分析する力と，その分析したプロセスを正確に描写する力が必要です。こうした力は，後述する地道なトレーニングによって培われます。

2. 自己開示技法の留意点

　日常生活では，人間関係を滑らかにするために，自分の考えや気持ちや過去の経験を無自覚に話すことがありますが，力動的心理療法における自己開示技法の目的は，クライエントの自己理解を促すことにあります。したがって，告白欲求に基づいた自己開示，例えば「私もあなたと同じ体験をしたことがあるので，あなたの気持ちはわかります」と個人的な内容を伝えることとは，根本的に異なります。クーパー（Cooper, 2008）は，セラピストの自己開示に関する先行研究を概観し，思慮深く節度のある自己開示の活用は，クライエントにとって価値があるとしています。その例として，クライエントに支持的に向き合い勇気づける自己開示（「あなたが自分の将来について話をしたとき，私はわくわくした感じと力強さを感じました」など）はとくに有益であるとする研究（Hill & Knox, 2002）を紹介しています。

　一方，ゴーキン（Gorkin, 1987）は「自己開示技法は，他の介入と比べ，失敗した場合のリスクが高い。したがって，他の技法を用いることが可能ならば，差し控えるべきである」と注意しています。「失敗した場合のリスク」とは，セラピストとしての役割意識が揺らぎ，クライエント－セラピスト関係と日常の対人関係が混乱することを指します。ですから，初学者は，葛藤の明確化や直面化，面接場面で起こっている観察可能な事象のフィードバックといった，基礎的な技法を習得してから，自己開示技法の可能性について検討してください。

　自己開示技法が有効であるのは，クライエントがセラピストに不満や怒りを示した場面です。岩壁（2007）は，「セラピストは（中略）少なからず戸惑いや驚きを感じているだろう。これらの気持ちを隠したり，見せないように努める

のではなく，クライエントに対してそれを率直に言葉にして表す。そうすることによって失敗や問題を扱う自己開示とオープンな姿勢のモデルを見せている。失敗を避けるのではなく，それを認めてゆっくりと見直していこうとする姿勢こそ，クライエント自身が身につけると役立つ姿勢である」と論じています。

6節　セラピスト自身の気づきを高めるためのトレーニング法

ここまで，クライエントの気づきを促す技法をみてきましたが，こうした技法を実践するための前提条件に，セラピスト自身の気づきを高めることが挙げられます。そのための自己トレーニング法を紹介します。

1. 五感を使って面接の録音記録を振り返る

心理面接の初期訓練でスタンダードな方法は，実際のクライエントとの面接を録音記録し，面接後に逐語記録を作成して，その逐語記録に基づいて臨床指導を受けるというものです（もちろん，クライエントに録音の目的を十分に説明した上で，許可を得る必要があります）。正確な録音記録があると，面接中に聞き漏らしていたクライエントの言葉を拾うことができるし，自分の応答が的外れになっていないかどうか，再度検討することができます。スポーツ選手が，終わった試合をビデオ記録で振り返り，自分のフォームを点検したり，相手チームの作戦を研究したりするのと同じ効果があります。一方，録音記録から逐語記録を作成することにとらわれすぎると，音声を文字に変換することが訓練だと勘違いをし，録音されない要素，例えば，面接室の雰囲気や，その瞬間にわき起こっていたや思考や感情，感覚にどんな意味があったのか，クライエントとセラピストの間で，何が共有され，何が共有されていないのかを探究する内的な作業がおろそかになります。

そこで，五感を使って面接を振り返る方法（遠藤，2003）を紹介します。これは，以下の4ステップからなります。

①まず，面接室のセラピストの椅子に腰かけて，クライエントが座っていた

椅子を眺めながら，その日の面接をできるだけリアルに思い出す。言葉のやりとりだけではなく，自分の心の中にどんな考えや感情が浮かんでいたのかについても思い出し，記録する。
②次に，クライエントの椅子に座って，クライエントの態度や姿勢を思い出し，それを真似てクライエントになったつもりになる。そしてクライエントの立場で録音を聴く。
③録音を聴いて，クライエントは何を考え，どんな気持ちだったのか，セラピストに何を伝えたかったのか，セラピストの言葉をどのように受けとめたのかを想像する。録音を聴き終えたら，追体験したクライエントの心の動きを記録する。
④セラピストの椅子に座り直し，①のセラピスト側の記録と，③のクライエント側の記録を照らし合わせ，セラピストから見た面接とクライエントから見た面接がどれぐらい噛み合っているか振り返る。

　これは，ゲシュタルト療法の空の椅子（エンプティ・チェア）にヒントを得たトレーニング法です。面接室の中で，クライエントとセラピストは五感を通して交流しているのですから，面接の振り返りも五感すべてを使って行う必要があります。これは大変労力のかかる方法ですが，面接場面で起こっていることに気づく能力を高めます。

2. スーパービジョンを録音する

　面接と同様に，スーパービジョンもスーパーバイザーの許可があれば，録音することを推奨します。スーパーバイジーの中には，スーパーバイザーの発言を熱心にメモする人がいますが，気づきを高める上で大切なことは，スーパーバイザーとの対話を通して，自分の中に起こる変化に注目することです。スーパーバイザーとの問答によって，自分が何を見落としていたのか，あるいは，何にとらわれていたのかに気づくことがあります。それは，単なる知識や経験の不足のこともありますが，自分の対人関係の癖や，見て見ぬようにしている葛藤など，自身の心理的課題と関係していることもあります。スーパービジョン

は，自己の課題を解決する場ではありませんが，自分自身の心の動きを観察する力を伸ばす機会になります。

　スーパービジョンの間，メモを取ることに夢中になってしまうと，スーパーバイザーの言葉をきっかけとして，自分の心の中に起こった動きをフォローできなくなります。そこで，録音すればメモしなければならないという固定観念から解放され，スーパーバイザーとの対話に集中できます。自己開示技法の節でも触れたように，セラピストの心の中にわき起こる感情や思考には，クライエントの対人関係の特徴の一部が映し出されていますから，スーパービジョンのセッション中に，スーパーバイジーが自己の感情や思考に注意を払うことが，すなわち，クライエントの理解につながっていくのです。

7節　洞察は対象喪失である

　最後に，対象喪失という観点から，クライエントに気づきを促すことの功罪について考えます。

　力動的心理療法は，悩み苦しむ人々の心の中に変化をもたらすことを目指しています。そしてポジティブな変化は，それまで十分に気づいていなかった自己の内面について深く理解し，新しい視点を獲得すること，すなわち洞察によってもたらされることを想定しています。では，洞察に到達した後，クライエントはすぐさま望ましい変化を手に入れるでしょうか。1節の「同僚との関係がぎくしゃくしてしまう」ことに悩む30代の女性のクライエントは，父親に認められたい承認欲求のために，完璧を目指すようになり，自分に対する要求水準が高すぎたことに気づきました。そして，自分に対する完璧主義の裏返しで，同僚たちを厳しい目で見てしまい，その結果，同僚との関係がうまくいかなくなっていたことにも気づきました。「完璧を目指さなくてもよいのだ，ということに気づいたら，気持ちが楽になりました」と言います。しかし，しばらくすると，「だんだんと以前のパターンに戻って，仕事のできばえが完璧かどうか気になってしまって，同僚に対しても，イライラするようになりました」と逆戻りしてしまったことが報告されました。この逆戻り現象をどのように理解した

らよいでしょうか。

　このクライエントは，父親に認められる手段として，強迫的なパーソナリティを身につけました。この強迫的なパターンは，同僚との関係性では不適応的なものでしたが，一方，上司からは「仕事のミスがない」という信頼を得る，適応的なものであったかもしれません。つまり，過去のある状況でやむを得ず身につけた思考パターンや行動パターンは，その後のクライエントの生活の支えとして機能します。不適応的なパターンの由来を洞察したからと言って，クライエントがすぐに変われないのは，身につけたパターンに支えとしての機能が備わっており，愛着を感じるからです。

　愛着・依存の対象を失う体験を対象喪失と言います。それは，近親者の死や移住のように特定の人物や環境が実際に失われる外的対象喪失と，内的な対象喪失，例えば理想化された父母像がその人の心の中だけで失われる内的対象喪失があります（小此木，1979）。実は，力動的心理療法における洞察は，内的対象喪失を引き起こします。「今まで完璧であることを目指してきたが，それに絶対的な価値はなかった」「自分が重要と信じていたものは偶像にすぎなかった」ことに気づくことは，すなわち内的喪失体験であり，苦痛がともないます。神田橋（1994）は，洞察後に出現する抑うつ感や疲労感に細心の注意を払うようにと指摘していますし，成田（2003）も「精神分析的精神療法の成功つまり終結というものは悲哀を伴うものであって，決して歓喜に満ちたものではない」と警鐘を鳴らしています。先のクライエントの例では，「完璧主義の生き方の問題に気づいたら，今までがんばってきた歴史が否定されたように感じて，落ち込んでしまいますね」，「完璧を目指して仕事をして，評価されてきたのですから，この生き方から離れるのは，大変なことですよね。どうしたらよいか，わからなくなってしまいますよね」と，内的対象を喪失した心痛に寄り添うことが肝要です。

　クライエントの気づきを促進する技法に限らず，クライエントに変化をもたらすあらゆる技法は，クライエントに何らかの喪失をもたらします。クライエントへの支援がクライエントに喪失をもたらすというパラドキシカルな現象に，心理支援者は目配りを忘れないでください。

column no.3　教育分野の現場から

　教育分野と言っても，小学校，中学校，高校，そして大学と多様な臨床現場があり，それぞれ異なる臨床の特性があります。児童，生徒，学生と学ぶ子どもたちの呼称も異なるし，教員との関係性や集団の性質も様々です。支援者はそれぞれの特性に応じて，自らの役割を見極めなければなりません。また，それぞれの学校のもつ風土の違いもあります。私学と公立によってももちろん異なりますが，それだけでなくその地域の特質も学校風土に影響を与えます。さらに，管理職の特性や価値観，教員との関係のあり方が学校風土やコミュニティの特性を形作っています。

　そこで大切になるのは，学校風土や学校コミュニティのアセスメントです。コミュニティのアセスメントでは，コミュニティを構成する個々のメンバーのアセスメントだけでなく，その関係性に注目し，さらに組織全体の機能のアセスメントをしなければなりません。例えば，ある生徒の問題を担任教員から相談された際に，その子どもだけでなく，担任教員の個性や生徒との関わりの特性の理解も必要であり，さらにその教員が他の生徒や教員同士，管理職，保護者とどのような関係を築いているのかについても理解する必要があります。その教員と生徒との1対1の関係だけにとらわれると，近視眼的になって解決や変化への道筋が見えなくなってしまうこともあるからです。対象となっている子どものことだけにとらわれず，クラス全体がより柔軟で成長促進的な環境になるような働きかけのポイントを探っていくことが，学級コミュニティのアセスメントであり，それが結果的には相談対象となった生徒の変化にもつながります。

　黒沢（2017）は，学校コミュニティ援助の5本柱として「①個別相談活動」「②コンサルテーション」「③心理教育プログラムの実施」「④危機介入や緊急対応」「⑤システム構築」を挙げています。①の個別相談活動だけでは，教育分野の心理職の役割は果たせません。②のコンサルテーションはとても重要な役割ですが，それが有効に働くためには，心理職が教員から信頼されるような関係を築くことと，上述したコミュニティのアセスメントを通して，役立つコンサルテーションができることが大切です。そのためには，日頃から教員とコミュニケーションを取り，情報収集や観察を通して，コミュニティに対する理解を深めておかなければなりません。③の心理教育プログラムの実施は，生徒や教員と関わるきっかけとなり，信頼関係を築くことにもつながりますので，積極的に実践することが望まれます。とはいえ，信頼関係は一朝一夕では築けません。教育現場は，年度を通した流れがありますから，はじめの1年間は手探りで関係形成のために試行錯誤を繰り返す必要があるでしょう。その間に，コミュニティに影響力をもつキーパーソン

● 塩崎尚美
（日本女子大学人間社会学部心理学科）

が誰なのかを把握するように努めるとよいと思います。コミュニティの変化は，コミュニティメンバーの力によってもたらされることが理想です。心理職の役割は，肯定的な変化に寄与するキーパーソンを見つけ，その力を引き出すことです。そのためには，できるだけ早く，できるだけ複数のキーパーソンを見つけられるようセンサーを働かせている必要があります。キーパーソンは教職員ばかりではありません。児童・生徒の中にもキーパーソンはいます。問題となっている生徒をキーパーソンとして生かすといった逆転の発想も大切です。

また，教育分野の現場では，問題解決だけでなく予防の観点が重視されます。そのためには，児童・生徒の発達段階やコミュニティの性質に適した心理教育プログラムが実践できるよう研鑽を積まなければなりません。

このような活動の効果は，劇的である必要はありません。『気がついたら子どもたちが生き生きしてきた。』『教員が自信をもって子どもたちと関われるようになってきた。』というように自然な成り行きのような変化が認められたら，支援者としての役割が十分に果たせている証拠です。コミュニティのメンバーが自分たちの力で変化できていると感じるような支援が理想です。困った時には頼りにできる存在として心理職がいることを忘れられない程度に，黒子としての役割を果たせるとよいと思います。

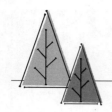

第 **8** 章

新しい体験を提供する

1節　新しい体験をすること

　カウンセリングや心理療法を受けることで得られる効果には，どのようなものがあるでしょうか。
　その一つは，認知面で気づきや発見が得られることです。支援者と話すことを通じて，それまでのクライエントには思いつかなかったものの見方や考え方ができるようになるかもしれません。例えば，両親のしつけが厳しかったため，両親は自分のことが嫌いだとしか思えなかったクライエントが，もしかしたら両親は自分の将来を本当に案じていたからこそ厳しくしてきたのかもしれない，と見方が変わることがあります。
　もう一つは，行動面でクライエントが自分の望むことをできるようになることです。反対意見を言うと嫌われると思っていて，それまで人前では不満があっても何も言えなかったクライエントが，言いたい時には勇気をもって反対意見を言えるようになることが一例です。
　この認知面での変化と行動面での変化は密接につながっています。まず，認知面で気づきや発見が得られたために，行動面でも具体的な変化が生まれることがあります。両親は自分のために厳しくしていたのだと気づくことで，それまで両親とは疎遠にしていたクライエントが，少しずつ両親との関係を改善する行動をとるようになるかもしれません。ただし，カウンセリングの展開は非常に複雑であり，認知面での変化が行動面での変化にそのままつながらない場合もあります。反対意見を言っただけで他者から嫌われるはずはないと頭では理解できても，そのような場面になるとどうしても怖くなり，結局何も言えな

いままの場合もあります。

　行動面での変化は，その後に生じる結果によって，認知面での気づきを強化することもあります。反対意見を言っても嫌われるわけじゃないと認知面で気づいた後，支援者と相談をしながら比較的安全な場面で反対意見を言う試みをした結果，これまで想像していた「嫌われる」という事態にはならず，反対意見を受け止めてもらえるかもしれません。これはクライエントにとって非常にインパクトのある新しい体験となります。この体験によって，認知面での気づきが確信に変わり（学習理論における強化），他の場面でも自分の意見が言えるようになり（学習理論における般化），新たな行動パターンが定着していきます。

　また，想定していなかった新しい体験が生じることによって，そこから気づきや発見が生まれることもあります。こういった新しい体験は，嫌われていると思っていた相手から旅行のお土産をもらうなど日常生活の中で生じることもありますが，支援者の介入によって生じることもあります。カウンセリング場面でも現実生活の中でも，生々しい実感を伴う新しい体験はクライエントに大きな影響を及ぼし，認知面での気づきや発見を促します。

　このように認知面での変化と行動面での変化は，相互に密接に影響し合います。その中で，支援の目標となる行動パターンが定着していくことを促します。このプロセスでは，常に「新しい体験」が様々な形で関与しています（図8-1）。

　言い換えれば，支援者はクライエントが新しい体験ができるように働きかける存在とも言えます。実際に行動するのも，考えるのも，感情を抱くのも，す

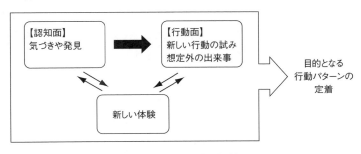

図 8-1　新しい体験の役割

べて最後はクライエント自身であり，支援者がクライエントの認知や行動を直接的に変化させることは困難です。しかし，それらを変容させるきっかけとして，新しい体験ができる機会を提供することはできます。本章では，そのために支援者が用いる技法を概説します。

2節　支援者との関係の中で新しい体験をする：修正感情体験

　新しい体験は，特別な技法によってのみ提供されるわけではありません。支援者との関わりそれ自体からも提供され得るものです。心理学的支援の大前提として，クライエントと支援者との間に良好な関係（ラポール）を築くことが重要です。このような良好な関係自体が，一定のクライエントにとっては過去に経験したことのない新たな体験となります。これをアレキサンダー（Alexander, 1956）は修正感情体験と呼び，過去の対人関係において定着した不適切な対人関係パターンは，支援者との温かで治療的な関係の中で修正されていくことを発見しました。

　例えば，過去の親子関係や友人関係によって他者に対する基本的な信頼感が身につかず，他者に対して自分の胸の内は話さないため，新たな他者との関係も深まらず，いつも一人になってしまうクライエントがいるとします。そのことに悩んで支援者に相談に来た場合でも，どこかの段階で支援者にもその対人関係パターンを繰り返します。例えば，「きっとこの支援者にも自分の気持ちをわかってもらうのは難しいだろう。それに，もし支援者にも理解できないようなことを言ってしまったら，支援者からおかしな奴だと思われて，見限られてしまうかもしれない。支援者にも見限られたら，もう誰も頼れる人はいなくなってしまう。いや，こうして何度もカウンセリングに来ているのに，いつも同じ話ばかりして何も行動が変わらない自分に，支援者はもううんざりしているかもしれない。それなら自分から離れた方がいいかもしれない」などと考えて，クライエントがカウンセラーから離れていこうとすることがあります。このように支援者に対しても従来の対人関係のパターンで接することを，精神分析・力動的心理療法では転移と呼びます。

日常的場面でクライエントがこのような対人パターンに陥ると，知人らもクライエントとの距離を感じて，すぐに離れていってしまうでしょう。また，すぐには離れなかった知人にも，クライエントは不安の高まりから本当に自分を見捨てないかを何度も問いかけてしまい，それによって残った知人らも最終的にはクライエントから徐々に離れていくでしょう。その結果，「あぁ，やはり私のことは誰にもわかってもらえない。みんな私なんかとは友だちでいたくないのだろう」という認識が強まってしまいます。このような悪循環の繰り返しが，このクライエントの対人関係における問題の構造といえるでしょう。

これに対してカウンセリングでは，明確な治療構造を維持しながら，カウンセラーが真摯な態度を継続的にとることでラポールを築いていきます。カウンセリングでは面談の曜日や時間が明確に決められていて，いつでもどこでもカウンセラーに連絡がとれるわけではありません。そのことがクライエントの依存性を助長しないことにつながります。また，その限られた時間の中で，カウンセラーはクライエントがどのような言動をとろうとも，受容的かつ共感的な関わりを根気よく続けます。不安になるたびに電話やメール等でカウンセラーに直接確かめられない状況も，直接会った際に不安をぶつけても常に受容的，共感的に他者（支援者）が接してくることも，このようなクライエントにとっては新しい体験となります。この体験を通じて，クライエントが他者に対する信頼感や安心感を築けるように促します。また，不安をそのまま繰り返し相手に伝えていたことが問題だったのかもしれないとクライエント自らが気づき始め，現実の対人関係でも他者との適度な距離感を模索し始めるかもしれません。

このように，安定した温かい対人関係自体をあまり経験したことがないクライエントもいます。そのようなクライエントにとっては，支援者の共感的かつ受容的な関わり自体が新しい体験になり，大きな治療的意味をもちます。

3節　新しい体験を促す個別具体的な介入技法

ここでは，クライエントに新しい体験が生じるよう，支援者が介入手段として用いる技法を紹介します。特徴的なものは，今ここでの体験を重視するヒュ

ーマニスティック・アプローチの立場から開発されたものが多く，特にパールズ（Perls, 1969, 1973）が提唱したゲシュタルト療法の様々な技法はユニークかつパワフルで（Stevens, 1971），現在でも様々な体験的・統合的な心理療法に取り入れられています。

なお，どの技法を用いる場合でも，まず修正感情体験が生じるような関係を築くことが前提として必要です。また，ここで取り上げられていないものであっても，基本的にカウンセリングで用いる技法には大なり小なり新しい体験を提供する要素が含まれています。

1. 主語をつけた現在形で表現をするワーク

主語をつけた現在形で自分の中にある思いや気持ちを表現し，表現したことで生じる感情や身体感覚を手がかりに気づきを深めていくワークで，ゲシュタルト療法でよく用いられます。

特に日本語では主語が省略されることも多く，それによって主体があいまいになることも少なくありません。このワークでは主語を明確につけて表現してもらうことで，クライエント自身がその主体であることを自覚しやすくなります。また，語尾もあいまいにせず現在形で言い切ることで，それが自分自身のものであることを明確にします。そこで生じる感情や身体感覚に注意を向けた時に，その思いがまさに自分のものと一致している場合には，腑に落ちる感じやぴったりくる感じが生じます。一方，それが自分の本当の思いと異なっていれば，違和感や不全感が残りやすくなります。

これを手がかりにして，自分自身の思いや価値観やあり方に気づき，深めていきます。感情や身体感覚がうまく生じなければ，表現をあえて誇張したり，他者の目を見ながら表現してみるなどの工夫をします。いくつかの類似表現を試して，それぞれの体験を比較しながら気づきを深めていくこともあります。

社交的になりたい，自分から他人に声をかけられるようになりたいと言うものの，どうしても声をかけられないと相談に来たクライエントを例にしましょう。そのクライエントに，「私は，自分から声をかけることができない」や「私は，自分から声をかける意思がない」という表現を声に出して言うことを提案

します。クライエントがそれに応じて試すことができれば，言ってみてどんな感じがしたかを尋ねます。また，それぞれの表現をした後の体験を比べた時に，どんな違いがあったかにも注意を向けてもらいます。

あるクライエントは，「できないというのはあまりしっくりきませんでしたが，する意思がないというのはドキッとしました。今までできないと言ってきましたが，そもそも私はそこまで誰にでも声をかけたいとは思っていないのです。でも，親からは社交的になるようにずっと言われてきました。自分でもそうなれたらとは思いますが，無理してまでそうなりたいだなんて，私自身は望んでなかったんです」と，それがもともと自分の希望ではなく，他者（親）の期待を取り込んだものだったと気づくかもしれません。

体験的なワークでは，同じテーマで同じ内容を言葉にしても，そのプロセスや体験は個人ごとに大きく異なります。別のクライエントは，「する意思がない，というのは違和感がありました。本当に私はそうしたいんです。以前のような明るく気さくな自分に戻りたいんです。でも，怖いんです。怖くてできないんです。仲良くなった人から急に裏切られるのはもう嫌なんです。あんな目に合うくらいなら，最初から誰とも仲良くならない方がいいんじゃないかとも思います。でも，やっぱり昔の自分に戻りたいんです」と，クライエントの主訴に深く関わる過去の傷つき体験が浮かび上がり，そこからカウンセリングが大きく展開することもあるでしょう。

このように，考えていることや感じていることを，今ここの場において言葉や行動として表現し，そこで生じる体験を素材に新たな気づきや発見を得ていきます。上述の「～できない」と「～する意思がない」は，エクササイズとしてもよく使われる表現です。個人のカウンセリングにおいては，そのクライエントに合わせて独自の表現が提案されることも多くあります。

2. 個人内の葛藤を対話させるエンプティ・チェアの技法

個人内に相容れない複数の感情や思いがあって折り合いがつかない状態を葛藤と言います。ゲシュタルト療法ではエンプティ・チェアを用いて葛藤の両極を今ここで取り上げ，それぞれの十分な表現と対話によって葛藤の解消や統合

を目指します。

　人に気軽に声をかけたいが，そうできないクライエントを例にしましょう。支援者はエンプティ・チェア（空の椅子や座布団を指します）を2つ用意して，一方はもっと人に声をかけたいと思っている自分，もう一方はそうできない自分の椅子と設定します。クライエントは，まず片方の椅子に座り，そちらの自分として感じることや思うことをよく体験します。同時に，目の前の椅子にいるもう一人の自分（として浮かび上がってくるイメージ）もよく観察します。そして，今の自分が体験していることや，もう一方の自分に伝えたいことを表現していきます。十分に表現できた，伝えられたという手応えが得られれば，もう一方の椅子に移ります。そして同様のことを繰り返しながら，相反する2つの自分を個別に十分に体験し，かつ対話させることで，その統合を目指します。

　人に気軽に声をかけたい自分は，そうできない自分に強い憤りを感じるかもしれません。そして，「お前はどうしようもない奴だ。声もかけられないのか！ そんなことだからダメなんだ！ 必死になればできるはずなのに，できないと言い訳ばかりしていつもやらない。そんなのは甘えだ！」と怒鳴りつけることもあります。支援者は，クライエントが声をかけたい自分の憤りを十分に感じられ，表現できるように働きかけていきます。

　次は，人に気軽に声をかけられない自分の体験です。その自分はどのような思いなのか，今もう一方の自分から言われたことをどう感じているのか，そこに意識を向けてもらいます。そして，もう一方の自分に伝えたいこと，言い返したいことはないかを尋ねていきます。その中で，もう一方の自分に言われて体験したことと，これまで両親からそのことで責められてきた体験とが同じであること，そしてもともと自分自身はそこまで誰にでも声をかけられるようになりたいと思っていなかったことにも気づくかもしれません。

　そうなれば，「あなたが言うように，声をかけられない自分がダメだと思ってきました。そうできない自分が悪いのだと思ってきました。でも，私はそんなこと望んでいないんです。必要な人には声をかけてきました。でも，誰にでも明るく振る舞う必要なんて私にはないんです。あなたの期待には応えられないかもしれないけど，それが私なんです」と応答するかもしれません。ここでも，

その椅子にいる自分のあり方を深く体験できるよう，そして表現できるように支援者は促していきます。

　この後，人に気軽に声をかけたい自分の椅子に再度戻るかもしれませんが，展開は様々です。より強い口調でもう一方の自分を責めるかもしれません。逆に，もう一方の自分のためと思っていたことが，そこまで追い詰める結果になっていたことへのショックを語るかもしれません。追い詰めるつもりはなかったが，このままではもう一方の自分の世界が広がらないと本当に心配だったと，それまでと少し違う関わりに変化するかもしれません。

　ここで重要なことは，葛藤の両極をそれぞれ深く体験し，かつ両極間での十分な対話ができた先に葛藤の統合や解消があるということです。この展開は個々のワークごとに異なり，支援者側にそのシナリオはありません。今ここでクライエントの体験が深まり，十分に表現されることが何よりも大切で，支援者側の思いや意図で展開を誘導することは非治療的とされます。

3. 未完了の体験のワーク

　本当はその時にしたいことがあったけれど，実際にそうできなかったという過去の経験は誰にでも一つはあるでしょう。その中でも，折に触れてそのことが思い出され，そのたびに当時の思いが生々しく蘇ってきたり，今現在の生活や人間関係にまで影響してくるものを，ゲシュタルト療法では未完了の体験（unfinished business）と呼びます。他者から理不尽に責め立てられた時に，反論したかったけれど何も言えず，そのことが今でも思い出されて悔しさと惨めさに苛まれることや，伝えたい強い思いがありながら相手が不慮の事故等で急死し，その思いを伝える機会が永遠に失われ，折に触れて後悔がこみ上げてくるなどです。

　未完了の体験は単なる過去の記憶ではなく，今ここでも強く自分に影響してきます。それと類似した場面や状況に遭遇すれば，強い恐怖感に襲われて，その場にいられなくなったり過呼吸を起こしたりする場合もあります。心的外傷後ストレス障害と同様の概念とも捉えられます（倉戸，2013）。

　未完了の体験は忘れ去ることが難しく，何度も想起されます。むしろ，今こ

この場で十分に取り上げられ，完了させることが必要だからこそ，何度も想起されるともいえるでしょう。そこでエンプティ・チェアを用い，心残りの場面や相手を今ここの場で再現し，自分の内側に隠れている思いや感情を十分に体験し，かつ表現できるように支援します。

　数年前に同僚たちの前で上司から理不尽に激しく責められたけれど，その時には何も言えなかったというクライエントを例にしましょう。今でもその時のことがふと思い出されて悔しくも情けなくもなるし，それ以降は自分に自信がもてなくなり，仕事で年配の人と関わる際には過剰に怯えてしまって困ると相談に訪れました。このクライエントに対して，エンプティ・チェアによる未完了の体験のワークを導入したとします。

　まず，その上司用の空の椅子をクライエントに渡し，場に配置してもらいます。この時点から，上司の椅子と自分の椅子との位置関係，例えば距離感や椅子の向きなどから，今ここの場でクライエントと上司との心理的な関係性が表現され始めます（図8-2）。次に，自分の椅子に座って，そこから映る上司の姿をよく見てもらいます。その佇まい，服装，表情，姿勢など，今ここで浮かび上がるイメージを描写してもらいます。その中で様々な感情体験も生々しく賦活してくることが多くあります。

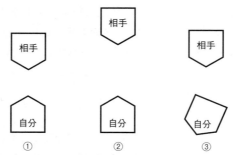

①のように相手と近い距離で正面に対峙するように置かれる場合もあれば，②のように正面を向いているが距離をとったり，③のように相手に背を向ける形で置かれることもある。イスの配置にもクライエントにとっての相手との心理的な関係性が色濃く表現される。

図8-2　置かれた椅子の位置関係からみる関係性

次に，今ここで生じている思いや感情を表現していきます。「悔しい」，「あなたを信じていた自分がバカだった」，「同僚の前で一方的に責められて，立場がなくなった」など，上司に対する思いを表現するように促します。支援者はクライエントの非言語的反応にもよく注意しながら，クライエントが十分に言い切れた，相手に伝わった，という手ごたえが得られるように働きかけます。

　ある感情が十二分に表現されると，次にその背景に潜んでいた感情が前面に浮かび上がってくることもあります。例えば，「何だか虚しくなってきました。ふと思い出したのですが，上司は私の教育担当で，親身に指導してくれていましたし，私に期待もしてくれていました。私もそれが嬉しくて，必死に頑張っていたんです。だから，あんなふうに責められるとは思ってもいなくて，ショックでその場では何も言うことができなかったんです。その後も上司は私への指導を続けてくれたのですが，私がそれを避けるようになってしまって……。上司の退職祝いの場も理由をつけて欠席しました。今から思えば，私への期待の裏返しだったのかもしれないし，少なくとも本当にお世話になって，曲がりなりにも仕事ができるようになったのは上司のおかげでもあるのに，お礼の一つも言えていないままなんです……」などと，背景にあった様々なことに気づき始めることもあります。

　新しい体験が生まれてくれば，次はその体験を深めて表現することを促し，時には相手の椅子に座って対話をしながら，未完了の体験を完結させていきます。先述の通り，体験的ワークは支援者にも展開を予測できません。むしろ，予測通りに展開する場合は，クライエントが支援者側の期待を察して振る舞っていたり，知的な理解を述べているだけで，真の発見や気づきにはつながらないとされます。

4. 身体を使ったワーク

　「目は口ほどにものを言う」ということわざの通り，我々の本当の思いや感情は，意識できていること以上に身体反応によって明確に表現されることがあります。これに着目し，身体を使って新しい体験が生じることを促すワークも提案されています。

(1) ゲシュタルト療法のボディ・ワーク

　無自覚にとっている動作や姿勢などに注目し，そこから背景にある思いや感情に気づくことを促します。例えば，同僚との関係がうまくいかずに落ち込んでいるというクライエントが，「とにかく私が悪いんです。相手はとても仕事ができる方で，間違ったことを言うはずはないんです。だから，私が折れて相手に従うのがきっと正解なんです……」と，憂鬱そうに語るかもしれません。そのクライエントが，右手の人差し指で机をトントントントンと叩く動作が支援者の目に留まったとしましょう。

　そこで支援者から，「今，ご自身が右手の人差し指で机をトントンと叩いていることにはお気づきですか？」と，クライエントに動作への注目を促します。「あぁ，そうですね，言われてみれば」と，クライエントにとって無自覚の動作であることも少なくありません。支援者から，「試しに，そのトントンをもう少し続けてみませんか」などと提案します。クライエントがそれに応じれば，支援者は「どんな感じがしますか。何か出てくるものがあれば教えてください」と声を掛けます。「あえて少し強めにトントンと叩いてみませんか」と表現を誇張する工夫を伝えることもあります。しばらくしてクライエントから，「……なんだかイライラしてきました。そう，私だってこの仕事には真剣に取り組んできたんです。相手の言うことだけが正解じゃない。それなのに周りはみんな，はじめから相手が正しいような物言いばかりなんです。でも，私にだって考えがある。もっと私の意見も尊重してほしいんです！」と，背景にあった怒りが賦活してくるかもしれません。次にこの怒りを取り上げてワークを展開させていきます。

　このように，今ここで表現されている特徴的な動作や姿勢といった身体表現に注目することで，クライエント本人もまだ気づいていない思いや感情に触れ，新しい体験につながることがあります。

(2) 臨床動作法

　1960年代なかばに成瀬（2007）らによって開発された，身体的な動作を通じてクライエントの心理的問題を読み取り，また身体的動作の体験の仕方を変え

ていくことで心理的問題の改善を目指す方法です。多くの心理療法が言葉を媒体とするのに対し，臨床動作法では動作を媒体として用いることが最たる特徴です。

臨床動作法では，心と身体をつなぐものを動作として捉えます。例えば，どうも腑に落ちないという思いがあれば，首が少し斜めに傾く動作が生まれるでしょう。周囲のプレッシャーに落ち着かなさを感じていれば肩をすくめて力を入れるという動作が生まれ，そのプレッシャーを少しでも軽減しようという思いが出てくれば肩を回して緊張感をほぐすなどの動作が生じるでしょう。このように，心の状態が動作に現れて身体に影響を及ぼします。反対に，身体の状態に気づいて適切に機能していない動作を自覚し，自分が望む方向へと動作を変えていく努力をすることで，心の状態も変化していきます。

一例に，自己臭を主訴として泣きながら相談に訪れた女子学生に動作法を導入した事例報告が紹介されています（清水, 1999）。肩の動作を通じて自分の肩が非常に上がっていたことに気づき，さらに背中や腰の反りを緩めるとうまく立っていられないことを体験して，「今までは本当には立ってなかったみたいだ」と新たな気づきが生じました。そして，それらの動作の改善に取り組む中で，心理的問題も改善していきました。

(3) ダンス・ムーブメント・セラピーにおけるミラーリング

ダンス・ムーブメント・セラピーでは，個人の心身の統合を促進する一手法としてムーブメントを心理療法的に用います。具体的には，クライエントと支援者がダンスを共にする中で，心理療法的効果が生じるように支援者が介入するものです。そこでの一つの目標は，身体の中で使われていない部分や，誤用されている部分を本人に確認させ，機能的な動きに方向づけることです（平井, 2012）。支援者は，自分の非言語的感覚によってクライエントの心身の状態を感じとり，同化し，クライエントの移り行く流れに寄り添い続けるように努めます。

そこで用いられる具体的技法の一つにミラーリングがあります。クライエントの自発的な動作を支援者が自らの身体に鏡のように映しとり，それをクライ

エントにフィードバックすることで，身体的共感が生まれるようにします。それがクライエントに新しい体験を提供します。事例報告として，クライエントの身体的特徴や動作をミラーリングで映し返した支援者を見て，クライエントが自分の中にあるイライラに気づき，より身体を使ってそれを表現していくプロセスが示されています（廣瀬, 2014）。

5. 夢を素材にした体験的ワーク

夢は多くの心理療法で取り上げられる素材で，その扱い方も多種多様です。その中には体験的なワークを通じて，夢に投影された自己に気づくことを促すゲシュタルト療法のやり方や，夢のメッセージを受け取ろうとするエンボディド・ドリームワーク（Embodied Dreamwork）（Bosnak, 2004）の方法があります。

(1) ゲシュタルト療法のドリームワーク

ゲシュタルト療法では，夢に現れる対象はすべて自己の一部とみなします。その中には，すでに意識されて統合されているものもあれば，無自覚で統合されていないものも含まれます。ゲシュタルト療法のドリームワークでは，先述の空の椅子を用いて夢に現れた様々な対象になることや，対象間での対話を進めることで自己の統合を目指します。

あるクライエントが，太陽が強く照りつける中，自分が船を操縦して大海原を進み，そこで大きな魚が水面を飛び跳ねるのを見た，という夢を報告したとします。この時，船を操縦する自分だけでなく，船，大海原，太陽，大きな魚など，夢に現れた対象はすべて自己の一部と捉えます。そこで，空の椅子を使って対象のいくつかになることをクライエントに提案します。

船を操縦する自分の時は，「いつ大嵐が来るかわからない。用心して進まないと。大海原では船など紙屑のようなものだ」と慎重で警戒した感じが体験されるかもしれません。魚の時は，「俺は自由だ！ 誰にも邪魔をさせない！ 好き勝手に泳ぎ回るんだ！」とやや粗暴なほど，自由でのびのびとしたエネルギーを味わうかもしれません。船になると，「私は操縦士の指示に従うだけ。私には望みも何もない。私の望みなんかには誰も興味がない。私は言われた通りに動く

だけだ……」と無気力・無感情な体験をするかもしれません。いずれもがクライエントの一側面であり，それぞれをクライエントによく体験してもらいます。

展開の一例として，好対照である魚と船との対話にワークが展開したとしましょう。「うらやましい。私もあなたみたいに好きに振る舞いたい」という船に対して，魚は「そんなこと知らないよ。従うのが嫌ならやめたらいいだけ。さぁ，僕はもっと泳ごう！」などと素っ気なく返すかもしれません。その中で，人の指示に従っているのは自分自身の意思の問題であること，かつ自由に振る舞うエネルギーが自分に内在していることも体験するかもしれません。

なお，日常的な自分のあり方となじまない対象になってみることが，特に新しい体験を生み出す可能性が高いとも言われています。これは，次に述べるエンボディド・ドリームワークにもあてはまります。

(2) エンボディド・ドリームワーク

この方法ではクライエントが実際に身体を動かすことはなく，イメージの中で夢に現れた各対象の内側から体験を感じとっていきます。クライエントは椅子などに座って静かに目を閉じ，変性意識状態（睡眠時の手前の状態）で夢を再体験していきます。ワークは支援者とクライエントだけで行う場合もあれば，他の参加者も加わって円座となり，グループで行うこともあります。

クライエントは夢をまさに今ここで見ているように，現在形で語るように促されます。支援者は，それを聞いている最中に生じた支援者や参加者の身体反応を共有し，事前に戦略を検討した上で具体的なワークに入ります。ここでも，先ほどの大海原で船を操縦している例を用い，船の視点から体験することを促す様子を描写します。

まず，船を操縦している自分のイメージが鮮明になるように働きかけます。どんなものが見えるか，その場の明るさや気温はどうかなどを尋ねていきます。イメージが鮮明になってくれば，船の形や色や大きさなども尋ねていきます。「青く大きな船で，水面を飛ぶように軽快に走行している」と描写されれば，その飛ぶように軽快に走行している様子をよく観察するように促します。そして，「その船の内側から，飛ぶように軽快に走る感覚を味わうことはできますか」と，

141

船の視点から体験ができるように働きかけます。
　うまく船側の体験ができれば，その体験や感覚が特に感じられる身体部位を同定します。「飛ぶように軽快に走る感じは，身体のどの部分で最もよく感じられますか？」などと尋ね，「おでこの辺りのひんやりした感じで軽快さを感じます」と応答があれば，そのおでこのひんやり感をよく味わってもらいます。
　各場面についてこの手順を繰り返し，最後に各場面で感じた身体部位の感覚を同時に思い返す体験をして，ワークを終了します。エンボディド・ドリームワークはユング派の立場から開発されたもので，異質なものも含めて同時に体験することで統合を目指します。

6. 課題場面のシミュレーション

　モレノ（Moreno, J. L.）が開発したグループによる心理療法として心理劇があります。設定の仕方は様々ですが，主役となるクライエントにとって課題となる場面を題材に，支援者や参加者が共にその状況を再現していきます。劇とはいえ，今ここで即興的かつ自発的に各自が役割を演じるため，その展開に決まった筋書きはありません。
　ここでは他者に反対意見を言えないクライエントを例にしましょう。クライエントが他者に反対意見を言えない主役を，参加者が主役以外の他者の役割を担当して，その問題状況を今ここで再現していきます。
　ここで様々な技法を用い，クライエントの気づきや洞察を促します。二重自我法では，補助自我としてもう一人の自分となる参加者を選び，その人と相談しながら心理劇を進めていきます。役割交換法では，他者の役割と主役の役割を入れ替えることで，自分の姿が他者の目からはどのように映るかをクライエントに気づいてもらいます。鏡映法は，クライエントが混乱して特にうまく対応できない場面において，その混乱するクライエントの言動を他者に真似て演じてもらいます。それをクライエントが客観的に眺めることで，新たな気づきや発見が生まれるように促していきます。

第8章　新しい体験を提供する

7. ホームワークを活用した実生活での新しい体験の獲得

　ここまで紹介してきた技法は，面接の中でクライエントに新しい体験が生じるように働きかける技法でした。一方，新しい体験が実生活の中で生じるように，面接時間をその準備や工夫に当てる方法もあります。認知行動療法はその代表例で，面接でクライエントと共に作戦を練り，次回までに行うホームワークを具体的に決めます。それをクライエントが実生活の中で試し，その結果を次の面接で支援者と共有して，また次のホームワークを設定する，これを繰り返します。

　ここでは行動活性化という技法を例にしましょう。うつ状態になると，趣味や楽しみなどの活動が行われづらくなり，それがうつ状態を維持または悪化させます。うつ状態が悪化すれば，さらに趣味や楽しみの活動が阻害されます。うつ状態になると，このような悪循環に陥ります。

　循環は，小さくてもどこかに変化があれば，それが全体に波及することもあります。この発想に基づき，認知行動療法では認知か行動に何らかの変化が起きるように働きかけます。行動活性化は行動面での変化を促す一技法で，端的に言えばクライエントに楽しめる活動を再開してもらうことです。ただし，実際に実行してもらうのは容易ではありません。それを的確かつ確実に実行できるよう，きめ細やかに調整をするのが行動活性化です。

　具体的には，まずクライエントにとって楽しめる活動，役立つであろう活動をたくさん挙げていきます。次にその中から，特にクライエントがしたいと思える活動を取り上げます。この段階では，そのままでは実行が難しいものでも構いません。その活動テーマを軸に，何を，いつ，どこで，誰と，行うのかを詳細に検討していきます。

　ここで，ホームワークにする具体的な活動内容を達成可能なものに落とし込んでいきます。例えば旅行がしたいという場合，実際に次の一週間で達成するのは難しいことが多いでしょう。そこで，駅前の旅行代理店でパンフレットをもらう，帰宅途中の電車内でスマートフォンを使って旅行サイトをみる，といった達成可能な活動内容をクライエントと支援者とで検討していきます。循環を変えるきっかけは小さいものでかまいません。また，ホームワークを実行で

きたという体験は次の変化にもつながりやすくなります。パンフレットを入手できれば，自宅でそれを目にした家族と旅行の話で楽しめたり，それがスケジュール調整をしようという意欲につながる可能性もあります。しかし，同じようにパンフレットを入手できたとしても，ホームワークを旅行に行くこと自体にしてしまえば，失敗体験として終わってしまいます。

このように，ホームワークを通じて，面接時間外の実生活で新しい体験が生じるように働きかけることもできます。

4節　まとめ

以上のように，クライエントに新しい体験を提供することはカウンセリングにおいて中核的な仕事の一つであり，そのために様々な技法があります。どのような立場のカウンセリングを志向するか，どのような現場でカウンセリングを行うかによっても左右されますが，支援者はなるべく広く柔軟に様々な技法に慣れ親しんでおくとよいでしょう。

なお，ゲシュタルト療法などで用いられる体験的なワークは，クライエントにとって非常に新鮮でインパクトがある一方，違う見方をすれば非常に侵襲性が高いとも言えます。体験的なワークの実施者になるには，支援者自身がトレーニングとして同様のワークを数多く受けることや，スーパービジョンを通じて指導を受けることが必須であり，高い専門性が担保されてはじめて実施できるものであることを覚えておきましょう。

第 9 章
より適応的な行動の学習を促進する

1節　はじめに

　本章では心理支援法のうち，行動と認知に焦点を当てて説明します。すでに第1部第3章において行動論の基本概念や特徴，適応について詳しく述べられているので，行動論については必要最小限の補足を，認知論については相応の説明を加えながら，実際の適用例について論じていきます。

　読者はおそらく，認知行動療法という言葉を聞いたことがあるでしょう。そこでは認知行動的理論を基礎にして，文字通り認知と行動を対象にしてアセスメントし，技法による介入を行って支援するものであると考えると思います。しかし基礎心理学としての学習理論を応用した方法である行動療法と，認知モデルという臨床的なモデルを基盤に用いられる認知療法とは，そもそもの概念が異なります（東，2014）。したがって，認知行動療法というのは通称で，実際には行動療法と認知療法という2つの方法があると考えるのが妥当です。本章では，行動療法と認知療法を別々に述べることで，広く認知行動療法と呼ばれる臨床技法を具体的に説明していきたいと思います。

2節　行動論的に見た心理支援

　第3章で示されたように，基礎心理学としての学習理論を臨床に応用した方法として行動療法があります。学習理論ではイヌやラットなどの動物実験により実証された条件づけが理論的基盤となっていて，強化，弱化，般化，消去，などの手続きが臨床場面に応用されることになります。理論的基盤や方法につい

てはすでに第3章で詳しく説明されているので，ここでは実際の臨床場面における関わり方，介入技法について具体的に述べていくことにします。

行動療法に限らずほとんどの心理療法ではアセスメントと技法介入のフェイズに分けられます。ここでもこの2つのフェイズに沿って，行動論的なアセスメントと技法介入の具体的方法について述べていきたいと思います。

1. 行動論的なアセスメント

行動療法においては，人の心理状態を顕在的な行動とみなしてアプローチします。つまり精神分析療法のように潜在的な無意識の状態として見たり，クライエント中心療法のように自己のあり方全体に焦点を当てることをせず，実際に観察でき，測定できて制御可能なものとして心理状態を扱います。行動論的アセスメントは以下の手順により行われます（松見，2007）。

①主訴を明確にする

クライエントが述べる訴えをもとにして，できるだけに具体的に記述することで主訴を明確にします。例えば単に「不安である」というだけでなく，どのような状況の元でどんな考えや行動をしていて不安なのかを聞き出して主訴とします。

②標的行動を決める

行動療法では介入の対象となる行動を標的行動（target behavior）と呼んで具体化します。その際，標的行動の変容を行う目標を定めます。例えば「不安で電車に乗れない」というパニック障害の場合であれば，初期の目標として「駅のホームで電車が通過するのを見る」，中期目標として「各駅停車に乗る。通過する駅数を徐々に増やしてく」，長期的目標として「特急電車に乗る」といった順で目標を設定します。

③機能分析を行う

標的行動が定まったら，第3章で説明されたような行動と環境との関係についての機能分析（行動分析）を行います。標的行動の前に生じる環境事象を先行条件（Antecedent stimulus: A），行動（Behavior: B），後続する結果としての環境を結果条件（Consequence: C）とします。具体的な機能分析の例は事例

の箇所で詳しく提示します。

④ケースフォーミュレーション

標的行動の決定および機能分析の結果をもとにして仮説を立て，アセスメント，技法介入の実行，フォローアップの手続きなどを含む介入計画を立てます。このケースフォーミュレーションに沿って以下の手続きを実施し，仮説を検証していくべくセラピーを実行することになります。

⑤介入計画を実行する

ケースフォーミュレーションに基づいて治療技法を適用します。行動療法では症状や問題によってある程度適用する治療技法は決まっていて，機能分析によってアレンジしながら技法を決定していきます。主な症状，問題別の基本技法を表9-1に示します。

技法介入を行って効果が見られない時は標的行動の設定を誤っていないか，機能分析に間違いがないか，技法の選択に不備がないかを確かめ，再度アセスメントおよび介入が行われます。

⑥フォローアップ

行動療法では，セラピーが奏功した後も症状が再発したり別の症状が発生していないかどうか確かめるために，セラピー終了後に（例えば3か月後や半年後に）数回来所を促し，症状や問題の軽減，消失が続いているかを聴取します。

表9-1 主な症状・問題と行動療法の介入技法

症状・問題	介入技法	技法の説明
不安・恐怖症状	エクスポージャー	不安または恐怖症状が出現する場面に直面させる。不安・恐怖の強度が低い場面から徐々に強度を上げていくことが多い。
強迫症状	曝露・反応妨害法	強迫的不安や行動が生じる場面に直面させ，強迫行動が生じないように阻止する。
問題行動の軽減 適応的行動の増加	オペラント技法, トークン・エコノミー, ソーシャル・スキル・トレーニング	問題行動に対する強化を撤去する。 適応的行動を強化する。
チック症状	ネガティブ・プラクティス	チック行動を意図的に出現させ，その後休養を挟む。
うつ症状	行動活性化法	うつ気分に拮抗する活動をさせる。

もし再発等があれば再度セラピーが行われることになります。

2. 行動療法の介入の実際

それでは，行動論的アセスメントに基づいた実際の介入について事例を示しながら解説したいと思います（なおプライバシー保護のため，実際の事例を題材にして，典型的な事例展開を組み合わせて創作しています。事例2も同様です）。

【事例1】
　　クライエント：30歳代前半の女性，会社員
　　主訴：電車に乗ると不安になるので乗れない
　　家族：父親（50歳代後半，会社役員），母親（50歳代前半，主婦），姉（30歳代半ば，アルバイト）
　　問題歴：幼少期から学生時代までは，比較的おとなしく成績も中ぐらいで，特に問題なく過ごしてきた。大学卒業後中堅企業に就職し，最初は慣れなくて大変だったが元来の真面目な性格が幸いして着実に仕事を覚え遂行していった。3年をすぎるころには問題なく仕事をこなせるようになり，上司や同僚からの信頼も得て順調に会社員として機能していた。入社後8年（30歳時）ほどしてから任される仕事が増え，少しずつ過労状態になっていった。30歳すぎのある朝，出勤途中の電車の中で急にめまいと動悸が起こり体が緊張してきて，降りて休みたくなるも満員状態で次の駅まで10分ほどあり，強い不安に襲われて車内で座り込んだ。周りの人が声をかけ介抱してくれて，次の駅で降りて救急車で搬送されたが，病院に着くと症状は収まっていた。後日精神科を受診，パニック発作と診断され抗不安剤を投薬された。その後電車に乗ることが不安になり，定年退職し現在無職の父親に会社まで送迎してもらうようになった。仕事は休まずに続けているが，意欲が低下し以前ほど業務量をこなせなくなったという。

　服薬を続けるも不安は改善されないため，医療職の知人の勧めでカウンセリグを受けることを選択し，筆者が所属する総合病院のホームページを見て来院

した。投薬は地元の精神科クリニックで行い，カウンセリングのみを筆者が担当することとなった。なお，初回から第20回面接までは週1回，第21回面接からは2週間～3週間に1回の面接であった。

第1回面接：今までの経緯を聴取した。電車内での動悸や強い不安が起こったことが強烈に印象に残っており，今はまったく電車に乗れないという。送迎してもらっている父親には申し訳ないと思っているが，父親は優しくて幼少期から一度も叱られたこともなく安心できる存在なので甘えてしまっているとのことだった。母親の印象について聞くと，通常の母娘の関係だと思うが，あっさりした性格であまり関心を向けてくれなかった印象があり，母親に甘えた経験がないように感じると語った。仕事については真面目に業務をこなしており問題はないが，仕事量が増えたり期限が迫ってきたりすると強い焦りを感じて疲労感が増してくると言い，大きな仕事をやり終えた後は気分が低下し一日程度仕事を休んでしまうことがあるとのことであった。

第2回～第5回面接：電車への不安について詳しく聴き行動分析を行った。初回のパニック発作が起こった時からほとんど電車には乗っておらず，毎日父親に送迎してもらっている。休日も電車に乗ることはなく，父親の車か徒歩，自転車で移動している。近くの駅の周辺には買い物等でよく立ち寄ると言い，駅に近づくことへの不安はない。パニック発作が起こった時の状況を聴くと，時間は朝8時頃，所要時間30分ほどの快速電車内で，停車駅間は5分～10分ほどであった。ほぼ満員で立っている状況で，他の客とはわずかに触れる程度の混雑具合だった。「混んでいていやだな」と思っていると最初軽いめまいを覚え，動悸を感じるようになり体中に力が入り緊張してきた。このまま倒れるのではないかと強い不安感に襲われ立っていられなくなりその場に座り込んだ。周囲の人（若い女性）が「大丈夫ですか」と声をかけてくれて手で体を支えてくれて「次の駅まですぐだから降りましょうか」と言ってくれた。次の駅で降り，すぐ駅員が救急車を手配してくれて近隣の病院に搬送された。病院に到着する頃にはパニックは収まっていたという。

以上の状況を聴取した後，セラピスト（以下Thと略）から次のような心理

教育を行った。

①行動はその直前に生じている刺激と，行動の結果生じる変化によって維持される。それはA（先行刺激：行動の前の状況），B（行動），C（結果：行動の後の状況）という3つの項目の関係で表されること。
②A（行動の前）は，電車が満員であることやすぐに降りられない拘束状況，および「またパニック発作が起こるのではないか」という予期不安，B（行動）は電車から降りてしまう，または電車に乗らないこと，C（行動の結果）は安心感，安堵感である，というA，B，Cの関係性（行動分析学でいう機能的随伴性）が存在すること。
③それゆえ，すぐ電車から降りる，または電車に乗らないという行動（行動分析学では逃避行動，回避行動）を繰り返すと，安心感・安堵感によってかえってその行動は強められる。
④以上のことから，電車に乗ることによって安心感・安堵感をもつことがなくなり，その行動は強められなくなる。つまり，回避行動をやめて不安場面に直面することで，恐れているような結果は生じないということを学習する必要がある。
⑤ただし，急に強い不安場面（満員で降りられない電車）に直面することは困難なので，不安に対抗するようなリラックス反応を習得し，不安の弱い場面から徐々に不安の強い場面に直面するようにする。

　第6回～第20回面接：上記の心理教育を十分に行いクライエント（以下Clと略）の理解と了承を得た後で，②～⑤で示したアセスメントと技法介入のケース・フォーミュレーションに沿って面接を展開した。まず，漸進的弛緩法（Barlow & Cerny, 1988）を3セッションに渡って行い，十分なリラクセーションを習得させた。
　次いで，電車に乗る練習のプログラムとして不安感の弱い場面から徐々に強い場面に設定していく段階的な表（不安階層表）を作成した（表9-2）。第10回面接から実際に最初の段階から実施していった。面接の間の1週間につき2回

表9-2 不安階層表

段階	内容	不安得点
1	駅まで行き改札前に立つ	5
2	駅に入りホームに1分間とどまる	10
3	ホームで5分間とどまり，列車を見送る	15
4	停車中の電車に乗り込み，すぐ降りる	30
5	普通電車に乗り，一駅で降りる	40
6	普通電車に乗り，二駅で降りる	45
7	普通電車に乗り，三駅で降りる	50
8	快速電車に乗り，一駅で降りる	70
9	快速電車に乗り，二駅で降りる	80
10	快速電車に乗り，目的駅まで行く	100

の練習を目処に行ったが，第1段階から第4段階まではスムーズに実施でき，1回の面接で1～2段階の内容をクリアできた。第5段階の「電車に一駅乗る」ことから急に不安が高まり，2回目までは不安のため実施を断念，3回目にしてようやく完遂できた。乗車中の不安は40点～80点であり，5回繰り返してようやく20点まで下降した。その後も段階を上げていくたびに不安は上昇し練習は停滞しがちであったが，Clはあきらめず練習を続け，Thはその頑張りを労い励ましながら練習を続けていった。第19回目に最後の10段階を不安ながらも完遂できた。なお，面接の中では乗車練習の他にも仕事の状況や対人関係，家族との関係などについても話し合っている。

　第21回面接～第35回面接：職場までの電車への乗車はできるようになったが，時々仕事での疲労や体調不良の際には不安が高まり，通勤の4分の1程度は父親に送迎もしくは出社，帰宅のどちらかを援助してもらっていた。乗車中の不安は完全にはなくならず，概ね5点～10点の間を推移していた。Clは現在の乗車の状態でよいということで，第33回目に面接終了を申し出た。その後3か月ごとに2回のフォローアップ面接を行ったが，状況は概ね同じであった。

3. 事例の解説と介入の留意点

　この事例では，生育歴や社会適応には特に問題なく，電車に乗れないという

ことのみをターゲットにして介入を試みました。乗車時の不安状況を機能分析し，電車から降りてしまうことを行動（B）として，その前に生じている車内での拘束状況（外的刺激）ないし予期不安（内的刺激）を先行条件（A），そして行動に続いて起こる安心感・安堵感を結果条件（C）としました。ここでは結果条件による強化によって降車行動が維持されているというオペラント条件づけによる説明がなされています。この場合，電車から降りないことで安心感・安堵感による強化を起こさないようにして降車行動を消去するという，反応妨害による治療手続きをとることになります。一方，電車という恐怖刺激と不安とが連合されており，リラクセーションを伴わせることによって不安を抑制してその連合を消去するというレスポンデント条件づけによる説明も可能です。この面接では，説明を煩雑にして Cl が混乱することを避けるため，心理教育においては ABC 分析（機能分析）のみを説明しています。

実際に乗車練習を始めてからは，不安得点が高くなる項目において急激に不安が上昇し練習が停滞することがよくあります。そういう場合には無理に練習を進めず，リラクセーション訓練を再度実施したりして不安を下げること，また練習に取り組んでいることをほめて労う（言語的強化をする）ことで Cl の動機づけを維持しながらゆっくりと練習を進めることが肝要です。

最後に，この面接の場合完全には不安が消失することはなく，時に電車に乗れない事態も残しながら Cl の希望により面接は終結しています。行動療法による治療の目標は完全に症状や問題を消失させるのではなく，Cl が生活上の必要事項をそこそこにこなし，完全でなくともほどほどに人生を送っていくことを援助することである（山上，1990）ことを強調したいと思います。

3節　認知論的に見た心理支援

認知論的視点は第3章ではあまり述べられていないので，ここでは少し詳しく説明を加えたいと思います。ベック（Beck, 1976）はネガティブな感情や行動は，状況に対する非合理的な認知（思考やイメージ）によって引き起こされると考えました。そしてその非合理的な認知を新しい合理的・現実的認知に修

正することでネガティブな感情や行動を改善できるとしたのです。このような状況－認知－感情・行動の関連を認知モデルとして概念化し認知療法の基本モデルとしました。また，ある状況に接した時に意識せず自然に浮かんでくる思考を自動思考と言い，どのような状況にも限らず共通して浮かんでくる根底的な思考の枠組みを信念（belief）と呼びます。通常は自動思考に気づいて修正することで，また自動思考の修正では十分でない場合にはより根底にある信念を修正することでセラピーを進めていきます。そして肝心なのはクライエントの考え方やものごとのとらえ方（認知）の間違いをセラピストが説得して変えさせるのではなく，「それについてどんな考えが浮かんできますか」，「もしそう考えたらどうなりますか」といった質問（ソクラテス式質問法という）をセラピストがすることによって思考に気づかせ，クライエント自ら合理的思考に修正していけるように導くことです。以下，セッションの構造化，認知的アセスメント，認知的介入法に分けて説明していきます。

1. セッションの進め方（構造化）

　認知療法では，セッションを進める際に話し合う順序を決めて，それに沿って面接を展開していきます。大まかには，アジェンダ（そのセッションで扱う中心テーマ）の設定，症状や問題の程度のチェック，アジェンダの話し合い，ホームワークの設定，セッションの振り返りとクライエントからのフィードバックの順で展開していきます。初回面接や初期の面接ではここに心理教育が加わります。

2. 認知的アセスメント

　状況－思考－感情・行動の関連を示す認知モデルを基本にしてアセスメントを行います。まず状況に対する自動思考を同定します。その際「今（またはその時）どんなことが頭に浮かびましたか」という質問をすることになります。その後必要に応じて信念や幼少期の体験を聴くこともあります。そのような総合的な認知的アセスメントを認知的概念化と呼びます。認知的概念図という表にまとめることもありますが（Beck, 1995など参照），通常は図9-1に示すよう

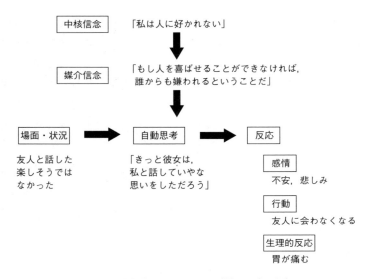

図 9-1　認知的アセスメント（対人不安の例）

な認知的アセスメントの図に表します(ここでは対人不安の例を示しています)。

3. 介入技法

認知療法では，認知的技法と行動的技法に分けて介入します。様々な介入技法がありますが，代表的なものは以下の通りです。

①認知的技法
- 自動思考への介入：自動思考が正しいと考える根拠を問う，他の考え方ができるかどうか問う，他者の視点で考える，といった方法で自動思考の修正を図る。
- 思考記録表の作成：状況，感情，自動思考の順で表に記入してもらい，合理的思考を導いてその結果のネガティブ感情の改善を促し記録する（後の事例の際に例示する）。
- コーピングカード：非合理的思考と合理的思考の両方を記録したカードを作り，ストレス状況に直面した時に参照する。

②行動的技法
- 行動スケジュール法:時間ごとに区切った表に，実行した行動を記入し，その行動をした後の達成度と快適度を記入する。主にうつ状態のクライエントに行動（活動）することで気分が上昇することに気づかせるために適用する。
- 行動実験:非合理的な思考のために行動を抑制しているクライエントにそれを実行させ，その行動を行っても恐れていた結果にならないことに気づかせる。

以上の他に数十種にものぼる技法がありますが，詳しく知りたい読者は他のテキストを参照してください（Beck, 1995; Leahy, 2003; 東, 2011など）。なおここでいう行動的技法は，行動療法のように行動そのものを変容するためではなくて，行動に焦点を当てることで認知の変容を促すものであることに注意してください。

4. 認知療法による介入の実際

ここまで説明した認知療法の方法を使った介入の実際を，アセスメントと技法介入のフェイズに分けて解説していきたいと思います。

【事例2】

　　クライエント:30歳代半ばの男性，会社員
　　主訴:うつ，対人緊張
　　家族:父親（60歳代後半，元作業員），母親（60歳代前半，主婦），兄（30歳代後半，会社員，独立）
　　問題歴:2年前にB県に転勤し，やりたくない仕事の責任者となり，対外折衝も苦痛で，不眠で朝起きらなくなり，体が重く，仕事でも集中できなくなり会社を休み出した。精神科受診し，「うつ状態」ののち「適応障害」の診断で抗うつ剤を服薬し休職したところ楽になり不眠も改善したがうつ症状は残った。実家へ帰り，転院し投薬治療中。認知行動療法を知り，2か所の病院を受診し

筆者紹介となった。

第1回面接：現在の状況を聴く。認知行動療法について知識をもっているようで，専門家向けの認知療法の概説書を読んでよく理解していた。家族の問題を掘り返してほしくないとの希望があった。

第2回面接〜第8回面接：第2回に心理教育を行った。第3回では思考記録表（表9-3）を導入，Thが少しアシストすると自ら合理的思考を同定することができた。第4回からは復職の不安に対して問題解決法（定時に起床する工夫など）を用いて少しずつ実行していった。その結果，睡眠が改善してきて，外出が増え，うつ状態（気分，体のだるさ）も少しよくなってきた。

第9回面接〜第17回面接：第9回で，髪の毛が薄くなってきたことを気にしてうつ気分が強くなったが，「髪の毛について，人は馬鹿にする以外どのように思うでしょうか」，「他の考え方はできますか」といったソクラテス式質問法を用いて認知変容をはかり，他者から非難されているという捉え方が軽減し，気分が上向いた。その後「頭がすっきりしてきた」，「うつは7〜8割治ってきた」，「まもなく出社できそう」と述べたため，復職に向けて活動を高める課題を与えた。第14回からは信念を同定する作業を始め，「自分には価値がない」という信念が示された。これ以降は，この信念を修正することが続けられた。また，うつの他に社交不安障害の訴えも出るようになり，それにも焦点を当てることになった。

第18回面接〜第25回面接：風邪を引くことが多くなり体力が低下し，復職への不安が強まったため復職は延期となった。また，家庭で両親がいがみ合う

表9-3　事例2の思考記録表

状況	不快な感情	自動思考	合理的思考	結果 （不快な感情）
友人が少ない	不安・劣等感 80	友人に好かれない自分は恥ずかしい存在だ	これから人間関係をよくするスキル，考え方を身につければよい	70
髪の毛が薄くなってきた	落ちこみ 90	人はバカにするだろう 誰かに嘲笑されるだろう	からかう人間はいるかもしれないが，多くの人はからかわない からかう人間のモラルが低い	75

エピソードがあったことから，父親との関係に言及し，「以前 Th に，父親の厳しい言葉を取り込んでいると言われたが，職場での人間関係でもそれが関係していることがわかった」と気づきを述べた。その後は生活パターンを改善する課題を与えることで活動性が高まった。仕事をする意味について考え込むなど気分の波は多少あるものの，産業医と面談の上で復職した。第 25 回目で，対人不安は残るもののうつ症状はかなり改善したということでクライエントの希望でセラピーを終了した。

5. 事例の解説と介入の留意点

　この事例では，初回セッションで認知療法についてよく知っていることが判明しました。このクライエントは知的能力が高く自らの認知を把握することに長けていました。この事例のように知的能力が高い場合は面接の展開もスムーズにいくことが多いようです。また，このクライエントは過去の問題を掘り起こしてほしくないとの希望があり，自動思考のレベルの探索はニーズに合っていたようでした。もっとも後半のセッションで自ら父親を巡る過去の問題を話し出し洞察を得ているのが興味深いところです。

　自動思考の同定と修正を中心に介入しましたが，第 14 回からは信念の同定と修正も行いました。これもクライエントの知的能力の高さゆえの展開と思われます。途中から社交不安障害の訴えも見られましたが，基本はうつ症状の場合と同じように思考への介入が行われています。

　この事例のように，うつ症状のセラピーおよび知的能力の高いクライエントには認知療法は奏功するようです。もちろん他の症状，例えば社交不安障害などの不安症状，強迫症状，摂食障害，心的外傷後ストレス障害，統合失調症などほとんどすべての精神障害に効果を示しています。また，知的能力の高くないクライエントには認知的側面よりも行動的側面に介入する方がセラピーがうまくいくと思われます。

4節　行動と認知の支援について振り返る

　以上見てきたように，認知行動療法には行動的側面への介入と認知的側面への介入という2つの方針が含まれています。もちろん両方の側面にバランスよく介入することも可能ですが，ほとんどの場合いずれかの側面を中心に介入することになります。認知行動理論というものは存在しないので，読者は行動療法の基礎理論である行動理論（正確には学習理論）と，認知療法の基礎理論である認知モデルを十分に理解した上でそれぞれの臨床的方法に習熟し，臨床経験を重ねることでそれらをバランスよく使えるようになればよいでしょう。他章で述べられている力動的心理療法や体験的心理療法，システム論などの理論や方法との違いを理解しつつ，それらを柔軟に使い分け，時に統合的に適用できるようになるとよりよい臨床心理学的支援ができるものと思います。

　最後に，行動と認知を扱う際のもう一つの重要なポイントを挙げておきます。それは治療関係を大切にすることです。認知行動療法というと，表層的なものを対象にしてマニュアルを重視し，指示的で教育的な冷たい心理療法であるとの誤解があります。行動療法や認知療法のテキストを見ると，クライエントとの良好な治療関係を構築することは当然のことであるように記述されています（祐宗ら，1972; Beck, 1995）。レドリイら（Ledley et al., 2005）は，認知療法でいう共同的経験主義（セラピストとクライエントが共同して問題の解決にあたること）はクライエント中心療法の関係性の要因と類似するとしています。認知行動療法においてもクライエントが話すことを傾聴し，受容的，共感的態度で敬意をもって接することが重要となるでしょう（東，2011）。

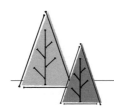

第10章 関係者のシステムに働きかける支援のあり方

1節　はじめに

　公認心理師法の第2条第3項には,「心理に関する支援を要する者の関係者に対し,その相談に応じ,助言,指導その他の援助を行うこと」とあります。一方,臨床心理士資格認定協会が示している臨床心理士の業務には,このような項目は見られません。そこには1)臨床心理査定,2)臨床心理面接,3)臨床心理的地域援助,そして4)1)～3)に関する調査・研究と続きますから,おそらく,「臨床心理面接」の業務の中に関係者への支援も位置づけられるということなのでしょう。

　では,今回の公認心理師法の業務に「関係者への支援」を一つの項目として独立させたことにはどのような意味があるのでしょうか。少なくとも関係者への支援が,支援を要する者本人への直接的な支援と並ぶほどに重要であると位置づけられ,今回の法律が個人だけではなく,家族をはじめ当事者を取り巻く関係者への支援や連携を重視するものであると見ることができるのではないでしょうか。

2節　関係者を支援の対象とする必要性

　その背景として考えられることは,当然ながら支援を要する者は決して一人のみで存在しているのではなく,周囲の者たちとの関係性の中に存在しているということです。支援を要する者を取り巻く人間関係には,家族や親類,地域の人々,所属する学校や職場の人間関係などがあります。支援を要するとみな

されている者が，自分のつらさについて家族の理解が得られていない，と感じているのであれば，そのこと自体が問題を助長し，事態の悪化を招くことにつながるかもしれません。そのような場合には，家族のコミュニケーションのありようについてアセスメントを行っていく視点をもつことが必要となるでしょう。

　2つ目として，支援の現場では，支援を要すると見られる者が必ずしも自ら支援の場に来るとは限らない，ということも挙げられます。不登校や引きこもりの問題で，はじめから不登校の状態にある本人や引きこもっている本人が相談に訪れることはむしろ稀です。たいていは，家族や学校関係者によって相談が開始される場合が多いでしょう。このような場合にも，それぞれの関係者がどのように本人に関わり，どのように影響を及ぼしているのかという視点をもち，適切な形での支援に繋げる必要があります。つまり，問題を抱えていると思われている本人が相談の場に現れない場合は，支援の対象を選択し，適切な形で支援することが必要です。

　さらに3つ目として，公認心理師法の第42条には「保健医療，福祉，教育などを提供する者その他との連携を保たなければならない」と示されています。つまり，支援を要する者に関わる他の専門職との間での連携を意識して，様々な形での支援サービスが支援を要する者にいきわたるように心がけなければならない，ということです。その際に，どのような専門職がどのように当事者に関わっており，どのような影響を及ぼしているのかについてのアセスメントを行う視点をもっていなければなりません。ただし，専門職であるにしろ，そうでないにしろ，多くの人間が関わるからにはそれぞれの関わりは必ずしも均質というものではなく，そこには関係性による違いが生じることは当然起こりえます。よって，単なる制度上の関わりだけではなく，関係者間の関係性，つまりは関係の質や量をアセスメントし，効果的に支援できることが必要となるでしょう。

　わが国の臨床心理学は，どちらかというと個人の心の内面に重点をおき，そのしくみや働きについての実践研究を中心に積み重ねてきたと言えるかもしれません。しかしながら，先述したように心理支援の現場では，必ずしも支援を

要する当事者だけを支援するだけではありません。ここで示された関係者への支援をよりニーズに合った形で，そして効果的に実践しなければならないでしょう。そのためには，誰（たち）に対して，どのような形式で，そして何を目的に，どういった支援するのかについての計画を立てられることが大切です。

3節　関係者を含んだ支援形式のいろいろ

　それでは，このような関係者への支援には，どのような形式が考えられるでしょうか。支援の現場で比較的馴染みのある形から考えてみましょう。

　まず，子どもの問題に関して，家族（主に保護者）が子どもと共に来談するという状況がよく見受けられます。そこでは，家族合同面接や親子並行面接という形式が考えられます。

　家族合同面接では，来談した家族が一堂に会して，たいていは1名ないしは2名の支援者が面接を行います。ここでのメリットは，家族メンバー間のコミュニケーションのやりとりを直接的に観察することができるということです。また，その観察に基づいて，見立て（アセスメント）を行い支援（介入）の計画を立て，実施するという主に家族療法（以下，システムズアプローチ）を実践する支援者が用いる形式です。しかし，システムズアプローチは必ずしも家族全員に集まってもらわなければならないというわけではありません。詳しくは後述します。

　親子並行面接は，子どもは子どもに対する支援者，親には親に対する支援者がそれぞれ面接を行うというものです。ここでのメリットは，親と子がそれぞれの立場での言い分を十分に表現することができる，という点が挙げられます。また，親子間の葛藤が強い場合には，合同面接では支援者がその葛藤関係に巻き込まれてしまう，という状況を回避できるというメリットもあるでしょう。また，子どものプレイセラピーを実施する場合は，並行して親の個人面接（あるいは夫婦面接）を行う場合も多くみられます。

　同様に夫婦面接においても，夫婦合同面接を採用するのか，夫婦並行面接を採用するのかについては，支援者がそれぞれのメリットとデメリット，さらに

現在の状況や目的を吟味して選択する必要があります。

　家族の支援について大まかに述べるならば，一堂に会する，あるいは家族のうちの複数名に対する合同面接か，あるいは個別に面接を行う並行面接か，個人だけを選んで面接を行う個人面接かという選択になります。どのような形で面接を進めていくのかについては，相談に訪れた参加メンバーの意向の他，それぞれの局面における状況や面接の目的などによって選択されることになります。ここで大切なことは，どのような形式を選ぶにしろ，そのこと自体が家族に対してどのようなメッセージを含むのか，について配慮することです。例えば，家族の中の誰かもしくは数名を対象として選ぶこと自体が，「その人（たち）が問題」というメッセージになる可能性があるからです。

　いわゆる心理面接以外にも様々な関係者への支援の形式があります。支援の現場では，いろいろな専門家がそれぞれの立場で援助サービスを行っているので，第2節の冒頭に挙げたように多職種の連携の場における支援ということもあり得ます。個々のケースに関して専門家間で情報交換を行い，心理職が心理学的な側面から他の専門家に対して助言を行うことをコンサルテーションと呼びます。例えば，スクールカウンセラーである心理職が学校の教員に対して生徒への関わり方などについて助言を行うとか，医療現場であれば医師や看護師に対して心理に関する何かしらの助言する場合などです。当然ながら守秘義務に留意することや相手の専門性を尊重しながら行うことは言うまでもありません。

　また，関係者が一堂に会して様々な情報を互いに提供し合い，支援のあり方について検討するという事例（症例）検討会，ないしはケース・カンファレンスの形式で会合を開催するということもあります。ここでは，それぞれの専門性を活かした役割分担や目的の共有が可能となり，一貫した支援を行えることが大きなメリットとなります。ここで集まる多職種は，支援の現場によって異なり，学校現場であれば担任教師や学年主任，養護教諭，相談担当教員，そして心理職ということになるでしょうし，医療現場であれば，主治医，看護師，ケースワーカーや場合によっては栄養士，薬剤師などがメンバーとなるでしょう。産業や福祉，司法などの現場ではまた参加メンバーの職種も違ってきます。さらに，組織を超えた形で多職種によるケース検討が必要な場合もあります。

支援を要する者を抱えた家族に対して，心理的な問題の生じるメカニズムや対処方法について，教育的に働きかけることを心理教育的アプローチと呼びます。対象を家族ごとに行う場合もあれば，集団の形で行う場合もあります。
　さらに，同じような問題を抱えた者同士が集まり，自らの体験を語ることや他者の体験を参考にすることによって，様々な苦境を乗り越えるという自助（セルフヘルプ）グループという形の支援もあります。もちろん，当事者や家族のみで行われる場合もありますが，心理職がファシリテータとなって運営することもあり，関係者への心理支援の一つの形として挙げることができるでしょう。それぞれについてここで詳しく説明する紙幅はありませんので，家族心理教育や集団療法に関する資料を参考にしていただけたらと思います。
　さて，このように複数の家族メンバー，あるいは場合によっては多くの関係者が関わっており，一堂に会する場合，その状況をどのように見立て，人的資源をどのように活用したらよいのでしょうか。
　システムズアプローチやブリーフセラピー（短期療法）といった分野は，個人の心のありようを人間関係のコミュニケーションの文脈の中で捉え，働きかけるという実践を積み重ねており，これらの理論と方法が有用であると考えられます。

4節　関係者の人間関係をシステムとして捉え支援する（システムズアプローチ）

1. システムを見立てる3つの切り口（3属性）

　人間関係をシステムとして捉えるとは，人と人との間で交わされるコミュニケーションを一連のまとまりとして捉えるというものの見方です。システムには，構造，機能，発達の3属性（図10-1：遊佐，1984）がありますが，それぞれしくみ，働き，そして時間軸による変化という言葉に置き換えることができます。
　例えば，わかりやすくするために車のエンジンを思い浮かべるとするならば，それぞれの部品の位置関係のあり方は，構造（しくみ）ということになります。また，それぞれの部品がどのように動くのかという側面は機能（働き）であり，

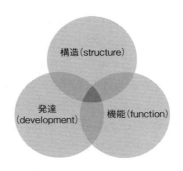

図 10-1　システムの3属性

時間の経過に伴う磨耗や錆びつくなどの変化は発達（時間軸による変化）であると見ることができるでしょう。もちろん，私たちは機械ではありませんから，固定されて動かないものではありません。便宜上わかりやすいたとえにしたのですが，システムとは要は人と人との関係性を示す考え方なのです。

　父母と男の子の兄弟がいる4人家族を思い浮かべてみましょう。構造の側面は，それぞれの家族メンバーの心理的な距離の位置関係，例えば，父親は仕事が忙しく，なかなか家族と過ごす時間をもつことができない。その分，母親と長男が共に過ごす時間が多く，心理的にも近い関係にあるという状況があるならば，母親と長男は近く，長男と次男も比較的仲良く過ごしているので，この3人の心理的距離は近く，少し離れたところに父親が位置する，という構造が思い浮かびます。

　機能の側面は，ここではコミュニケーションの流れやパターンということになります。人が2人以上集まると，たいていは似たようなパターンで会話やふるまいが進んでいくことは，家族のみならず職場での会議などでもよく経験されることです。例えば休日に，子どもが「どこかに食べに行きたい」と言い，父親がいろいろと情報を集めて店を探し，提案する。子どもは喜ぶが，母親が黙って首を振る姿を父親が横目で見て，結局は父親が自宅での食事を提案し，子どもが父親を責め，父親が子どもを叱る，などの似たようなパターンが繰り返されることがあります。そこには，もちろん子どもと父親の関係性，子どもと

母親の関係性,さらには父親と母親の関係性などが影響します。

　二者間におけるコミュニケーションの相互作用を切り取ることも可能です。例えば,どちらかの親が勉強しない子どもに対して,「勉強しなさい」と叱れば叱るほど,子どもはますます反発し,勉強から遠ざかるといったような状況です。もちろん,夫婦間でも生じます。妻が小言を言えば言うほど,ますます夫は家事から遠ざかるといった具合です。システムズアプローチでは,原因と結果を一直線に結ぶ直線的因果律ではなく,原因と結果はどちらも原因にも結果にもなりうるという円環的因果律によって物事を捉えます（図10-2）。よって,小言を言う妻が原因でもあり結果でもある,家事をしない夫も同様に原因でもあり,結果でもある。それぞれのふるまいが相互作用的に維持されていると考えます。

図10-2　「夫が原因」（「あるいは妻が原因」）と見るならば直線的因果律であり,相互作用として見るならば円環的因果律である

発達の側面は，時間の経過による家族の構造や機能の変化です。夫婦2人で始まった家族も，子どもができ，やがて巣立っていきます。また，子どもが幼い時と思春期に差し掛かる時では，家庭内での夫婦のコミュニケーションにも違いがあることでしょうし，親子間のコミュニケーションも，子どもが5歳の時と17歳の時では異なるでしょう。

　また，家族の置かれている状況やそれぞれの家族メンバーの立場を理解するためにジェノグラムを活用することも有効です。図10-3は，先の4人家族で，14歳の男の子の問題で来談した架空の家族のジェノグラム（家族図）（日本家族研究・家族療法学会，2013）の例を示しています。IPとは，Identified Patientの略であり，患者とみなされた者と訳されています。家族療法では，「誰が問題か」というのは家族システムおよび援助システムの文脈によって規定されると考えますので，「誰々が患者」と断定しないという柔軟な考え方を採用します。また，図の四角は男性，丸は女性を示し中心の円は同居を示します。また，斜線は離婚を示しているので，父親Aの両親は離婚し，Aの兄弟は母親に育てられたと考えられます。十字の線は死亡を示し，母親Bの母親は死亡していることがわかります。家族はそれぞれの異なる文化を形成しているので，例えば婚姻は異なる文化の融合した状態であるとも言えます。結婚して，味噌汁の味つけをはじめ，様々なしきたりが家庭によって異なることに驚いた経験のある人は多いでしょう。そうしてみると，夫婦葛藤は，それぞれの原家族（夫と妻が

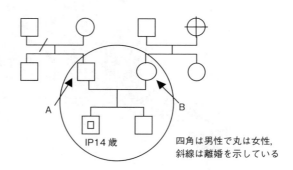

図10-3　ジェノグラムの例

育った家族）による文化の違いに対する適応までのプロセスであるとみなすこともできるでしょう。

　例えば，この家庭において14歳の長男と母親の葛藤状況が見られる場合，それは母親の問題というよりも，原家族において男性の成長を見る機会がなかったことによる戸惑いであるとリフレーミング（再枠組みづけ，後述）することができるかもしれません。であるならば，例えば，父親に男の子の成長に関する指南役として協力を仰ぐ，あるいは長男への関わりの一部を担ってもらうという形で母親の負担を減らす方針について家族と共に話し合うこともできるでしょう。このようにジェノグラムを家族と共に描いていくことで，それぞれの置かれた立場や状況について改めて理解を深める機会として活用することができると考えられます。

　家族のコミュニケーションに焦点を当てたシステムズアプローチでは，これらの構造，機能，発達という属性のどれかに焦点を当てて働きかけることになります。その結果，一つの属性が変化するとシステムそのものに変化が生じるので，他の属性にも変化が及ぶことになります。

2. 一部は全体に影響し，そしてまた一部に影響する

　家族内でのコミュニケーションを考えた時に，多くの人は横の水準でのシステム（やりとり）を思い浮かべるのではないでしょうか。しかし，システムは横のつながりだけではありません。ミラーの一般生物体システム理論では，様々な水準同士における縦の関係としてのつながりを示しています（図10-4）（遊佐，1984）。

　例えば，先述の4人家族をもう一度思い浮かべてください。14歳の長男が学校に行かなくなってしまったとします。母親が毎朝起こそうとしますが，子どもは起きることができません。原因について尋ねてもいっこうに答えてくれません。子ども本人はもちろん元気がありませんが，母親も疲れ切っています。

　母親は，父親に朝起こすことについて協力をお願いしますが，父親も朝早く出勤せねばならず，思うように協力できないことから，そのことに不満を抱える母親との口論が増えていきます。夜遅く父親が帰ってくるなり，母親はイライ

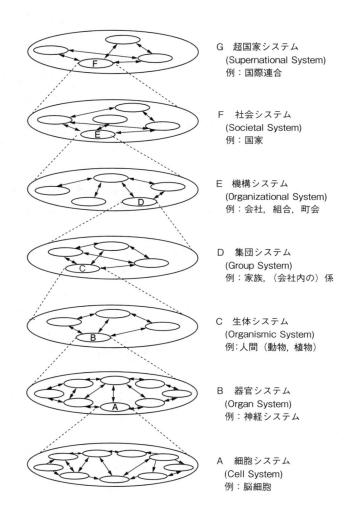

図10-4　生物体システムの7つのレベル（遊佐，1984）

第10章　関係者のシステムに働きかける支援のあり方

ラして父親を責め，夫婦喧嘩になります。父親も徐々にストレスがたまり，眠れない日が続くようになりました。そうすると職場での仕事の効率も悪くなり，人間関係までギクシャクするようになってきます。

つまり，家族システムのスプラ（上位）システムである機構システム（会社）にも影響が及んでいますし，父親や母親，そして子どもの身体にある臓器システムや細胞システムといったサブ（下位）システムにも影響を及ぼしていると考えられます。

さて，父親は不調から病院を受診し，医師からは睡眠導入薬が処方されました。合わせて会社の健康管理室にいる心理カウンセラーのカウンセリングを受け，リラクセーションの方法や妻とのコミュニケーションについて相談しました。

その甲斐あって徐々に父親は元気を取り戻し，妻（母親）が父親に対してイライラをぶつけてきたとしても冷静に話を聞き，話し合うことができるようになっていきました。母親と父親のコミュニケーションは徐々に改善し，母親もイライラすることが減り，子どもに対しても感情的に接することが少なくなりました。不登校になってしばらくの間は，両親が学校のことについて触れると子どもは反発したり，部屋に閉じこもったりしていたのですが，母親とのコミュニケーションが改善してからは，徐々に今後のことについて建設的に話し合うことができるようになっていきました。

つまり，病院の治療とカウンセリングにより，父親の器官システムである脳の働きが変化し，生体システムも改善したと言えます。そのことで夫婦のコミュニケーションシステム，そして家族システムに影響し，さらに母親と子どものそれぞれ個人システムにも影響を及ぼしたと考えることができます。

システムズアプローチでは，「一部は全体に影響し，全体は一部に影響する」と考えます（東，1993）。つまり，システムの中のどこか一部の要素に変化が生じれば，それは全体に影響し，また一部である他の要素の変化にもつながるのです。よって，家族の誰かが相談に来てその人が少し元気になれば，それが家族全体や家庭の雰囲気に影響を及ぼし，家族メンバーの変化につながります。必ずしも，問題を抱えていると思われる個人が来談しなくても，また家族全員が集まるのではなく，来談の可能な人が来ればシステムズアプローチは成り立

つのです。

3. システムの見立てとジョイニング

　良好な援助関係が大切なのは個人面接でも同じですが，家族面接や夫婦面接ではそのシステム自体に支援者を受け入れてもらわなければなりません。このように家族療法において，家族に受け入れてもらい，家族と共に話し合えるように加えてもらうことをジョイニング（joining）（Minuchin et al., 2007）と呼びます。

　私たちが，ある集団，特に既存の集団の中に入り適応する際には，その集団の様子を注意深く見て，集団に馴染むように工夫しているはずです。その「様子を注意深く見る」ということがシステムの見立てにつながります。家族メンバーの全員に敬意を払い，家族のありようやこれまでの努力を尊重する態度がなければ，家族と共に問題の解決に向けての会話を進めることを受け入れてもらえないでしょう。

　さて，ではどうやってシステムを見立てていったらよいのでしょうか。先に挙げた，構造，機能，発達の3属性の側面によって家族システムを見立てていくと整理しやすいと考えられます。まずは，家族面接の始まる前に家族が待合で待っている姿，面接室に入るように声をかけた時の反応，そして，面接室に入ってくる時の様子などから，多くの情報を読み取ることができます。

　例えば，待合では誰と誰が一緒に座っており，会話をしているのか。セラピストが声をかけた時には誰が最初に反応するのか。そして面接室に入る時にはどのような順番で入り，そしてどのような配置で椅子に座るのか，といったようなことです。声をかけた時に最初に反応し，面接室にも先頭を切って入ってくる，あるいはその場を仕切っているとみられる家族メンバーは，家族を面接の場に繋げた本人である可能性は高いでしょう。そうなると，問題の経過やこれまでの解決に向けた努力について一番詳しく，また労力をかけているメンバーなのかもしれません。そのような人物は来談に関しての影響力をもち，多くの情報をもっていると考えられますので，これまでの努力について十分にねぎらうことが家族へのジョイニングにつながるかもしれません。ただし，その際

の他の家族メンバーの反応を十分に読み取り，関係性や意見の相違などに注意を払う必要があります。

　次に，家族からの情報収集によって，家族システムについての仮説を立てていきます。システムズアプローチでは，システムの見立てのことを「仮説」と表現します。家族システムの見立ては，必ずしも固定されているものではなく，常に改変されることが多く，またそうあるべきであると考えるからです。人と人のコミュニケーションは，固定されたものではなく，常に変化し続けています。また，支援者の働きかけやその他の外的な影響よって，局面ごとに変わってくるものと認識することがより実際的であると言えます。

　家族構成や年齢などのプロフィールに関する情報は，先のジェノグラムを作成しながらまとめていくとよい場合があります。一般的には，3世代前までの家族図を描くことが多いようですが，その範囲については必要に応じて柔軟に選択してもよいでしょう。

　また，問題をめぐって家族がどのようにそれに関わってきたのか，どのような解決努力を行ってきたのかについての情報も参考にしながら仮説を立てていきます。もちろん，ここには家族が何を問題と考え，何を望んでいるのか，ということはとても大切なことであり，そのことには家族の価値観が大きく関係しているでしょう。

　家族システムを見立てていく上で一番大切なことは，家族に敬意を払うことです。家族に関する情報を事務的に，また無機質に収集しようとすること自体が，家族にとっての心理的負担になることや支援者に対する不信につながります。

　家族のあり方そのものに正しいとか間違いなどはありません（坂本，2017）。対象となる家族が，情報収集によって土足で侵入されるような感覚に陥るならば，それは情報収集以前の問題であり，支援を受け入れてもらうことはできないでしょう。

　繰り返しになりますが，家族にはそれぞれに様々な文化があります。同じような暮らしぶりだと思っていても，日常のしきたりや振る舞いは様々です。親戚や友だちの家に行った時に，いろいろと勝手が違い，戸惑った経験は誰にでもあるのではないでしょうか。一つひとつは細かいことかもしれませんが，それ

が家族のルールであると言えます。ルールは日常生活の行動だけではなく，誰が何についての決定権をもつのか，といったコミュニケーションそのものにも見られます。

　家族システムを見立てていくには，言語的に収集される情報だけでなく，目の前で繰り広げられる言語的あるいは非言語的コミュニケーションに注意を払い，観察する必要があります。また，特定のテーマについて，目前で話し合ってもらうこと（実行の奨励）によってコミュニケーションのありようを観察することをエナクトメント（enactment）と呼びます（Minuchin et al., 2007）。エナクトメントによって，直接的にコミュニケーションを観察することもできますし，さらにはその場で変化を促す働きかけ（介入）を行うこともできます。

　支援を求める家族は，もちろんカウンセリングを求めて来談しますし，支援者も良質なカウンセリングを提供しようとしています。しかし，だからと言って，家族に受け入れられないような言動をすれば，支援そのものが成り立たなくなってしまうことは言うまでもないでしょう。家族の文化やルールを理解し，尊重することが，私たちが提供しようとしている心理支援を受け入れてもらうことにつながります。

　このように家族に受け入れてもらい，問題解決に向けての話し合いに加わるジョイニングの概念はシステムズアプローチにおいて最も大切です。システムズアプローチはジョイニングに始まり，ジョイニングに終わると言っても過言ではありません。

4. 内容（content）と文脈（context）

　システムズアプローチでは，内容と文脈（日本家族研究・家族療法学会, 2013）を分けて観察します。例えば，相談に来た人に相談の意欲が見えないとします。つまり，モチベーションが低いとみなされる状況です。この場合，「モチベーションが低い」というのが「内容」，ということになります。しかし，その人は生まれながらに「モチベーションが低い人」というわけではないのです。

　相談に来た人が小学生の子どもをもつ女性だとしましょう。彼女は，学校の先生に「おたくの子どもには行動上の問題があるのでカウンセリングを受ける

ように」と指示され，渋々来談したのかもしれません。また，彼女の子どもは小さい頃より落ち着きのなさを抱えており，常に周囲から「しつけが行き届いていない」と言われ続けており，子育てについて誰かから責められることにうんざりしている状態なのかもしれません。このような周囲との相互作用による流れのことを「文脈」と呼びます。

このような状況（文脈）で，カウンセリングに対して高いモチベーションをもつことは誰にとっても難しいことであると言えるでしょう。しかし，私たちは援助の場において，目の前で目に見えることに左右されてしまいがちです。「モチベーション」の他にも，人の内面を示す表現はいろいろあります。「神経質」「不安が高い」「引っ込み思案」などなど。また，人間関係にラベルを貼るような表現もあります。「夫婦仲が悪い」「嫁姑の仲が悪い」「親子関係が悪い」などなど。これらはすべて内容を示す表現ではありますが，そこにはかならず「そのように見える」に至った文脈があるはずです。よって，これらの内容を示す表現や情報に関しては，どのような経緯でそのように見える状態に至ったのかという文脈と，誰がどのような視点でそのことを表現しているのかという文脈の両方に注意を払う必要があります。

何かしら「普通」と異なる違和感を感じたとすれば，それを「異常」というラベルをただ単に貼るのではなく，どのような文脈で「そのように見える」に至ったのかについての関心をもつことが大切です。

5. システムズアプローチの実際

それでは，事例をもとにして，システムズアプローチの見立てと支援の実際について見ていくことにしましょう。ここで紹介する事例は，筆者が出会った事例をいくつか組み合わせて構成しており，特定の事例というわけではありません。もちろん，登場人物の名前はすべて仮名です。

支援の現場では，多くの「情報」が溢れています。情報収集を行う際には，そのような多くの情報の中から自分の支援のスタイルに有用であると思われるものを選別していくことになります。よって，必ずしもここで挙げているような情報が目に見えやすい形で拾えるわけではないことを留意していただきたいと

思います。

(1) 構造に働きかける：メグミさんの事例

　　小学校5年生のメグミさんが、学校に行きたがらない、という問題で両親とメグミさんの3人がカウンセリングルームを訪れました。カウンセリングを申し込んだのは母親のノブコさんでした。面接室には母親のノブコさんが最初に入り、次にメグミさん、そして父親のキョウヘイさんが続きました。

　　問題について尋ねると、主にノブコさんが語り始めました。メグミさんは、これまで学校に行くのを嫌がることはなく、問題なく過ごしていました。しかし、1か月ほど前より、学校に行くのを渋るようになり、週に1、2回は欠席するようになったそうです。学校では嫌なことはないそうです。また、夜になるといろいろと不安なことを訴えて泣くのだそうです。ある時は、下校中に落ちていたゴミを拾わなかったことについて自分を責めたり、友だちとイタズラで近所の家のインターフォンを鳴らしてしまったことについて後悔したり、また帰宅時に母親がいないことを寂しがって母親を責めたりするのでした。

　さて、ここでのセラピストの家族システムに関する見立てはこうです。
　構造の側面から眺めるならば、メグミさんの問題をめぐってノブコさんとメグミさんの心理的距離は近くなっています。少し離れたところにキョウヘイさんが位置していますが、メグミさんの問題に無関心というわけではありません。ただし、解決に向けての方針として自立を促したいキョウヘイさんと、もうしばらくはメグミさんに寄り添っていたいノブコさんとの間には「対立」というほど激しいものではないにしろ、違いがあるようです。
　家族システムという観点では、「世代間境界」という概念があります。キョウヘイさんとノブコさんは親の世代（夫婦サブシステム）であり、メグミさんは一つ下の子ども世代（子どもサブシステム）となります。ノブコさんとメグミさんが接近しているということは、世代間の境界を超えたシステムを形成しているとみなされます。ただし、これは特別なことではありません。問題を抱えれば、それを解決しようとして様々な動きが生じるからです。また、三者関係

第10章　関係者のシステムに働きかける支援のあり方

であれば，そのうちの二者が接近すれば，残りの一人が離れるという性質もよく見られる構造であり「三角関係形成（triangulation）」（遊佐，1984）と呼ばれています。

　セラピストからの提案は，両親がメグミさんのために一週間に一度メグミさんには内緒で話し合い，何かを買ってあげる，あるいは何かをしてあげる。そしてメグミさんは，それがいついつの何であるかを当てっこするというゲームでした。

　結論から言うと，メグミさんは2人で決めたこと以外でも，いろいろと親がしてくれたこと（親が子どもにしてあげることは実に多いはずです）に対して「これでしょ？」と尋ね，楽しむようになったそうです。夜に不安を訴えることや学校への行き渋りなどはほどなくして見られなくなりました。

　セラピストの提案は，両親の方針の違いに対して，どちらも大切であるが，まずは共通で取り組めること，そしてメグミさんの笑顔を見る機会を増やす，というものでした。そのための両親の話し合いの場を増やすことで夫婦サブシステムの強化を図ったということになります。

　会話の詳細は省略しますが，このような課題を設定するためには，メグミさんの好みや両親の希望や願い，価値観などについて会話を広げ，家族が前向きに同意できることについて家族と共に考えるということが大切です。

(2) 機能に働きかける：チヨさんの事例

　　　70歳代のチヨさんが夫のヨシオさんと来談しました。夫婦が困っている問題は，チヨさんの腰の症状です。チヨさんは，長年にわたってうつ病の治療を受けていましたが，最近は寝込むこともなく，家事をこなしていました。1か月ほど前より腰の違和感に苦しむようになり，外出や家事もできなくなり，寝込むようになったそうです。病院で検査を行っても異常は認められず，また，痛み止めも効果がなく，主治医よりカウンセリングを勧められたとのことでした。

　何度かのカウンセリングでわかったことは，チヨさんはもともととても元気で，一人で家事や育児をすべて切り盛りし，サラリーマンとして毎日夜遅くまで

働くヨシオさんを支えてきたとのことでした。うつ病のために時折入院することはあっても，ここ数年は病状も安定し，穏やかな生活が続いていたそうです。しかし，チヨさんによると，一か月ほど前より急に「腰に水が溜まって動けなくなった」そうです。いくつかの病院に行っても異常が見つからず，治療はできないと言われてとてもがっかりしている，今はもう寝ているしかない，とチヨさんは力なくうなだれました。

しかし，今のように動かない状態だとチヨさんが寝たきりになるのではないかと心配し，ヨシオさんは一生懸命チヨさんを励まして，外に連れ出そうとしているそうです。それに対してチヨさんは嫌がり，普段の夫婦仲はすこぶるよいのですが，その時だけは口論になり，2人とも疲れ果ててしまう，ということが語られました。

セラピストは，チヨさんに，「腰の症状があり，しかも動けなくなり，そのようなつらい状況でどうやって持ちこたえているのでしょうか？」と尋ねました。すると，チヨさんは，「夫が毎日マッサージしてくれるので，その時間はとても気持ちよいし，その時間を楽しみにしているので何とか毎日を過ごすことができている」と語りました。どのくらいの時間マッサージをするのか尋ねると，1時間ほどだと言います。

「毎日1時間のマッサージは大変な重労働だと思います。とても優しいご主人ですね」とセラピストがねぎらうと夫は「そんなことないのです。私のサラリーマン時代は家のことはすべて妻に任せっきりだったので，実はこれがせめてもの罪滅ぼしだと思っているのです」と言いました。

セラピストは，驚き，感心しました。そして「そうでしたか。では，もしかしてマッサージの時間はこれまでの奥様への感謝の気持ちを表すよい機会としてご主人は捉えておられるのでしょうか？」と尋ねるとヨシオさんは大きくうなずきました。「それでは，腰の症状がたとえよくなったとしてもマッサージは続けていきたいとお考えでしょうか？」と尋ねると，ヨシオさんは「そうですね。よくなるまでとは思っていましたが，そう言われると妻も喜んでいるようなので，仮によくなっても続けようと思います」と答えました。それからしばらくして，チヨさんの腰の症状は不思議なことに軽くなり，買い物や家事がで

きるようになったとのことでした。ヨシオさんはマッサージも続けていると報告してくれました。

　これは，腰の症状に関する「リフレーミング（reframing：再枠組みづけ）」（Watzlawick et al., 1974）という技法です。リフレーミングは，「事実は変わらないが意味が変わる」ことです。つまり，腰の症状は，チヨさんの行動を制限し，夫婦を困らせるものであったのですが，カウンセリングでの会話によって，それがヨシオさんの罪滅ぼしの機会，あるいはチヨさんへの感謝の表現の機会という新たな意味合いが見いだされました。そうなると腰の症状は，ただ単になくすべきものではなくなったわけです。

　また，システムの機能の側面から見ると，寝たきりになることを心配したヨシオさんがチヨさんを励まして外出を促せば促すほど，チヨさんはそれを嫌がり口論になってしまい，それがストレスになるという悪循環に陥っているとの仮説が成り立ちます。つまり，問題と解決努力の悪循環です。リフレーミングによってこの悪循環に変化が生じたと見ることができます。

　リフレーミングは，このように問題の意味づけの変更に有効な技法であり，その結果，問題をめぐるコミュニケーションに変化が生じます。問題が生じると私たちは様々な解決努力を行いますが，その努力自体が問題の維持に寄与することがあります。例えば，緊張しないようにと思えば思うほど緊張してしまうことはよく経験されるところです。また，複数の人の間でもこの悪循環は生じます。ミスをした人に対して，ミスをさせないようにと叱るならば，ますます緊張してミスを重ねやすくなるかもしれません。そのような問題と解決努力の悪循環（Fisch et al., 2010）がリフレーミングによって変化するわけです。例えば，「緊張するのは当然」だと誰かに認めてもらうことや「失敗は成功のもと」とアドバイスをしてもらうことで，その状況の意味合いが変化し，「緊張しないように」や「ミスを叱る」といった解決努力に変化が生じます。

　リフレーミングは，単純に否定的な意味づけを肯定的な意味づけに変更する場合に用いることも可能です。例えば，「問題」だと思われている事柄の肯定的な側面（メリット）をクライエントと共に探すことによって新たな意味づけを見いだすことも可能です。例えば，「もしも，この問題があなたの人生に役立っ

ている側面が仮にあるとしたならば，どのようなところでしょうか？」と尋ねることができるかもしれません。ただし，クライエントが肯定的な側面に目がいくようになったタイミングをきちんと見計らうことと，クライエントと共に探す姿勢が大切であり，決して押しつけにならないことが肝要です。

　さらに，肯定的な意味づけだけでなく，新たなものの見方や理解への手助けとして用いる場合もあるでしょう。例えば，第4節1.に出てきた4人家族の問題で，14歳の長男に対する母親の関わり方が，周囲からは「過干渉」だと見られているならば，そのこと自体が母親にとって負担になっている可能性があります。例えば，ジェノグラムを書いたことで，女性のきょうだいの中で育った母親が，男子ばかりの家庭に慣れていくプロセスであるので男きょうだいに慣れている父親の助言が必要，という意味づけ（理解）を家族が受け入れるならば，先述したような新たなコミュニケーション（母親に対する父親の助言や支援）が生じるきっかけになると考えられます。

　ただし，先のメグミさんの事例でも言えることですが，ここで大切なことは，家族が解決しようとして行っている努力を決して否定せずに尊重することです。それぞれの家族メンバーは，事態が少しでもよい方向に向かうために一生懸命考えた方策によって，解決しようとしています。そこには各個人の価値観も大いに含まれますが，正しい方策や間違った方策などというものはありません。ただ，たまたま解決に向かわず，問題が持続することになってしまっているというだけなのです。

　よって，セラピストはそのような家族の解決への努力に対して敬意を払う必要がありますし，そうでなければセラピストの提案はどんなに効果的なものでも家族に受け入れられることはないでしょう。

5節　解決を構築する（ソリューション・フォーカスト・アプローチ）

　ソリューション・フォーカスト・アプローチ（Solution-Focused Approach：SFA）もしくは，ソリューション・フォーカスト・ブリーフセラピー（Solution-Focused Brief Therapy：SFBT）はディ・シェイザー（de Shazer, S.）とイン

スー・キム・バーグ（Berg, I. K.）によって創始された心理療法（Berg, 1994）です。解決のために問題の状況や性質などについて詳しく知る必要はなく，クライエントらの考える解決についての会話を重ね，解決を構築する会話を支援することを目指します。

クライエントを解決の専門家として位置づけ，セラピストは知らない姿勢（not knowing）の立場をとります。セラピストは，クライエントの望む解決についての会話を広げ，これまでの生活の中に見いだすことのできる問題のない時（例外探し）やクライエントの頑張っているところや能力といった資源（リソース：resource）を探すプロセスを通して，解決の構築を支援します。

家族3人で相談に来たノリオ君の事例を紹介します。

中学2年生のノリオ君の事例

　　中学2年生のノリオ君はある時から学校に行けなくなってしまいました。原因についてお母さんのタミエさんが尋ねても，答えは返ってきません。タミエさんは，一生懸命朝に起こそうとしますが，ノリオ君は頑なにベッドから離れようとせず，いっこうに起きる気配はありません。また，昼間はゲームばかりやっているノリオ君に対して，タミエさんは焦り，勉強させようとしますが，ここでもノリオ君はますます反発するばかりで，けんかが絶えなくなってしまいました。お父さんのキヨシさんは，そのような2人を見ていて，タミエさんもあまりプレッシャーを与えない方がよいのではないかと思うのですが，それをタミエさんに伝えると今度はタミエさんからキヨシさんの協力が足りないのがよくない，と責められることになり，夫婦げんかに発展してしまいます。

セラピストは，「どのようなことが起こったら，今よりも少しよい方向に行っていると感じられるでしょうか？」（ゴールを尋ねる質問）と尋ねると，両親は，ノリオ君の笑顔が戻り，ゲーム以外のことができるようになるとよい，と答えました。さらに「今の生活でたとえ些細なことでもゲーム以外でできていることは？」（例外探しの質問）と尋ねると，ノリオ君は犬の散歩を続けていることを教えてくれました。

セラピストは大いに驚き，そのことについて詳しく尋ねると，ノリオ君は小さい頃から動物好きで，特に犬が好きであること，今買っている犬もノリオ君が強く希望して飼うことになったということでした。犬と一緒に行動する時は，近所の人ともよく話すし，本来のノリオ君らしさが残っているとのこと。両親も，そのようなノリオ君の元気な時間をこれからも大切にして増やしていけるとよいと思う，とのことでした。

　例外探しの質問は，「問題のない時」を尋ねる質問です。SFAでは，問題について尋ねるよりも問題のない時について尋ねる方が解決に役立つ，と考えられており，そのような会話を重ねること自体が解決構築につながるわけです。つまり，解決は問題そのものの消失とは必ずしも対応しません。スポーツが苦手だ，という悩み（問題）を抱えている生徒がいるとすると，その解決は，がんばって練習することによって苦手なスポーツができるようになる，ということだけなく，スポーツ以外で頑張る，とかスポーツが苦手なことを誇張してギャグにするとか様々なものが考えられます。もちろん，これらの解決については誰かに押しつけられるべきものではなく，本人の好みによって主体的に選ばれるものです。

　「例外」にもいろいろな種類や水準があるでしょう。問題のない時，だけでなく，問題が生じても軽い時やマシな時，比較的早く収まった時などもあてはまるでしょうし，問題が気にならない時なども例外と言えるでしょう。さらに，例外が見つかったならば，「どうやってその状況を作ることができたのか」と尋ねることで，本人の努力や工夫が明らかになり，それらがリソースになります。例外につながった本人の行動が明らかになれば，それは再現可能であるはずです。よって，SFAでは問題の原因追及は行いませんが，例外（解決）の原因追及はとことん行い，「行動」の形で語ってもらうことが大切です。

　さて，そのような解決に関連した会話を経て，何度目かの家族面接で，ノリオ君が以前から希望していたさらに大型の犬を飼い始めたことが報告されました。両親はずいぶんと迷いながらもノリオ君の元気の回復につながるならば，と一大決心をしたそうです。もちろん，万が一効果がなくてもノリオ君を責めないことも夫婦で決めていたそうです。その後，ノリオ君は犬のしつけに関する専

門的な知識を身につけながら徐々に元気を取り戻し，しばらくしてから学校に戻ることができました。

6節　ストーリーの書き換えを支援する（ナラティヴ・セラピー）

　ナラティヴ・セラピー（Narrative Therapy）は，マイケル・ホワイト（White, M.）とデイビッド・エプストン（Epston, D.）によって創始されました。「人も人間関係も問題ではない。問題が問題である」という考えに基づき，「外在化する会話」（White & Epston, 1990）などのプロセスを創出します。

　ここでのセラピストの立場は，「問題に対抗する立場」とされています。つまり，私たちが抱える「問題」というものは，時代や文化に影響を受けて社会的に構成されたものであり，クライエントはそのようなコミュニケーションの産物である「問題」に苦しめられている，と考えます。このような「現実は社会的に構成されている」という考え方を社会構成主義と呼びます。詳しくはガーゲン（Gergen, 1994）の訳書『あなたへの社会構成主義』にわかりやすく解説されています。

　よって，クライエントを苦しめているストーリーを書き換える会話のプロセスを提供することが支援の目標となります。

中学2年のカズキ君の事例

　　中学2年のカズキ君は，クラスの中でからかわれると逆ギレしてしまい，クラスメートに噛み付いてしまう，という問題を抱えていました。先生が，クラスのみんなにからかわないように注意するとしばらくは落ち着くのですが，誰かがカズキ君のちょっとしたしぐさなどについて笑ったりすることで，またトラブルが生じてしまいます。そこで学校の先生は，カズキ君と両親に「気持ちのコントロール」を目的としてカウンセリングを勧めたのでした。

　カズキ君とセラピストは，「友だちをたくさん作ることと友だちと仲良くすること」を目標に取り組むことで合意しました。「友だちと仲良くすることを邪魔

しているものはいったいなんだろう？」というセラピストの問いかけに対して一生懸命考えていたカズキ君は,「むかつき虫」という名前を考えてくれました。つまり,自分では友だちと仲良くしたいとは思っているのに,友だちのちょっとしたからかいにむかつき虫が反応し,カズキ君をけしかけて,カズキ君もそれについ乗ってしまうということです。日々のむかつき虫の動向を観察し,むかつき虫の誘いに「つい」乗らなくなることを目指すことになりました。

　カズキ君は,とてもまじめかつ熱心に観察にとりくみ,専用のノートに日々のむかつき虫のパワーを記録し,コメントを添えてくれました。セラピストは,むかつき虫のパワーの強い時やそれほどでもない時などについて,どのように乗り切っているのかを教えてもらいました。カズキ君は,緊急の時は担任のところに駆け込み話を聞いてもらうことやそれほどでもない時はその場を離れるとか,笑ってすませるなどで乗り越えていることを教えてくれました。

　このような会話を経て,カズキ君はむかつき虫に負けないで過ごすことができるようになり,友人とのトラブルはなくなったことを報告してくれました。

　まず,問題をカズキ君の内面に求めるのではなく,カズキ君も問題に（ここでは「むかつき虫」）に苦しめられている,というストーリーを共有しました。これを「問題の外在化」と呼んでいます。

　問題の外在化は,本人の視点で本人を苦しめている問題を同定することから始まります。ニックネームは,セラピストから提案してもかまいませんが,クライエント本人の感覚に沿ったものである必要があります。もちろん,ニックネームは必須ではなく,「それ」とか「その問題」と呼んでも差し支えありません。ただし,医学的な病名を使用することについては,本人の感覚からかけ離れていないかどうかに注意を払う必要があります。いずれにしろ,問題が同定されたら,「どのように困らせられているか」についてインタビューを重ねます。これは「影響相対化質問」と呼ばれています。この質問によって「問題」と本人（たち）の間に心理的なスペースが生じていきます。次に,「問題に負けていない,本人らしい部分や領域」（ユニーク・アウトカム：unique outcome）についてインタビューを重ねます。つまり,問題と切り離された本人のアイデンティティに関する会話を重ね,クライエントの主体性の回復を支援します。ナ

ラティヴ・セラピーでは，アイデンティティは固定的に存在しているものではなく，人間関係の中で構成され続けていると考えるのです。

ナラティヴ・セラピーでは，このようなエピソードを探索し，会話を重ねることで，問題に苦しめられているストーリー（dominant story:優勢なストーリー）から代わりの（新たな）ストーリー（alternative story）へと書き換えられることを支援します。

7節　おわりに

先に示したように，家族をはじめとした関係者への支援には様々な形式と理論，そして技法があります。大切なことは，関係者の各人は決して「誰かの関係者」として存在しているではなく，それぞれの立場で困りごとを抱えた当事者である，ということです。つまり，それぞれが一生懸命に心配し，時には解決に向けての努力をすでに（そして常に）行っているのです。

よって，それらの努力や行動を尊重し，簡単にあるいは当然のように変化を求めようとしないことが大切でしょう。仮に支援者から見て先に述べたような悪循環になっていると思われるような行動でも，当事者のふるまいの目的は解決であり，変化に向けての願いや希望の表れであるはずです。関係者それぞれの願いや希望，価値観を尊重し，共有することができるならば，そこに至る様々な道筋について共に検討することができるでしょう。山登りには様々なルートがあり，正しいとか間違いとかがあるわけではなく，ただ単に険しいルートや登りやすいルートがあるのと同じなのです。ただし，私たち自身も含め，そのルートが他のルートよりも険しいかどうかはわかりにくいものではありますので，いろいろな立場で様々な角度から検討し，場合によっては引き返して別のルートに替えるという柔軟性が必要だと思われます。

家族面接にしろ，コンサルテーションにしろ，あるいは事例検討会にしろ，参加メンバーの全員が否定されることなく，それぞれのもつリソース（資源）を生かすことができるような，そのような会話のプロセスを創出できることがシステム志向の支援者の役割なのではないかと考えられます。

column no.4

司法・犯罪分野の現場から

　犯罪者と聞くと，怖い人というイメージをもたれる人が多いのではないでしょうか？　私も，犯罪報道に接すると怖いと感じますし，犯罪という行為やその被害に遭うおそれは人を脅かします。そのイメージの延長で，司法・犯罪分野の現場を，怖い犯罪者と会わなければならない危険な職場だと思っている方もいらっしゃるのではないでしょうか？　映画等では隙あらば目の前にいる人間に危害を加える恐ろしい犯罪者が描かれることもありますし，私もそういう映画を見れば恐怖を覚えます。

　しかし，実際に私が出会ってきた人たち，すなわち，司法・犯罪分野の現場で，調査や治療教育を受けるために私と会うことになった人たちのほとんどは怖い人ではありませんでした。人懐っこく，冗談好きの人もいれば，まじめな勉強家もいます。彼らと出会い，話すことを苦痛に感じることは少なく，自分が歩んできたものとは違う彼らの人生を聞くことには常に新鮮さがあります。彼らが社会の枠組みから外れた生き方をするようになっていくプロセスには，深刻な傷つき体験があったり，取り返し難い失敗をしていたりといった固有の物語があり，それを聞いていると，その境遇で育っていたら，自分もそうなっていたかもしれないと感じます。

　そのような人たちへの心理学的支援としてどのようなことができるでしょうか。私が現在勤務している刑務所は懲役刑や禁錮刑に服すことになった人が収容される施設で，そこでの心理学的支援業務は3つあります。

　1つ目は，その刑務所で受刑するために移送されてきた人たちの調査です。調査のポイントは，施設内適応に関することと再犯防止に関することに大別できます。受刑者にとって，刑務所はたくさんの規則に従って集団生活を送る場です。そのような生活に順応できるかどうか，できそうな場合はどのように順応しそうか，どのような作業に従事させることが適応状態をよくするか，集団生活に順応できない人はどのように処遇すればよいか，そういったことを理解しようとするのが前者の調査です。それに対して，彼らが二度と刑務所に戻ってこないように，どのような教育を実施することが適当か，出所後の生活の安定に向けて，この人に必要なのは就労生活の安定に向けた職業訓練だろうか，それとも住む場所を確保するための福祉的支援だろうか，そういったことについての調査が後者に当たります。

　2つ目は，刑務所での生活に順応できない人たちへの適応支援です。その方法には，カウンセリング，グループワーク，彼らの生活指導を担当する刑務官たちとのコンサルテーションがあります。長期にわたって受刑生活に適応できずにいる人の多くは，幻覚妄想に脅かされていたり，解離やパニックによって行動統制ができなくなること

● 辻　啓之
（加古川刑務所，京都精神分析心理療法研究所）

がしばしばあったり，反社会性や自己愛性の人格障害を有していたりといった難治性の精神障害を背景にもっているため，不適応状態が劇的に改善されることはほとんどありません。しかしなお，カウンセリングやグループワークによって，彼らの心情を把握しつつ，関心の範囲が広がるのを助けたり，その情報を関係者で共有したりしていくことは，彼らの助けになります。

　３つ目は，受刑者の再犯を防ぐための治療教育です。性犯罪や薬物犯罪といった犯罪の種類別に十名程度までの小グループを作って，十数回から数十回の集団精神療法を行います。「二度と刑務所に戻らないようにしよう」という目標を彼らと共有して，集団精神療法に取り組むことはとてもやりがいのあることですが，数か月という限られた期間で，彼らが身につけてきた犯罪を繰り返すパターンが変わるきっかけを与えようとすることは気の抜けないチャレンジの連続です。

　これらは，それぞれに異なる知識や技術を必要とする業務ですが，心理学的支援という視点から見れば，対象者の精神状態や性格を理解するために必要な心理学的知識，対象者の本音を引き出すために必要な対話の技術，対象者にポジティヴな影響を与えられるように自らの心を使う心理臨床家としての姿勢，それぞれの業務を組織の中で円滑に遂行するためのシステムのアセスメントと協働体制作り，業務の質を高めていくための研究活動など，他の領域の心理職の業務とも通じる心理学的支援者としての専門性が何より求められます。

　受刑者の更生を支援することは，将来の犯罪被害者を減らすことであり，私たちが暮らす社会の安全性を高めることです。そして，犯罪はそれを行う個人の病理である以上に犯罪を生み出し続ける社会の病理です。受刑者が再犯のない人生を歩み続けるためには，刑務所内での働きかけだけでは十分でなく，社会全体での支援が大きな意味をもちます。このコラムを読んでくださった方が，受刑者の更生や犯罪の予防に関心を向け，様々な形で支援の手を差し伸べてくだされば，私たちが暮らす社会はより安全で，多様であるが故に豊かで，多くの人が希望をもてる世界になっていくことと思います。

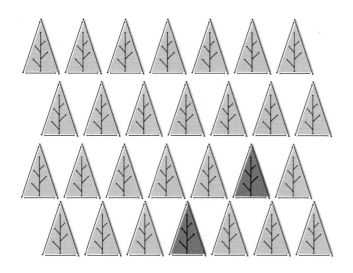

第4部

心理学的支援の多様なモード

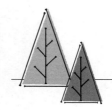

第 11 章

プレイセラピー

1節　はじめに

1. 大人の心理治療と子どもの心理治療の違い

　みなさんはこれまで多くの心理療法の解説を見てきましたが，本章では，主に子どもの心理治療について解説します。まず，心理療法の多くのモデルは大人の面接から生まれたものなので，大人の治療法をそのまま子どもの治療に適用することはできません。なぜなら大人は自分のことをある程度客観的に眺めることができ，子どもは思春期を経ないとその能力が得られないからです。これは自己観察能力と呼ばれますが，もちろん大人の自己観察能力がどの程度育っているかは個人によって違います。しかし例えば，ロジャーズ（Rogers, C. R.）のアプローチや精神分析，認知行動療法などにおいては，自分の思考や感情を言語化する能力が必要で，大人の場合は，種々の面接技術によってもっている能力が刺激され，自己観察が促進されます。心理治療は主に自己を見直し，自己受容をする過程で悩みを解決していく技術から，病気による問題行動や認知や感情の歪みを修正する技術までの範囲があり，クライエントそれぞれのニーズによって技法が選ばれ治療が進みます。

　この点から見ても子どもの心理療法では，大人の治療法をそのまま適用することは難しいでしょう。そこで子どもの場合，遊ぶことが自己表現の重要な手段になります。

2. 遊戯療法（プレイセラピー）の適用年齢

　遊戯療法の適用年齢は幼児から小学4年までの年齢と考えられますが，小学

5年～中学生の前思春期から思春期までの間にも，子どもによって遊戯療法を行うことがあります（小倉，1995）。こうした発達過程にある子どもの心理的不適応を知ることで，心理支援における遊戯療法の位置づけや限界を理解する必要があります。

3. 子どもの心理的不適応の特徴と遊戯療法の位置づけ

　子どもは知能，情緒，社会性などの心理学的諸機能が発達する途上にある存在で，外部からのストレスに対して自ら対処する能力が弱いことを考慮しなければなりません。また脳の発達からみると，感情や欲動を司る大脳辺縁系の発達は進んでいますが，感情，欲動をコントロールする理性を司る大脳新皮質の発達はゆっくりとしています。そのため感情を理性でコントロールする能力が弱いことから，ストレスに対して起こる恐怖や不安感情に巻き込まれやすいことも知っておく必要があります（高木，1991）。かつてチックや夜尿などは，親の躾の厳しさなどからくる心因的なものと考えられ，やみくもに遊戯療法を行っていた時代がありました。現在これらの症状は身体病としての理解が進み，医療的なケアが基本で，遊戯療法は必要な場合に限られるようになっています。

　すべての心理的不適応が遊戯療法のみで対応できるのではなく，子どもを取り巻くストレスフルな環境の問題を解決することも重要になります。そこには親の育児態度や不安定な養育環境，学校での友人や教師との関係を含む学校・教育環境などが子どものストレスを形成していることが多く，解決に向けて環境へ働きかける必要があります。また，子ども自身がかかえる発達障害などの器質因からくる学業不振や衝動的行動などによる環境不適応，ストレスによる身体症状など，教育的な支援や医療的なケアを必要とする場合もあり，心理師だけが働きかけるのではなく，教師，医師，スクールソーシャルワーカー，支援機関の専門家と連携して子どもの心理的ケアが行われます。そうした連携的な治療環境の中で心理師が行う遊戯療法は，子どもの全体的な支援の中でどういう役割をもつのか考えて行わなければなりません。

2節　遊戯療法の理論と歴史

1. 遊ぶことの治療的意味

(1) カタルシス効果

　どんな心理治療でも，心の中に溜まった感情を吐き出し，不満，怒り，不安を表現し，スッキリするいわゆる浄化作用があります（Garfield, 1980）。これはプレイセラピーでも同じで，遊びを通じて溜まった感情を表現していると考えられます。この場合，セラピストはどのような感情をこの遊びで表しているのだろうと常に想像しておくことが大事で，こうしたセラピストの態度によってクライエントは「この先生には受け入れられている」という安心を覚え，セラピストに信頼を寄せます。

(2) 自己表現，感情表現の促進

　大人のクライエントの場合，様々な生活エピソードから自分がどう考え，どう感じているのかをセラピストに話すことで自己を振り返り，感情や思考への気づきを得ることから，問題を解決し，不安や衝動をコントロールすることができます。しかし子どもの場合は大人のように自己を語るところまでは成長していないため，上記のように遊びの中でいろいろな感情や欲求を示すことがほとんどです。感情的な発散と同時に，遊びの内容からクライエントの気持ちを代弁してあげたり，簡単な解釈を伝えたりすることで，表現を促進させることも治療的な対応になります。

(3) 自己肯定感の回復

　子どもは親の適切な養育により健康な自己肯定感を育みます。子どもの心が傷つく時は，常にこの自己肯定感が弱まっていると考えることは大事です。遊戯療法のプロセスでは，子どもの遊びや自己表現がセラピストに肯定され賞賛されます。こうした経験の積み重ねが自己肯定感の回復に繋がり，精神的なエネルギーを増加させます。

(4) 遊びの中で不安に立ち向かうこと

子どもの遊びには言葉では表現できない様々な感情が投影されています。特に子どもにとって不安や恐怖の感情は自分の中で収めることが困難です。親に受け入れてもらえなかったり，いじめっ子にいじめられたり，学校での難しい課題に悩んだり，先生から怒られたりと生活の中ではいろいろな出来事が不安を引き起こします。そうした経験は子どもたちの自我を鍛えていきますが，度を越すと心を傷つけてしまい，先ほどの自己肯定感が弱くなってしまいます。特に虐待や事故などの恐怖体験は大きなトラウマを作ることになります。このような感情が遊びの中で表現された時，それは不安状況の再現であると同時に，不安状況を受け入れていく重要な契機となります。セラピストはしっかりとその表現を受け止めて共に体験し，子どもの表現を支えることが必要になります。そうした遊びをセラピストと共に繰り返す中で，子どもは徐々に不安状況を受け入れ，不安と立ち向かえるようになります。

(5) 遊戯過程での行動観察を有効に使う

多くの遊戯療法では，親子並行面接という形をとります。つまり子どもの遊戯療法を担当する心理師と親面接を担当する心理師が並行的に治療を行います。特に親面接では，子どもがなぜ不適応を起こしているのか，心理的，発達的に理解することを助けます。また親がそうした子どもにどう接して養育するのか助言をしていきます。

また子どもの遊戯療法での行動観察から，今の子どもの心情を理解し，その見解を親に伝えることで，親が子どもをどう理解し何をするべきなのか心理師と共に検討することになります。もちろん，遊びの内容をそのまま親に伝えるかどうかは，そのことによって子どもが傷つくか，親に動揺を与えることになるのかを判断した上で行わなければなりません。親が未熟な場合，子どもの治療内容を伝えることで，親が子どもに「そんな遊びをしているのか！」と叱りつけることもあるので注意が必要です。

2. 遊戯療法の歴史

　子どもの心理治療として遊戯を採用した最初の心理学者はアンナ・フロイト，メラニー・クラインと言われています。両者の遊戯療法は精神分析の考え方から出発していますが，考え方や対応はずいぶんと違いました。

●メラニー・クライン（Klein, M.）

　クラインはフロイトの精神分析の治療原理をそのまま子どもの遊戯療法に適用した人です。フロイトは本書第2章でも紹介があるように，今日の精神療法，心理療法の基礎を作った精神科医です。精神分析は，主に自由連想を使った面接から，クライエントの無意識を言語化させ，気づかれない心の葛藤をセラピストの解釈により洞察させる技術です。また治療関係の中でクライエントがセラピストに親を投影する転移関係を重視し，セラピストがクライエントに向ける逆転移感情も参考にしながら解釈を進めていきます。こうした技法は精神分析独特のものでしょう。クラインは子どもの遊びには超自我による無意識の葛藤が多く表現されていると考え，大人にするのと同じように解釈を子どもになげかけると言います。そのことにより子どもも大人と同じように洞察を得て治っていくと考えられています。

●アンナ・フロイト（Freud, A.）

　アンナ・フロイトはフロイトの娘として知られていますが，クラインと同じように子どもへの心理治療として遊戯を使った治療を行い「児童分析」と呼びました。しかし，クラインが子どもに考えたような，セラピストへの転移感情は起こらないと捉え，子どもへの転移解釈は行いませんでした。それは子どもには大人と同じような超自我が確立されていないと考えたからです。この点は子どもの精神的発達を考慮した発想と言えるでしょう。

　子どもに対しては，自由に遊んだり話をしていくことで，セラピストへの依存度を高め，信頼関係を作るところから始めます。子どもがセラピストにいろいろなことを話しても大丈夫と思ったところで，夢を報告させ，セラピストが分析し解釈します。また彼女は子どもへのアプローチと同時に，親に対して子どもへの養育態度を教育するアプローチをとりました。ここからは現代の親子並行面接の形が窺えます。

第11章 プレイセラピー

●アクスライン（Axline, V. M.）

アクスラインは，パーソンセンタード・アプローチをリードしたロジャースの「人間はあるがままの自己を受け入れることで本来もっている自己治癒力を発揮し，自己実現に向かう」という人間観の影響を受けて，子どもに対する自己治癒の力を信じる姿勢を遊戯療法に適用しました。アクスラインは子どもが遊戯療法の中で生き生きと自己を表現することで自然と治癒されていくことを想定しています。

アクスラインは子どもの遊戯療法の経験から以下の8つの治療原則を立てました。

8つの治療原則
①セラピストは子どもと温かく優しい関係を作り，できるだけ早くラポール（信頼関係）を作る。
②子どもをありのままに受け入れる。
③子どもとの関係の中に自由な雰囲気を作り，そこに感情を自由に表現させる。
④子どもの感情を読み取り，それを子どもに返すことによって，子どもが自分の行動の意味を知るようにする。
⑤子どもは自分で自分の問題を自ら解決し，成長していく能力をもっていることを知るようにする。
⑥子どものすること，言うことをセラピストは邪魔しないこと。子どもが率先し，セラピストはそれに従うこと。
⑦治療はゆっくりした歩みをもつものだから，それをやたら早めようとはしない。
⑧セラピストが設ける限界は次のようなものにとどめる。すなわち治療を現実の世界にとどめさせるのに必要なもの。治療関係の中で子どもがもつべき責任を忘れさせないようにするもの。

遊戯療法の歴史を概観すると，子どもの遊びそのものに治癒機制を認めてい

ない立場から，遊びに治癒機制を認める立場に移行していき，アクスラインに到達しました（駿地，2007）。

　このように代表的な理論を概説しましたが，どの理論が正しいというのではなく，心を捉えるには様々な見方があり，多元的な視点をもって関わることが大事でしょう。ただ私の個人的な経験からは，初心者はまず一つの理論から子どもを理解していく経験を重ねることで，人間を見る軸足のようなものを確立していく方が，安定感をもって多元的に人を捉えるようになると考えます。その理論の選択は所属している大学の指導教授に影響されることもあるし，自分の好みの学説から出発することも多いと思いますがそれでよいのです。ただ，他の理論や技法を排斥する狭い思考はもたないでください。

3節　遊戯療法の実際

1. 遊戯療法の方法

(1) どのような空間が理想的か

　プレイルームは公立の相談機関には設置されていますが，民間の医療機関等では設置されている所とされていない所があります。

　できるならば子どもが思いきり身体を動かせるスペースは確保したいのですが，狭い空間でもプレイができないことはありません。臨機応変に対応できることが望まれます。

写真 11-1　プレイルーム（甲子園大学提供）

(2) どのような遊具が必要か

遊戯療法の目的に沿った遊具を具体的に挙げてみましょう。

①自己表現を促す遊具

　絵画道具（画用紙，クレヨン，絵の具，鉛筆など），造形道具（粘土，レゴブロック，折り紙，ビーズ），箱庭，人形遊び用遊具等。

②感情の発散を促す遊具

　サンドバック，的当て，チャンバラ用の剣（柔らかいもの），ボンゴなどの打楽器，笛などの楽器，トランポリン。

③セラピストとの身体的交流を媒介する遊具

　ボディボール，柔らかい各種ボール，キャッチボール用のグローブ，バット（プラスチック製品），卓球用具，バトミントン

④ルールを体験する遊び

　トランプ，将棋，ウノ，オセロ，囲碁，各種ボードゲーム

2. その他の遊戯療法

(1) 箱庭療法

　木箱に砂を敷き，その上に人形，動物，建物，木や花など様々なミニチュア玩具を配置してイメージの世界を3次元的に展開し，自己表現を促す方法です。

写真 11-2　箱庭療法で使われる箱庭

イメージ療法の一つとも言えますが子どもの遊戯療法には欠かせない道具でしょう。公立の相談所には必ず設置されているほど普及しています。

ユング（Jung, C. G.）の弟子であるカルフ女史（Kalff, D.）が、ローウェンフェルト（Lowenfeld, M.）の世界技法を発展させ現在の形を作ったとされています。日本でも河合隼雄が導入し、多く活用されています（河合、1969）。

(2) スクリブル法，相互なぐり描き法（描画療法の一つ）

スクリブル法はナウンバーグが始めました（Naunberg, 1966）。画用紙を用

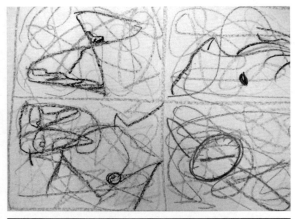

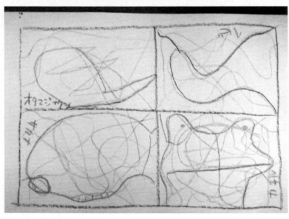

写真 11-3　スクリブル法

意し，子どもになぐり描きを勧めます。なぐり描きの描線ができたら子どもに「この線から何が見えるか」と問い，見つけ出したものに彩色してもらいます。絵を描くのが苦手な子にも簡単にできる表現法と言えるでしょう。それを発展させたのが相互なぐり描き法で，小児科医のウィニコットが開発しました（Winnicott, 1971）。セラピストと子どもが同じ紙に交互に描線をなぐり描きをして，線と線が重なった領域に形を見出したら，それに色をつけたり，かたどる線を書き足す遊びです。セラピストとラポールをつける上でもやりやすく，子どもの表現からどのような心情が投影されているか読み取ることも可能です。

(3) 音楽療法

これは音楽を使った心理療法ですが，古代ギリシャから存在していたと言われます。現在音楽療法は音楽療法士が行い，障害児の療育，精神疾患の集団療法，認知症老人のリハビリなどに使われ，適用範囲の広いアプローチ（松井，1992）です。

遊戯療法の中でも楽器を使って自己表現を促す場合，広い意味で音楽療法と考えられます。自由に音を鳴らすことで感情の発散ができますし，一つの曲をセラピストと練習することは達成感や信頼関係を育てる上でも役立ちます。

3. 遊戯療法の事例

【事例1】箱庭で豊かな表現をした子ども

　　Aちゃんは小学3年の女の子です。2歳下に妹がいますが，妹はAちゃんと違い，お母さんにベタベタくっつき甘え上手でした。Aちゃんはお姉さんとして妹に優しく接していましたが，お母さんに甘えることを遠慮するようになってしまいました。お母さんはどちらにも公平に接しようと意識してはいましたが，どうしてもお姉さんであるAちゃんには厳しく接してしまうことが多かったようです。小学1年の頃から原因不明の熱（心因性発熱）に襲われることが多く，年に10回ほど学校を休むことがありました。小学3年になって連休あけから風邪をひいたことがきっかけとなり，学校に行かなくなりました。心配した母親は子どもをつれて心療内科を訪れ，心理師による心理治療を受ける

ことになりました。

　Aちゃんは心理師（セラピスト）に会い，遊びに誘われるとすぐに箱庭に興味をもち，精力的に製作を始めました。亀と女の子のミニチュアがお気に入りで，その2つを使って様々なストーリーを展開します。

> （ストーリーの概要）
> 亀がゆっくりと旅をする先には町や森があったりします。そこに女の子が現れ，一緒に遊ぶのですが，ある時落とし穴を掘って，お母さんを落としてやろうと悪戯を考えます。落とし穴に落ちたお母さんは，女の子を叱り殴り飛ばします。そこから場面は戦いの場になり悪い人が襲ってくるシーンが次から次へと表現され，女の子と亀は仲間と戦います。そのうちに場面は地獄の大王の支配する国になり，ウルトラマンが怪獣や大王と戦いますが，すべてが破壊され，荒廃した地になります。その後火山が噴火し大地ができ，新しい地が生まれました。天使の住む島には泉が湧き，再び平和な国が生まれました。

　こうしたストーリーは箱庭表現を何回も続けながら，継時的につなげた結果，こういう内容になっていたわけですが，Aちゃんが意識して行っていたとは思えません。この箱庭表現が一段落つくとセラピストとゲームをしたり，お話をしたりするようになりました。そこでは徐々に行き出した学校のことが話題になるなど現実的な内容が話されるようになりました。こうしてAちゃんは学校に復帰していきました。母親によると以前よりも気持ちを素直に表現できるようになり，素直に甘えるようになれたとのことです。

● 解説

　箱庭では子どもの自己像と思える人形や動物が選ばれることがあります。Aちゃんは自己像である人形や亀を使って様々な冒険をし，敵（不安）と戦い，新しい天地を作るところまで表現しており，これはAちゃんの愛着をめぐっての心の傷つきを癒し，新しい自己を築いていくプロセスとなっていたのではないでしょうか。

【事例2】思い込みから生じた目閉症児虐待の例

B くんは言葉のない重度の自閉症児です。幼児期に保健所から指摘され、養育上困難が生ずる度に専門家を探し求めました。周りの深い理解が得られにくい学校を強引に所属しながら通学していました。小学5年のある日、体育祭の練習中に急病となったB君は、癲癇をおこし、吐き戻し誤嚥し、摘便直後の痙攣発作のまま病院にて母はB君は受診することになり、その中から、搬送された嘔吐のフラッシュバックといくつかに苛まれました。精神病院医者から薬を投与され、睡眠状態になるような速さを繰り越しました。不幸なる状態は続くで、麻酔療法を紹介されました。プレイルームでの遊び場(テラピスト)に出会ったら、時間が少しずつ穏やかになりました。B君の行動にようやく深い意味があることをB君の家族は気付き、そういうことでもよいように、作業を続けていました。背景を紐解いて聞いていると県農家に作業工から漁業をしてもらい、B君の気持ちが知られ続けました。そのようにB君は再び表情の豊かさを取り戻し、時間の中、ものごとに少しずつ気が向いてから親しを様挙することをし始めました。その後求めにふさわしく、もうその種にかわせませ落ち着きを取り戻すことを繰り返しました。B君は大量のエロぺ道具や数回にも蓮つ繋め業を即興的に付け、こうした落ち着きを繰り返しているうちに、徐々に運ばれた本候にも適応することができるようになりました。パニック、いじめることがなくなる情緒的に落ち着いてきました。

● 解説

自閉症児の施療療法は1950年代～60年代まで広く盛んに行われていました。しかし閉症が受療療養であることが明確になった1970年代では、施療療養もより自閉児童が行動療法が行なわれるようになり、施療療養は効果がないと言わ

第4節 心理学的支援の多様なモード

れてきました。現在もその流れは続いていますが、発達障害からくる二次的な 障害（不安、抑うつ、行動障害などの情緒不安定）に対するケアに箱庭療法は 効果があると言われています（鍋田，2007）。この例はそれに相当するものと 思われます。

睡眠中、そばにいる母中から突然引き離され恐怖に絞えてエレベーターに 押し込まれることは明白ですが、それを避けるかの形で体験するうことが、箱庭の象 世界をつくるプロセスであったと言えます。これは行動療法ではないことの 典型的な一例でもあります。特にトラウマケアの治療過程です。こうした事象 体験を表現することで客観視されていくことがミソになります。

【事例3】統で待ちくたびれてから「看護師の小倉が判断されるのではないか」 と恐怖心に取りつかれる男性

小学3年生の夏に工作の授業で緑を扱っているうちに指を切ってしまい ました。骨にまで達するほどのことで縦はつくり、泣いていました。病院 まで行って骨を受けましたが、その後、自分の好きな相様の身体が ネジ切れて倒れるされ、「小倉が切れる」もしろ」と恐怖になるうよ が生の頭に離れなくになりました。その日から存住が残るな な 才能の手ずを繰り返し、心療内科に受診しました。

手ずを何度も繰り返しに迷いましたが、落ち着きなく、このら本子をどう しようかと親も途方に暮れていたとき、何建を使ったイメージ療法を提案しまして しい線を揃えるため、温度を目閉じてイメージしてもらいました。 はどうしてる？ ご覧、上積の上でネジネジを繰って繋げている。 も、小倉も繰こに かられ自体が繰れた、天井からイメージを借り出しました。「小倉 と、「小倉を借けてあげよう、どうしたらいい？」ご覧、「接着剤でくっつけてみ」。 そ いうと、「でも、クック、でと、「小倉が繰る」した。

その後、数回のセッションイメージして、小倉自体も繰り大幅で、その後 接着剤の付き分けるなくなって、いきました。最終的には小倉も接着した ペンキも大方投入し、準除しますが、この頃には正常にはくなくり繰り返した 気になったから、治療は続結となりました。

第11章 プレイセラピー

●解説

大きい水槽を揺らして倒す子どもに遊ぶ様子が観察されました。初回のすずめが水浴びをするプレイセラピーで明らかなアセスメントは重要です。水的援助、まず医療的な対応、親が薬物を使うことを拒否します。このケースでは薬物療法も勧められました。つまり、薬物療法を優先することがあり、備蓄を通じてイメージ水槽の水（長谷川、1984）をあらわしやすい事例があります。

イメージの中には圧水系の対象者である「物られる」、こうした小動物を通して養護されるよう変化しましたが、それも水系に対して遊びを使ってプレイセラピーをするケースの流れを通しています。

このようなケースでストレス発散することもあり、プラスタントの傾向が強くしているようですが、関係性に差を判断するは日常の臨床で求められています。

【事例4】学校と医療との連携におけるプレイセラピー

Dちゃんは小学2年生の女の子。幼稚園の頃から多動の傾向のために行きたくないことが多くトラブルも絶えずそれで悩んでいました。親は教育相談を受けていましたが、小学校に上がるとDちゃんが弥次られ、教育相談に行かなくなりました。しかし、小学2年になり、それまで我慢していたバネがはじけて教室でさわぎを上げる暴言を吐く（キレーッと唐突）が出てきたし、周囲も大変に困りました。相任の勧めもあり医療機関を受診することになりました。

Dちゃんは医師の診察を受けた結果ASD（自閉症スペクトラム障害）と多動傾向のある発達障害と診断されました。心理的な支援と行動制御もレッシャー障害に対しては薬物療法が始められました。

Dちゃんは小学2年から3月までの診断では遊びニュアンスにものりのびのびしている様子と強い草が素早くから遊ぶようになり、「先生きがめ治置きて草なりあげる」と字草の種類を次々に並べたいことがきっかけで、また全体的に大きしかいで言葉を持ってくることがリスクの状態は情緒的な、もうドんリストのちゃんの薬なみ。

第4節 心理学的支援の多様なモード

ヒントを貰ったことが特徴的でした。このことで来校時のその項目を引くことで行動を選択するかどうか、担任とその運動と、来校時にDちゃんの要求を受けつけるようにして、来校時は振り回されないような対応をしようと親子それぞれにしました。すると、Dちゃんは治療中に運動を積むようになり、そっと受け入れられました。「自分はほんとの困ったそ、治してほしい」と、Dちゃんは当時の親に運動を綱ぎ組織に報告し、今のDちゃんの新しい生活という内容の運動だったことを親や祖母と病院に報告し、今のDちゃんの新しい生活を理解しているようになりました。

それを受けて祖母はDちゃんのワガママに対する運動を自重接し、また夫にも自重を依け付けるよう、過分な反応を他方なくするよう教えられました。スポーツチームのDちゃんに対して共感的になり、DちゃんもたちもクラスメートのみんなもDちゃんに対して共感的になり、Dちゃんもたちもクラスの時間に分かち合う気持ちが出来ました。そのことにより本人の集中も、自分も夢の気分であり、治療中であることをつぶやいて生きることができました。

男の子Aは次第に治りました。その一方で算数がわからないことの薬剤的な時間が怖上しました。そこで本人の家庭教師を引き受けることで算数の支援を継続しているうち、Dちゃんは本人の家庭教師と理解を持ちし、次第に、治療中では宿題を楽しく取り組み、汚い字は丁寧に書くようになり、クラスの女の子から尊敬される子になりました。次第にその子ども達からも算数をよく聞く子になりました。

小学校を卒業する頃は、すっかり問題行動も減少し、中学校に進学する時も優等生に治療を継続するなどすることにしました。

● 考察

このケースは情緒コントロール的注意、算数の下手な友人という重要な発達の推移を自分に受け入れない。お友だちの関係性を意識できることはASDでも軽いケースたちともです。そして子どもたちの発達性の活動として、まず家族は共受え入れられます。そして子どもたちのが疑われないことで重要の中での乱れや違和感を受け入れない、世音の終節を示し続けることや、上手に抑制と制止を入れて行くこと、感情のコントロールを意識させていくことを大事でしょう。

特に学校生活での適応に多くの問題を有する場合，プレイでの行動観察から子どもの気持ちを推測し，担任に伝えることで，担任の子どもへの理解と対応のヒントを提供する連携の姿勢が大事となります。プレイの内容は子どものプライバシーだから表に出してはいけないという原則はありますが，この場合は母親の承認を得ながら担任に伝えるなどの対応をしました。

4. はじめて遊戯療法を行う場合の心がけ

　大学院に進まれた方がはじめて遊戯療法を担当した場合，ちゃんと見立てをしながら遊ばないといけない，子どもに返す言葉も慎重にしないといけないと緊張が高くなり，子どもと遊んだ気がしなかったという感想をよく聞きます。これははじめての体験ですので，仕方のないことだと思われます。担当者があまりにも緊張しすぎて，子どもがそれを感じて萎縮してしまうことも時にはありますが，たいてい，子どもは担当者の緊張に気づかないまま，「楽しかった」と親に感想を話すことが多いです。つまり子どもはある意味，勝手に「担当者は優しく自分の遊びの邪魔をしない人」とイメージする傾向があると思われます（その逆に虐待を受けた子どもが，どんな担当者でも自分を迫害する人と勝手にイメージすることがあります。このように担当者である自分は，子どもにどんなイメージで受け取られているのか理解していくことが大事です）。

　担当者が最初にもつ緊張や不安は，セッションを重ねるごとに子どもに慣れてきて低減していきますが，その一方で，指導教官やスーパーバイザー，同僚と自分の状態をよく話し合うことで自分を見つめることを大切にしてください。そして，うまくやろうと肩に力を入れるのではなく，アクスラインの原則にもあるように，子どもの動きや気持ちに従うこと，寄り添うこと，無心になって子どもの遊びの世界に入り込むことを心がけてください。

5. 親から「なぜ遊ぶことが治療になるのですか」と聞かれたら

　これには，決まった返答はありません。私は「心の治療は自分の気持ちや考えをセラピストに表現して，自分を見つめ問題を解決していく営みですが，子どもは能力的に未熟なので，自分を見つめることが難しいです。しかし子ども

の遊びは自分の気持ちや思考を表現することなので，それをセラピストが受け止めることで安心感を作り心の治療として活用します」と導入して，2節の「遊ぶことの治療的意味」で述べたことをわかりやすく親に説明しています。

6. 思春期への対応

　中学生の年代は思春期と言われますが，この時期の心理治療は必ずしも遊戯療法の形をとらずカウンセリングが主体となります。もちろん子どもによっては遊びたいと要求する場合もあり，カウンセリングと遊びが半々で行われることもあります。

　こうした年代のカウンセリングの特徴として，子どもたちに大人に対する抵抗や反抗心が少なからずあること，小学生時代と比べて極端に自分のことを大人に喋らなくなること，自分から相談を利用することができないことなどがあげられます（ただそうでない早熟な子どももいます）。いずれにせよカウンセラーが子どもに「この時間は君のための時間だから，自由に使っていいし，自由に思いつくまま喋ってくれていいからね」と導入すると，その意味自体がわからないため混乱し沈黙してしまい，カウンセリングの時間そのものが苦痛だと親に訴えることが多いです。また，子どもは親や先生から「カウンセリングの先生に何でも悩みを相談したらいいから」と促されることも多いのですが，「どう話していいかわからない」とかえって悩むことも多いわけです。

　こうした場合，カウンセラーは子どもたちに「ここではあなたの悩んでいる○○の問題について，どう解決していったらいいか，一緒に考えていきたいと思います。話しにくいことは無理に言わなくてもよいですが，まずはあなたの悩んでいることを詳しく知りたいので，質問が多くなるけど許してくださいね」と導入し，面接の意味と質問への断りを入れることが大事です。

　私がカウンセリングを学んだ時代では，カウンセラーはクライエントの表現を妨げる質問は極力しないようにと教えられました。しかしカウンセリングの対象年齢や発達状態を考慮するとその教えは通用しません。もちろん子どもたちが自分の思いや気持ちを自分の言葉で語るのは重要ですが，思春期の年代でそれを期待し面接の中で待っていては，子どもたちは疲れてしまいカウンセリ

ングが嫌になってしまいます。

　そこで質問を子どもたちに向けることは，子どもたちが話しやすいように誘導していくことになります。もちろんその質問も「○○についてどう思いますか」というオープンクエスチョンでは，答えがいっぱいありすぎて，解答に困ることが多いようです。そこで，子どもたちが答えにくいようなら，「ふつう，こんな場合○○と考えたり，△△と考えたり，□□と考えたりすることが多いけど，君の場合はどうかな？」と回答例を入れて選択させると比較的答えやすく，自分の気持ちや感情を言葉にする練習にもなります。

　精神分析的な発達理論では，思春期は第2の分離個体化の時期（皆川, 1980）と言われています。これは平たく言うと，子ども時代に周りから与えられた価値観から，自分なりの価値観を形成するため，親や教師に反抗心を抱いたり，心理的，物理的距離をとることや，同年代や年齢が少し上の対象と様々な交流をすることで親離れをしていく時期を指します。そこでセラピストや支援にあたる人は，子どもから大人へ成長する彼らに対して橋渡しの役割を求められることもあると言われています（北山, 2001）。そうしたことをセラピストやカウンセラーは意識しながら，思春期の子どもたちの発達を支援していくことが大事です。

column no.5 産業・労働分野の現場から

　昨今，働く人のメンタルヘルスにまつわる諸問題が企業・役所・学校など，様々な職域において指摘されています。過重労働が続いてメンタルヘルス不調となり，長期にわたって仕事を休業することになるケースも多く，対策の担い手として，こころの専門家である公認心理師の活躍が期待されています。

　産業・労働分野の現場では，どのような相談が寄せられているのでしょうか。サンプルとなる事例（架空）の概要を見てみましょう。

　Aさん（30代男性）はIT関係会社のシステムエンジニア。口下手だが真面目な性格で，某大学の授業支援システムに関するプロジェクトのリーダーとなって数か月が経過している。次年度のリリースに向け，このところ全スタッフの残業も増えている状況。

　先日，Aさんが「話を聞いてほしい」と相談室を訪れた。「このところ忙しい状況が続き，かなり疲れが溜まっていて，できれば少しまとまった休みを取りたい。ただ皆が頑張っている中で，リーダーである自分が抜けることは現実的に難しい。実は先月，長男が産まれた。夜泣きもあり，よく眠れず，朝起きるのがものすごくつらい。こんなつらい状況で，なぜ仕事に行かないといけないのか，よくわからなくなってきた」とのことだった。

　心理師が「上司には相談されているのですか？」と尋ねると，「上司は私よりも忙しく大変な様子で相談はしているが，『大変なのはわかっている，ただ予算の関係上，人を増やすわけにはいかない』の一点張り」とのこと。Aさんは「私はどうしたらよいのでしょう…」と黙りこくってしまった。

　企業内に設置された相談室，もしくは企業外の相談機関（外部EAP機関など），公的機関であれば産業保健総合支援センター・労働相談センター・ハローワークなどの現場では，Aさんのような相談が日々寄せられています。

　産業・労働分野における心理学的支援の活動はどのように定義づけられているのでしょうか。日本産業カウンセリング学会によると，産業カウンセリングとは「人間尊重を基本理念として，働く人が心身ともに健康で，それぞれの個性と役割が十分に発揮されるよう支援するカウンセリング活動の総称である。学術研究と現場実践に基づき，個人・集団はもとより組織に対して提供され，それらの成長・発達と共生関係の実現，ひいては幸福かつ持続可能な社会の創造に寄与する専門的過程である」と示されています（松本ら，2016）。

　本定義からも窺えるように，この分野の特徴としては，個人だけを支援対象とするのでなく，集団や組織も支援対象としていることが挙げられます。職場で一人の社員が不調になれば，当然他にも波及していきます。仕事を管理している上司，一緒に働いている同僚，協力会社の社員，そしてサ

● 松本桂樹
（株式会社ジャパンＥＡＰシステムズ）

ービスの提供先である顧客など，多くの人々に影響を与えることにつながります。

よって産業・労働分野では，従業員と組織の両者が健康で，より十全に能力を発揮できるよう支援することが大事なポイントと言え，そのためには社内で同じミッションを有する役割（人事労務管理スタッフ，産業保健スタッフ，管理監督者）との密な連携が必須となっています。

では，事例のＡさんに対しては，実際どのように関わるのでしょうか。勤労者の相談を受ける際，例えば図にある職業性ストレスモデル（永田，2017）が役に立ちます。まずＡさんの話にじっくりと耳を傾け，その上で不調が発生した状況を図にある６つの要因を踏まえながら整理していきます。「急性のストレス反応」が強く出ている場合には，速やかに産業医や医療機関につなぐ調整をしていきますが，継続して勤務可能な時は，相談者本人の承諾のもと，上司や人事労務管理スタッフとも連携を進め，「職場のストレッサー」の軽減を検討していくことになると思います。

産業・労働の分野では，メンタルヘルスの問題に限らず，様々な相談が寄せられます。リーダーシップの問題，キャリアに関する問題，ワークライフバランスの問題など幅広いテーマにおいて，様々な仕事の内容，仕事への姿勢，そして目指すビジョンなどを伺うことができます。鳥肌が立つくらい真摯な姿勢で日本の未来のために働いている人との出会いも多く，この分野はたくさんの勇気がもらえる，非常に魅力的な現場だと言えます。

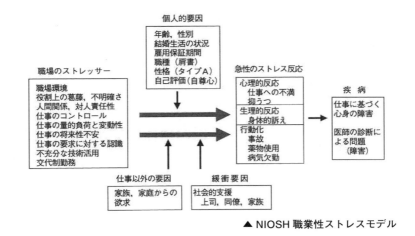

▲ NIOSH 職業性ストレスモデル

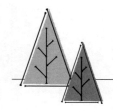

第12章 グループセラピー

1節 グループセラピーとは何か

1. はじめに

　心理学的支援を求める人は，例えば不登校であれ，職場での対人ストレスによるうつ病であれ，社会集団での何らかの傷つきを抱えているのだから，グループで支援するというのは無理なのではないかと思う方が多いようです。しかし逆に，様々な「心の問題」や「障害」と言われていることは，個人の問題という以上に，人との関係の中で生じるものなのであり，安心していられる場があれば，人は傷つきを修復することができると考えることもできます。実際，心理学的支援の現場では各種のグループ支援が実践されています。そして，グループは人を疎外感から解放する場になり得ます。しかも，専門家ではない他者が純粋に受け止めてくれる力は，しばしば専門家の力に勝るのです。そしてそれは，社会に戻っていくための大きな力になるのです。

2. 様々なグループセラピー

　ひと言でグループセラピーと言っても多種多様であり，それを分類するのは容易ではありません。絶対的な基準はありませんが，大まかに，以下の4タイプに分けるのが実用的でしょう（Scheidlinger, 1998）。

（1）臨床的グループサイコセラピー

　臨床的グループサイコセラピーとは，狭い意味でのグループセラピー（集団精神療法，集団心理療法）です。その定義として，①心理療法の一つである，②

その実践のために特に訓練を受けた専門家が行う，③心の働きを改善するという目的をもっている，④そのグループのためにメンバーを選定する，⑤計画的に構成された小グループを行う，⑥メンバー同士の情緒的やなりとりを展開し，活用していく，という要件が挙げられます（Scheidlinger, 1998）。グループという方法を用いながら個々人の心理療法を行っていくのであり，そのため，個人心理療法と同様に目標や枠組みを定めた契約を交わして実践するのです。

(2) 治療的グループ

自分自身の変化を追求するわけではないものの，グループで行う活動が結果として治療的に働くようなグループを総称して治療的グループと呼びます。

①サポートグループ

サポートグループとは，同じようなストレスを体験している人々が苦境を話し合い，支え合うことで現実に対処することを目指すものです。がん，糖尿病などの身体疾患の患者が病気の影響や対処について話し合うグループ，一人親が子育てについて話し合うグループ，被災者が生活や心理的なことがらを話し合うグループ（小谷，2014）などがあります。

②各種非言語的グループ

自分の問題を直接話し合うのではなく，非言語的な表現や交流によって治療的に改善がもたらされるようなグループが様々にあります。絵画を用いた芸術療法グループ，書道，連歌作りなどの表現療法グループ，詩，物語を素材として創造的表現を促進するビブリオセラピーなどがある一方，音楽療法，ダンス・ムーブメント・セラピー，サイコドラマなどの「アクションメソッド」のグループもあります。

③治療共同体

治療共同体とは，患者，職員すべての人が生活する集団を一つのダイナミックな有機体と考え，そこで起きる人間関係を中心としたあらゆる事柄を，コミュニティ全体の問題として考えようとする実践です。そこでは，全員が参加する会合（コミュニティミーティング）を定期的に行います。患者同士が情緒的交流を通してお互いの存在や言い分を認め，自己理解を発展させますが，支援

者もまた因習的な管理的役割から脱却して，患者との有意義な関係を深めていきます。病棟，病院だけでなく，外来でのデイケアなどでも実践されています。

(3) 成長／心理教育グループ

個人の健康な部分を伸ばそうとするタイプのグループで，時には積極的な教育的働きかけが行われます。

①成長グループ

成長グループは，一般の人の心理的成長を目指すものです。最も有名なものは，人々の心理的「出会い」を目指したエンカウンターグループでしょう。他にも，組織変革のために個々人の心理的成長を目指すTグループ，精神保健専門家の訓練として行われる訓練グループ（体験グループ）があります。

②心理教育グループ

心理教育グループは，人が直面する様々な困難に心理学的な知識を教え，対処を促すものです。アルコール依存症や境界性パーソナリティ障害のメカニズムや脱却の方法を教えるグループ，養護施設での性教育グループなどがあります。また，社会生活への適応に有益なスキルの習得を目指すものもあります。人間関係スキルの獲得を目指したソーシャルスキル・トレーニング（Social Skills Training: SST）のグループはその代表格です。

(4) セルフヘルプ・グループ（自助グループ）

セルフヘルプ・グループは近年急速に展開しており，多くの人の知るところとなっています。専門家の技術に基づいて運営するのではなく，同じ問題や苦悩を抱えた当事者同士が支え合うグループには独自のパワーがあります。代表的なものとして，アルコール依存症のためのAA（アルコホーリクス・アノニマス：アルコール依存症者匿名協会），薬物依存症のためのNA（ナルコティクス・アノニマス）が挙げられます。その他，精神障害者，犯罪被害者などのためのもの，そして当事者だけでなく，家族や遺族のためのグループなどもあります。

3. グループサイコセラピーの変化の原理
(1) グループでの「学び」とは何か
　ここから，臨床的グループサイコセラピーを中心に，流派を超えた共通原理を紹介していきます。グループセラピーならではの共通原理とは，何といっても対人関係的体験，特に人と人との生の感情による交流を通した「体験的な」学びにあります（Yalom & Leszcz, 2005）。それには，自分や他者の様々な心のありようを理解できるようになっていくこと，個人が「真実の私として」「今ここで」主体的になっていくことが含まれます。

　Tグループでは，学びのプロセスを単純明快なモデルにしています（Luft, 1984）。すなわち，「1. 体験する」→「2. 指摘する」→「3. 分析する」→「4. 仮説化する」→「1. 体験する」→……というサイクルです。このようなやりとりを通して，気づかなかった自分の特徴的な対人関係パターンや避けていた感情に気づき，感じていることを自由に表現していくようになるのです。

(2) グループの凝集性と情動的風土
　しかし，そのようなプロセスが生じるためには，グループの風土を醸成していかなければなりません。基本的な安心感の体験をベースにしてグループへの居場所感が生じ，自分の内面を探求したり他者への関わりにチャレンジしたりする試みが生じてくるのです。このような居場所感は，凝集性と呼ばれ，特に重要視されています。

　自他の心をわかり合おうとするグループ全体の傾向を情動的風土（AGPA, 2007）と呼びます。日本では相田（2006）が，「グループが心理学的になる」と表現しています。グループでの誰かの行動や出来事を評価的に判断せず，その背後にあるその人の考えや気持ちを理解しようとすることです。それは，必ずしもグループのメンバーたちが一つになるという意味ではありません。人に合わせて一つになるのではなく，「私が私のままでいられる」グループを作ることが肝要だからです（小谷，2014）。それは，「あなたがあなたのままでいてよい」という態度と表裏一体で，個々人の個別性，多様性が尊重されねばなりません。ロジャースは，自らがファシリテーターを務めるエンカウンターグルー

プの冒頭で,「これは私たちのグループなのです」と言いました(Rogers et al., 1968)。この発言は,今述べた思想を端的に表現しています。

(3) 治療要因

凝集性の体験はグループセラピーにおける基盤的な治療的体験ですが,ヤーロムら(Yalom & Leszcz, 2005)は,グループにおける様々な治療的体験,すなわち治療要因を体系的に説明しました。それらの治療要因は現在,様々なグループワークで生じる現象の説明に用いられています(表12-1)。

この治療要因には,個人療法でも生じるもの(自己理解,カタルシスなど)やグループセラピーならではのもの(普遍性,愛他主義,対人学習など)があ

表12-1 治療要因(Yalom & Leszcz, 2005)

治療要因	定義
普遍性	他のメンバーも自分と同様の感情,考え,問題をもっていると認識すること。
愛他主義	他のメンバーを援助することを通じて自己概念を高めること。
希望をもたらすこと	他のメンバーの成功によって,自身の改善を楽観視できると認識すること。
情報の伝達	セラピストやメンバーによって提供される教示や助言。
原家族経験のやり直し	危機的な家族力動をグループメンバーとの間で再体験して修正すること。
ソーシャルスキルの発達	グループが適応的で効果的なコミュニケーションを育む環境をメンバーに提供すること。
模倣行動	他のメンバーの自己探求,ワーキングスルー*,人格成長を観察することを通して,自身の知識や技能を伸ばすこと。
凝集性	信頼感,所属感,一体感を体験すること。
実存的要因	人生上の決断に対する責任を受け入れること。
カタルシス	現在,過去の経験についての強い感情を解放すること。
対人学習:インプット	他のメンバーからのフィードバックを通して,自分の対人的影響に関する洞察を得ること。
対人学習:アウトプット	グループという環境の中で,より適応的な方法で関わり合えるようになっていくこと。
自己理解	自分の行動や情動的反応の奥にある心理的動機についての洞察を得ること。

＊過去からの未解決の心理的課題をやりきること,克服すること

ります。一方で，新たなことを学ぶ意識的な営み（情報の伝達，ソーシャルスキルの発達など）から，自分の気づかなかった側面を知るという無意識領域に関わる営み（自己理解，原家族体験のやり直しなど）にまで及んでいます。どの治療要因が重要になるかはグループによります。

2節　枠組みを作る：グループセラピーを始めるために

1. グループを作る

　セラピーのためのグループには，どの人を対象にして，何のために，どのようなグループを，いつ，どこで，誰がやるのかといった枠組みを明確にしなければなりません。それは，クライエントがグループでの新たな人間関係や作業に安心して入っていくために不可欠です。なお，ここでは触れませんが，そのようなグループを作るためには，支援者の周囲の関係者，クライエントの周囲の人たちとの間にも理解と協力に基づいた関係を築いておくことが大事です。

(1) グループの目的と方法

　グループの目的とは，グループで何を追求するのかということです。パーソナリティの変化を追求するのか，支え合って現実に対処しようとするのか，何かを教育するのか，といったことを明確にするだけでなく，メンバー候補者にとってどう役立つのか，どのような効果をもたらすのかということも明確にせねばなりません。そして，そのグループの目的に沿って，方法，すなわちグループのタイプを吟味します。心理教育グループの場合，目的に応じて教材，素材を準備していくことも含まれます。

(2) グループの構造
①グループのサイズ（メンバー数）

　グループ全体としてパワーをもち，メンバーが多様性に富みながらもお互いに親しくなれるサイズとして7～10名程度が推奨されています。対人不安が強いメンバーの場合3～5名で行うこともあります。

②場所

　当然ですが，グループが行う内容（輪になって話し合う，講義があるなど）にふさわしい，広さ，頑丈さ，防音，機材を備えた場所で行います。

③時間と頻度

　通常1セッション90〜120分ですが，不安の強いメンバーの場合，話し合いが難しいメンバーの場合など，45〜60分で行うこともあります。通常週1回行いますが，まれに2回行う場合もあります。心理教育，訓練，治療的グループなどで，隔週1回，月1回開催という場合もあります。

④期間

　グループの期間を設定しない形式をオープングループと呼びます（「オープン」とは，「オープンエンド」という意味です）。セラピーとして心の作業を濃密に行うためには，メンバーを固定しなければなりません。誰かがグループを去った場合には，新たなメンバーを補充してグループを継続させていくのです。実施期間が決まっていて，その途中でメンバーを補充しないグループをクローズドグループと呼びます。現場の事情，スケジュールに合わせて，10回とか，半年とかに設定したりします。あるいは数日間（3日から1週間程度）合宿して行う集中グループ（マラソングループ）という形式もあります。それらは期間が決められているので，期間制限方式とも呼ばれます。

⑤グループリーダー

　1名で行う場合もありますが，複数の支援者（セラピスト）が実施する場合は，コ・セラピー（co-therapy：共同治療）と呼ばれます。

⑥グループのルールとバウンダリー

　治療的な対話を生み出し，維持するための基本ルール（グラウンドルール）を設定します。「思いついたことは何でも言ってみる」「暴力，暴言の禁止」「他の人の話を邪魔しないで聞く」などがあります。

　ルール設定の際，グループバウンダリーを考慮しなければなりません。グループバウンダリーとは，グループの内と外の線引きのことです。例えば，「ここで話したことはここだけのことにする」といった守秘性のルールは，お互いの個人情報を守ることで，グループを安全なものにするためのものです。また，

グループで体験したもやもやをメンバー同士がグループ外で発散する（アクティングアウト）ことを防ぐために，「グループ所属中は外で接触しない」（電話，SNSを含む），「グループのことはグループで決着をつける」というルールを設定したりします。もやもやの中に含まれた大事な心のテーマを逃さないように，バウンダリーを作り，グループの「濃度」を保つのです。

⑦並行処方

グループセラピーを他のセラピーと組み合わせて実施することを並行処方と呼びます。実際，個人療法とグループセラピーが組み合わせられることはしばしばあります。個人療法から始めて，対人関係の展開のためにグループセラピーを加える場合もあれば，グループセラピーから始めてより深い内面の作業をするために個人療法を加える場合もあります。そのような場合，それぞれのセラピーの独自の意味や目標を明確にし，セラピスト同士が協力することが不可欠です。

(3) グループのタイプと導入の特徴

複数のタイプのグループがあるとしたら，どのタイプを選ぶでしょうか。グループセラピーは，タイプごとに典型的な形式，グループバウンダリー，メンバー導入上の特徴があります（表12-2）。臨床的グループサイコセラピーは，その作業の性質上，バウンダリーが明瞭で，メンバーも固定され，定期的な出席への要請が高いです。そのため，個人療法になじんでいる人は比較的入りやすいですが，そのような経験がなく，すぐには内面の問題に取り組むことが難しい人の場合，心理教育グループやサポートグループといった，比較的敷居の低いものから始め，臨床的グループサイコセラピーや個人療法に移行していく可能性が考えられます。このように，心理学的支援として様々なグループを段階的に活用していくことが可能で，しばしば有益です。

セルフヘルプ・グループは対象によってバウンダリーや参加期間が非常に多様なので一概には言えません（一生継続参加するものもある）が，心理教育グループや治療的グループが準備として有益であること，個人療法とセルフヘルプ・グループの役割分担を明瞭にすることが有効であることを指摘しておきます。

表12-2 典型的グループのメンバー導入の参考例

タイプ	形式	グループバウンダリー	新メンバー導入の時期	メンバーの流動性	参加者の事前準備と契約
臨床的グループサイコセラピー	オープン	守秘義務あり、セッション外交流不許可、出席への要請は高い	欠員が出た時	非常にゆっくり入れ替わる	入念な準備が必要
治療的グループ（サポートグループを含む）	オープン	守秘義務があるか、セッション外交流を認めるかはグループによる、出席への要請は高くない	随時	徐々に入れ替わる	望ましいが必ずしも必要ない
コミュニティミーティング	オープン	守秘義務なし、セッション外交流は認められる、出席への要請は低い	随時	徐々に入れ替わる	特別な準備は不要
成長／心理教育的グループ	クローズド	守秘義務あり、セッション外交流を認めるかはグループによる、出席への要請はやや高い	新ターム開始時	新タームで全員入れ替わるが、ターム中は変動しない	入念な準備が必要

2. メンバーの選定と導入

(1) メンバーの選定

ここでは臨床的グループサイコセラピーを中心に説明しますが，かなりの部分は，期間制限の心理教育グループにも当てはまります。

①グループに入れるのがよい人

グループセラピーは，とりわけ対人関係の問題や病理を表す人に適しています。個人療法で内面的事柄に焦点化する一方，グループセラピーでは対人関係を扱っていくため，個人療法との並行処方が有効に働きます。攻撃的な人，共感性や対人関係能力が乏しい人，急性の危機状態にある人などは一般にグループに向かないと言われますが，必ずしも絶対的基準ではなく，そういう人たちばかりを集めた同質グループが有効な場合もあります（AGPA, 2007）。

②メンバー選定の基準

その特定のグループに参加できるかということを査定する際，そのグループが目指す目標ややり方に合意して取り組む意欲をもつことができるか，つまり「治療同盟」（第1章参照）をもてるか，ということが重要な選定基準になります。

③グループの構成

グループの構成については、グループのバランスに留意することが有益です。一般に、自我の強さや病態水準を同質にして、対人関係スタイルを異質にするのがよいとされています。精神機能が同水準の方が話は通じやすいし、対人関係のパターンが多様な方が学べるものがあるためです。誰と誰が有益な組み合わせになりうるかも事前に検討します。一方、あらかじめ対象を絞った同質グループ（例えば、遺族のトラウマケア）もあります。その他、知能、社会経済的背景、性的指向、人種、宗教なども、考慮すべきバランスの重要な要素です。

(2) 準備面接

メンバー候補者にグループの目的や進め方を説明し、個々人の状況を踏まえて目標を共有していく準備面接を行います。グループについての情報を提供し、セラピストとの関わりを通して安心感を体験することで情動的絆を形成していきます。さらに、そのグループで何をしたいか、どんな目標が達成可能か、どんな助けが役に立ちそうかを話し合い、共有していきます。それらが、治療同盟（第1章の2参照）の形成に寄与するのです。

3節　グループセラピーの技法

1. グループセラピストの役割

(1) グループセラピストの機能

様々なグループセラピーに共通するセラピストの機能に以下の4つがあると考えられています（Lieberman et al., 1973）。①運営機能とは、時間の管理、場所の準備などのマネージメント業務ですが、これは「心を語る」場所を確保するために重要な仕事です。②思いやりは、グループメンバーを心にかけ、気を配り、世話をすることです。③情動的刺激は、感情を言葉にしていくことを促すことです。単純に「今どんな気持ちですか？」と誰かに問いかけるだけでなく、「AさんはBさんが今どんな気持ちだと思いますか？」と他のメンバーやグループに問いかけたりもします。④意味帰属は、メンバーが自分や他者の一

第4部 心理学的支援の多様なモード

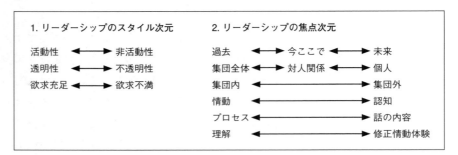

図 12-1 グループセラピストの介入の次元 (Rutan et al., 2007)

連の発言や行動の意味を掘り下げ，理解するように導くことです。

(2) グループセラピストの介入次元

グループセラピーでは扱う領域が多元的です（図 12-1）。何をどのように扱っていくのか，どのような姿勢で臨むのかについては，後述するグループの発達やグループのプロセスを踏まえて，スタイルや焦点を柔軟に変えて介入のポイントを探っていくことが重要です。

2. グループの発達

(1) グループ発達の段階

非常に重要なことですが，グループセラピストは，グループ発達の段階に応じた適切な介入を通して，その発達を促進し，個人の変化を助けていきます。そのためにグループの発達の大まかな地図をもっておくことは大変有益です。ここでは，マッケンジー（MacKenzie, 1994）の4段階モデルを紹介します。表 12-3 を見ればわかる通り，マッケンジーのモデルはタックマン（Tuckman, 1965）の5段階モデルの中期の2段階を一つにまとめたものです。これらの段階的発達は直線的に生じるわけではなく，「三歩進んで二歩下がる」ことを繰り返しながら進んでいきます。

表12-3 グループ発達の段階

マッケンジーのモデル	タックマンのモデル	特徴
関与促進段階	形成期	グループやメンバー同士の不安，緊張が高く，セラピストに依存する。
分化段階	動乱期	本音の語りが始まり，上下関係の意識やサブグループ化など，敵意を含んだ衝突が生じる。
作業段階	活動期	危機を乗り越え，本音でいても安心できる信頼感，関与，協力への動機が高まる。
作業段階	遂行期	結びつきが強まる一方で，個別性が吟味され，自律的で，創造的な心理的作業が展開する。
終結段階	別離期	目標が達成される喜び，感謝と共に別離の不安や悲しみが高まる。

(2) グループ発達段階とセラピストの仕事
①関与促進段階

　グループのメンバーは最初非常に不安な状態で，依存する対象を求めています。そこでセラピストがすべきことは，メンバーたちに発話を促し，ルールに基づいた感情の表現やフィードバックを促して，グループの情動的風土を育てていくこと，そして目標を明確化して共有していくことです。その際，メンバー間の共通性は安心を与える材料になります。不安に弱い子どもなどに対しては，不安を和らげる活動を導入します。

　コメントの例：「この部屋にいて，今どんな感じですか？」「どうなりたくてここに来たのですか？」「グループの話に早く入れるといいですね。待てば待つほど難しくなりますから。」「あなたのことをわかってくれそうな人は誰でしょう？」(Cooley, 2016)。

②分化段階

　グループでの作業のやり方が少しずつわかるようになり，グループに安心感を得られると自分を出し始め，表面的なつき合いから，否定的な感情を伴う本音も話し始めます。そこでセラピストが感情的に押さえつけようとしたり，こわばったりするのではなく，メンバーの言いたいことを受け止め，コミュニケーションを丁寧に明確化していき，時にチャレンジをし，率直な表現のやりとりを促進します。

コメントの例：「少し落ち着いてください。今，問題を一つだけ選ぶとしたら，どれについて話したいですか？」「この衝突は難しいし，不愉快ですよね。でも話し続けていれば，はっきりしてきたり，理解できたりっていうチャンスがありますよ。」「みんなすごく静かですね。何か大事なことを言わないままにしているように思えるのですが。」「他の人に質問するよりも，どうして質問したくなるのか，言ってもらえませんか？」（Cooley, 2016）。

③作業段階

分化期の危機をうまく乗り越えると，本音を話して自分のままでいてもよいという信頼感が高まり，いっそう深く自分の内的なことを語ったり，他のメンバーに対しても率直で深いコメントをしたりするようになります。この部分が最も「セラピーらしい」段階です。セラピストはメンバー間のやりとりを助けて体験を深めながら，その意味の言語化を促進していきます（DeLucia-Waack et al., 2004）。

コメントの例：「そのことについて話す代わりに，今起こっているかのように生き抜いてみてください。」，「ここにあなたのお母さんがいると想像したら，あなたは何を言いたいですか？」，「このセッションでたくさんの感情を体験しましたね。自分自身について何がわかりましたか？」（Cooley, 2016），「○○さんは大事なことをあなたに伝えようとしているようです。必要なら，あなたが話を聞けるように○○さんを助けます。いいですか？」（Rachman, 1999）。

④終結段階

期間制限の場合はグループそのものの終わりが終結段階ですが，オープングループの場合は，メンバーの誰かがグループを去る状況を指します。それは別離の悲しみをもたらします。症状をぶり返してまでグループにとどまろうとすることがあります。とりわけ，過去に苦痛な別離を体験したメンバーには，安心できたグループとの別れはつらいものです。悲しみとしっかり向き合い，体験を整理する「別れの作業」が必要です。そのため，グループで達成したことを確認し，一人ひとりとしっかり別れ，将来の準備をしていくことが役に立ちます。それは残されたメンバーにも大きな希望になるのです。

コメントの例：「このグループであなた自身についてわかった最も重要なこと

をいくつか教えてください。」,「さよならを言うことをどう思いますか？」,「誰かに言っておきたいことがありますか？」,「グループで得た理解を行動に移していくとしたら，どんなステップを取るでしょうね？」(Cooley, 2016)。

3. グループのプロセス

　グループのプロセスとは，グループの中で何が起こっているのか，とりわけメンバー同士やセラピストとの間でどのような関係が発展しているのか指しています。グループのプロセスには，言語的なものと非言語的なもの，観察されるものと推論される（無意識的な）もの，作業を促進するものと阻害するものといったいくつかの視点があります。グループセラピストが支援を適切に進展させるためには，グループの様々なプロセスを適切に理解することが不可欠です。以下にその代表的なものを挙げます。

(1) グループ全体

　グループへの一体感はしばしば母親との一体感にたとえられます。個々人の個別性や感じ方の違いが受け入れられる一体感は健康ですが，一つの考え方が強制され，個別性が排除されるようなグループは個人を飲み込む「悪い母親」にたとえられます。

　グループ全体が自分たちのリーダー的存在を求めたり，どこかに敵がいるために戦うか逃げるかの姿勢を取ったり，カップルを作ることで救いを求めたりする動きの背後には，グループ全体の不安や無力感が潜んでいるのかもしれません。いずれの場合も，そのような現象について話し合い，一人ひとりの違う意見を言えることが前進の糸口になります。

(2) サブグループ，分裂

　グループ内のグループをサブグループ（下位集団）と呼びます。似ている人同士が固まるのは自然なことですが，そのようなサブグループが固定化すると，その外部の異質なものとの交流を避け,個人の発展が閉ざされてしまいます。個人には様々な側面があり，違った側面でつながり合えるサブグループが様々に

でき，移り変わっていくのがよいのです。
　一方，グループ全体が2つに分裂して，2つのサブグループ間の争いが激しくなることがあります。その場合，グループ全体の不安や葛藤を表しているのかもしれません。つまり，一つの葛藤の裏と表を表しているのです。先と同様，一人ひとりの意見を言うこと，あるいは別のサブグループを作ることなどが前進の糸口になります。

(3) 個人の役割とグループ
　他者に自分の中の見たくない部分を見て嫌悪するなど，鏡のような反応が生じることがあります。グループは，このような自分への気づきの機会を提供します。一方，グループ全体の不安のために，グループが特定個人にある役割を取らせることもあります。代表的なものはスケープゴートで，他のメンバーから嫌悪され攻撃されますが，あたかもグループ全体で自分の罪を押しつけているようなものです。学級集団でのいじめも同じグループプロセスです。セラピストはスケープゴートを守り，グループ全体をその行動に駆り立てている不安や葛藤に，一人ひとりが目を向けるよう促すべきです。

(4) 集団抵抗
　基本ルール（グラウンドルール）は守られるためではなく，むしろ破られることを期待し，そこから理解を深めるべきだと言われています。その違反の中に，メンバーの欲求や考えが隠されているためです。グループ全体でルールが破られる場合を集団抵抗と呼びます。グループ全体で何かを避けているのです。何が起こっているのか，一緒に理解していくことが必要です。

4. 対象群による技法の修正
　これまで主として成人の標準的なグループセラピーの手法を紹介してきましたが，対象によって技法の修正，調整が求められます。

(1) 統合失調症

統合失調症を中心とした慢性精神疾患の患者の場合，精神機能の低下によって現実検討や自分を客観視したりすることが難しいため，グループセラピーは，人といて安心できることを目標とします。セッションの時間は45〜60分程度と短めで，技法はよりサポーティブなものにします。

(2) 児童・思春期

児童・思春期の場合，言語表現を促進していくために，工芸やゲーム，治療的な活動，心理教育的ゲームなど用います。彼らには，葛藤を解決するのと同じくらい，仲間関係を作ること自体に治療効果があります。セラピストは，成人のグループよりも積極的に，ユーモアも交えて自己開示的に子どもたちと関わっていき，自分を表現しながら人と情動的な関係を作っていくモデルになり，子どもたちの仲間関係作りを助けていきます（Shechtman, 2006）。

(3) 自閉症スペクトラム障害

対人関係やコミュニケーションが難しい自閉症スペクトラム障害の方々にはグループセラピーが不適だと思われがちでした。しかし，自閉症スペクトラム障害のためのグループセラピーは近年急速に発展してきています。自閉症スペクトラム障害のグループセラピーでは，彼らに欠けているソーシャルスキルを教えるトレーニングが重視されてきましたが，より積極的に自他の感情を理解し，感情とのつき合い方を教え，他者との関わり方を構築することを目指すグループも開発され，普及しつつあります。アクティビティは，彼らの得意なゲーム，玩具や，好きなドラマ，アニメを素材にして，柔軟に，クリエイティブに実施することが有益です。

4節　グループセラピーの可能性と課題：終わりに

人とのつながりの希薄さが叫ばれる現代においては，グループセラピーは他者との情緒的交流や絆を作り出したり修復したりするのに最適の方法で，いっ

そう重要になってくると考えられます。

　その際，これまで説明してきた小集団でのグループセラピーのエッセンスをもっと大きな集団に適用していくことは非常に有効だと考えられます。子どもたちや発達障害の方々の様々な施設，大災害の後の被災地域でのグループを通した支援も非常に重要です。ストレスによって押し殺されていた組織の人間的関係を再構築しようとするコンサルテーションも注目されています。地域の中で人間関係を構築しようとする活動（日本集団精神療法学会，2017），さらには国際社会でのグループによる支援（戦争，テロによる難民，災害支援など）も展開してきています。

　グループセラピーを実践するということは，必然的に他の職種と協働することを意味します。有意義な専門職間のつながりは，心理師としての実践の幅を広げ，深めてくれます。またその専門家のネットワークが支援の必要な人に与える「治療効果」は絶大です。心理師を目指す方々が，この点を心に留めて活躍されることを願っています。

　その際，グループセラピストとしての訓練を受ければ，グループセラピーや様々なグループワーク，治療プログラムを展開する技能をより体系的に学び，高めることができるでしょう。みなさんがグループセラピーの枠組みやスキルを習得するだけでなく，「生の自分」として人と関われるようになること，組織全体の心理的交流に目を向けられるようになること，支援者自身の心の成熟を目指されることを願っています。

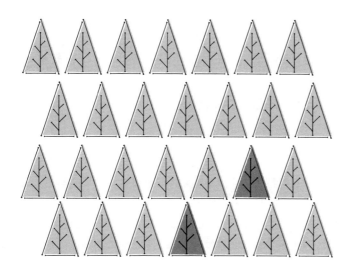

第 **5** 部

コミュニティへの支援

第13章
地域支援の意義

　本章では地域支援について学びます。地域支援とはどういうものか，これがなぜ必要であるのかの理解を目指します。心理学の分野には，コミュニティ心理学（Community Psychology）という専門領域があり，地域支援に必要な考え方や方法はこの領域で発展してきました。したがって本章の大部分は，コミュニティ心理学についての説明です。またコミュニティという用語は，地域だけでなく，家庭，学校，職場，国家，さらに現代ではインターネットのバーチャルな空間なども指すので，ここでは地域以外のコミュニティにも言及します。

　本章の構成は以下の通りです。まずコミュニティ心理学が誕生した背景について説明し，背景要因の一つが伝統的な支援者の役割と心理療法がもつ制約であるため，伝統的な支援のあり方の特徴について説明します。次に，地域支援が重視すべき考え，これを実現する地域支援の方法について，それぞれコミュニティ心理学がもつ視点と方法に基づいて述べます。最後に，地域支援の意義を整理します。

1節　コミュニティ心理学誕生の背景要因

　地域支援の視点と方法の基盤をなすコミュニティ心理学が登場した背景要因を学びましょう。すでに心理療法が行われていた1960年代の米国に，なぜ新しい視点と支援方法が必要になったかをコーチン（Korchin, 1976）を参考に説明します。

　コミュニティ心理学誕生の主な要因は次の5つです。①地域精神保健センター（Community Mental Health Center）の開設：人里離れた精神病院に替わり，

地域精神保健センターが開設されたことで，地域社会のすべての人たちにあらゆる精神保健サービスを行うことが求められました。それにより，支援者が取り組むべき課題が拡大し，新しい支援方法が必要となったのです。②専門職の不足：支援者の不足を補うため，心理的問題に働きかける新しい考えと方法が必要になりました。③支援者がもつ受け身で待つ役割への不満：クリニックや相談所，病院で問題を抱えた人を受け身で待つのでは支援できる範囲が小さく，必要な人に支援が届かないという不満が支援者にありました。④心理療法の効果と効率への疑問：心理療法は深刻な障害を受けた人や治療への動機づけのない人，貧困者や社会的マイノリティには効果がないという研究報告が発表されました。特に貧困は精神障害の源であるため，貧困者に対する支援の必要性は高かったのですが，心理療法は有効でなく，他の新しい支援方法が求められたのです。また個人心理療法には少数の人しか支援できないという効率の悪さがありました。⑤精神障害に関する社会的環境要因への関心：精神障害は個人の中にあるという考えに対し，人間の問題は病める人と社会的環境との間の相互作用の中にあるという主張が増加していました。

つまり地域精神保健センターに勤務する支援者が，十分でない人数で，地域の住民全体にあらゆる心理学的支援を行うことを求められ，伝統的な支援者の受け身の役割と個人心理療法とは異なる方向性をもつことが必要になったのです。この要請に取り組むため，地域精神保健センターに関わりをもつ心理の専門家が集まり，コミュニティ心理学を誕生させました。

そこで，地域住民全体への支援に取り組む上で，伝統的な支援者の役割と個人心理療法では十分ではない理由の理解を深めるために，これらがもつ制約について説明しましょう。

2節　伝統的心理学的支援がもつ2つの制約

コミュニティ心理学誕生の要因の一つとなった，支援者が支援機関で待ち，個人心理療法を提供する方法を，ここでは伝統的心理学的支援と呼びます。この個人心理療法は，支援を求めてきた人と，面接室で1対1で対面し，その内面

に深く入って、弱い面や問題点を見つめる面接を重ねることで支援を行います。この伝統的心理学的支援がもつ制約を2つ挙げましょう。なお，伝統的心理学的支援と地域支援とを区別せず，支援全般を指す場合は心理学的支援あるいは支援と表記します。

1. 支援が必要な人すべてに支援を提供できない

　必要な人すべてを支援できないという制約には，伝統的心理学的支援がもつ3つの特徴が関係しています。

　第一に，伝統的心理学的支援の支援者は支援機関で待つ，受け身の役割であるため，支援を求めて来ない人には支援できないということです。例えば，自分の抱えている困難や苦しみが心理的なものであることや，心理療法が自分に役に立つこと，それを受けられる場所を知らない人は支援機関には来ません。心理的問題や心理療法などに対してマイナスのイメージのある人も支援機関に来ることはないでしょう。このような人たちには支援できないのです。

　第二に，個人心理療法は1対1の面接を重ねることで支援を行うため，多くの人を援助できない方法だということです。支援が必要な人全員が支援を求めたら，個人心理療法では対応できません。

　第三に，自分の内面に深く入って，その弱い面や問題点を見つめることを望まない人がいることです。望まないのは，自らの弱い面や問題点に目を向けることや，それを他者にさらけ出すことには不安や苦痛，恥ずかしさなどをともなうからです。また，自らの弱い面に向き合うことを決意しても，支援を受ける人は支援者との間に「この人となら弱い面に向き合える」という治療関係を形成することが必要でしょう。もちろん，このような関係はすぐには築けませんし，弱い面を見つめる作業も速くは進みません。心理療法には多くの時間が必要となります。心理的な負担が少なく，時間のかからない支援を受けたい人のニーズに心理療法は合わないのです。

　このように伝統的心理学的支援は，必要な人すべてが受けられるわけでも，受けようとするわけでもないのです。

2. 支援の開始は早くない

　求めないと支援は始まりません。ほとんどの場合，支援が必要な人やその周りの人たちは心の問題に関する専門的な知識をもちません。このため，支援が求められるのは心理的な問題が明確になり，自らも周囲からもはっきり気づかれるようになった後になることが多いでしょう。さらに，その問題に対して様々な対処を試みたものの，うまくいかなかった後にようやく支援が求められることもあります。心理的問題などへのマイナス・イメージから支援を受けることに抵抗がある場合も支援の開始は遅くなるでしょう。伝統的心理学的支援は早い時期に始まらないことが多いのです。

3節　地域支援が重視する考え

　地域支援は，心理学的支援を求める限られた人だけを支援するのではなく，地域に住む人たち全員を支援の対象にします。この点を説明するために，心理学的支援の観点から地域住民を区別したものを図13-1に示しましょう。図13-1のように，地域には心理学的支援が必要ない人たちと必要な人たちがいて，必要な人たちは支援を求める人たちと求めない人たちに分かれます。伝統的心理学的支援は支援が必要で，それを求める住民を対象にしてきました。これに対し，地域支援は支援が必要であるのに求めない住民を支援すること，さらに支援の必要がない住民に対しても何らかの寄与をすることに取り組みます。支援を求

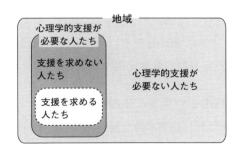

図13-1　地域に住む人たちの心理学的支援に関する必要性および求めることの有無

表 13-1 伝統的心理学的支援と地域支援がもつ視点と方法に関する強調点の違い

	伝統的心理学的支援	地域支援
支援を行う場所	支援機関（クリニック，相談所，病院など）	生活の場
要支援者への態度	受け身で待つ	積極的に出向いて探す
支援開始の時期	心理的問題が明確になった後（早くない）	心理的問題の発生前・直後（早い）
支援の形態	1対1での対面	集団や電話・インターネットの活用も
支援方法の幅	特定の支援方法	様々な支援方法を用意
支援方法	個人心理療法	心理教育，危機介入，コンサルテーション，協働，アドボカシーなど
支援の焦点	要支援者の心	要支援者の生活
変化の焦点	要支援者の変化	環境の変化も
支援者側の体制	支援者のみが抱え込む	他の様々な専門家や非専門家と連携
支援の目標	治療	予防，危機からの回復，エンパワメント
支援の方向	弱い面や問題点を改善・修復	強い面に注目してコンピテンスを高める
支援の速度	ゆっくり	速い
要支援者の負担	少なくない	少ない

注）要支援者＝心理学的支援が必要な者

める住民に対しても，伝統的心理学的支援とは異なる方法で，違う側面へ支援をします。したがって，地域臨床には伝統的心理支援とは異なる独自の視点と方法があります（表13-1）。

　そこで，地域支援がどうあるべきか，コミュニティ心理学が重視する考えを紹介しましょう。コミュニティ心理学が重視する考えについては様々な概念が提出されています（日本コミュニティ心理学会，2007；金沢，2004；植村，2007b，植村ら，2006；山本，1986，2001bなど）。本章では，公認心理師の業務との関連で特に重要と思われる6つの概念を紹介します。

1. 心理学的支援の利用しやすさと多様性

　コミュニティ心理学では，心理学的支援が利用しやすいことを重視します。支援者が待っているだけでは，支援は必要なすべての人たちのもとに届かないからです。このため，支援を利用しにくくする障壁に対して常に敏感であろうと

します。少しでも支援を利用しやすい支援体制を選択したり，さらに工夫したり，新たに作り出したりするよう努めるのです。また，支援が必要な人たちのニーズに合った支援方法に敏感です。心理療法以外の支援方法を探して取り入れたり，さらに工夫したり，新たに作り出したりすることにも努めます。このように，利用する側が自分に合った支援体制や支援方法を選べるように，様々な支援メニューを用意することを重視するのです（山本, 1986）。支援が必要であるのに求めようとしない住民や，支援の必要がない住民に対しても何らかの貢献することに取り組む地域支援にとって，この視点は欠かせません。

2. 予防の重視

予防（prevention）は問題が生じてから対応するのではなく，生じる前に対策を講じて，問題の発生を防ぐことです。この予防はコスト面とそれに要する時間の面で，治療よりもはるかに有益であることが指摘されています（Scileppi et al., 2000）。さらに予防は心理学的支援が必要のない，地域の大部分の人たちにも貢献できる点で，地域支援の重要な考えなのです（第15章参照）。キャプラン（Caplan, 1964）は，予防を一次予防（発生防止）と二次予防（早期発見・早期対応），三次予防（生活上の障害と社会的不利益をさらにこうむることの防止および再発の防止）の3つのタイプに分けました。

3. 人が本来もっている強さとコンピテンスの重視

伝統的心理学的支援は人の弱い面や問題点を探し，これを改善や修復することを目指します。これに対して，コミュニティ心理学は強い面に注目して働きかけることで，コンピテンス（competence）を高めることを重視します（山本, 1986）。コンピテンスとは人が環境と相互作用する中で,困難を効果的かつ正確に処理する能力のことです（植村，2007b）。これは病理より健康な面を強調する視点です。弱いところや問題点がある人ととらえることは，その人を弱い立場に置きますが，強いところがある人とみることは，その人に自信や力を与えるでしょう。そして多くの人は前者よりも後者を望むはずです。この考えは心理療法を求めにくい人たちの支援に取り組む地域支援に求められるでしょう。

4. 環境要因の重視

　社会的環境要因への関心から生まれたコミュニティ心理学は，環境要因を重視します。伝統的心理学的支援は個人の抱える困難や苦しみを内的なものとみなし，環境から切り離して，個人の心の中の問題点を改善や修復してきました。これに対し，コミュニティ心理学は個人が抱える困難を周囲の様々な環境との関係でとらえます。そして個人，環境，個人と環境の相互作用に焦点を当てる見方を生態学的視座（ecological perspective）と呼び，重視します。個人を，家族や学校，職場，地域の中で，さらに様々な社会制度のもとで生活している人として，社会的文脈の中でとらえるのです。したがってコミュニティ心理学は，困難や苦しみを抱えた個人だけでなく，その環境にも働きかけます。働きかける環境は，家族，友人，近所の人たちなどの身近な人たちから，他の様々な専門職，ボランティア，学校や職場，地域，社会制度などまで広い幅をもちます。このような立場に立つコミュニティ心理学が目指す方向をひと言で言うと「人と環境との適合（personal-environmental fit）」です。地域住民の生活は地域社会と密接に関連するため，地域支援では環境要因を重視することと，それへの働きかけが重要なのです。

5. エンパワメント

　エンパワメント（empowerment）は強さとコンピテンスの重視と強く関連する考えです。従来の支援の視点が，支援が必要な人を，その問題点を強調することで無力な弱者に固定してきたとし，その批判からエンパワメントの考えが生まれました。エンパワメントについて，ツィマーマンとラパポート（Zimmerman & Rapapport, 1988）は「エンパワメントは，個人が自分自身の生活全体についての統制と支配を獲得するだけでなく，コミュニティにおいても民主主義的な参加を獲得するその過程のことである」と述べ，山本（1997）は「環境側の変化を求める力を個人が獲得すること」と述べています。またツィマーマン（Zimmerman, 2000）は個人の生活と組織の機能，コミュニティの生活の質という3つの次元でエンパワメントを考える必要性を指摘しました。つまりこの概念は，何らかの要因で無力な状態にある人々が，自らの中にある力に

気づき，それを積極的に活用し，自らの生活を統制できるようになることを指します。しかしそれだけでなく，組織や地域や社会などが自分にとってよりよいものになるよう，環境に変化を求める力を獲得していくことも含みます。この考えは住民が地域で生活する力，必要なら地域社会に働きかける力に焦点を当てるため，地域支援には重要な視点です。

6. コミュニティ感覚

　コミュニティ感覚（community sense）を最初に提唱したサラソン（Sarason, 1974）は，この概念について「他者との類似性の知覚，他者との相互依存の認知，他者が期待するものを与えたり，自分が期待するものを他者から得たりすることによって，相互依存を進んで維持しようとする気持ち，自分はある大きな，依存可能な安定した構造の一部であるという感覚」と述べました。現在の支援においては，医療や学校において他の職員とチームを作って支援することや，地域の様々な機関の多様な職種の人たちと連携することが強く求められています。組織内や地域の諸機関間において同じ仲間であるという意識，すなわちコミュニティ感覚の形成がよりよい支援の提供にとって重要になっているのです。また山本（2001b）は，支援する者とされる者も地域の一員として共に生きているという感覚をつねに大事にし，「患者と治療者」という関係で見ることに慣れてはいけないと警告しました。この考えは，支援する側の人たちの間に，さらに支援する側とされる側の間に，同じ地域で生きている仲間という意識をもつことの大切さを強調する点で，地域支援に重要でしょう。

4節　地域支援の方法

　上記の理念を実現する，地域支援の実際の方法を紹介します。ここでもコミュニティ心理学が重視する支援方法（日本コミュニティ心理学会，2007; 金沢，2004; 植村，2007a; 植村ら，2006；山本，1986，2001b など）のうち，公認心理師の業務の観点から重要と思われるものを大きく4つに分けて紹介しましょう。

1. 心理学的支援につなげること

　日本の一般的な住民を対象とした調査では，過去12か月間に精神障害の診断基準（米国のDSM-Ⅳ）を満たした者のうち，専門機関を利用したのは20％にすぎなかったことが報告されています（Naganuma et al., 2006）。つまり，精神障害を抱えている人たちの80％が専門機関の支援を受けていません。この調査結果から，心理学的支援が必要な人を支援につなげること自体が重要な地域支援であることがわかると思います。地域支援では，待つだけでなく，支援が必要な人をその支援者へ積極的に橋渡しすることが重要なのです。具体的な方法を2つ紹介しましょう。

①啓発活動

　心理学的支援が必要な人を支援につなげる最も基本的な方法は情報提供です。これには，①初期の徴候や症状など，困っていることが心理学的支援を要するものであるかどうかを判断する情報，②どこに行けば，誰が，どんな心理学的支援をしてくれるのか，費用はいくらかなどの情報，③心理的問題や心理学的支援に関する誤解や偏見を取り除く情報，が少なくとも必要です（Korchin, 1976）。現在，自治体の広報誌やホームページ，役所や保健所などに置くリーフレットなどの媒体を通して，上記の情報を広く伝えることが行われています。しかし上記した専門機関の利用率の調査から，現在の活動では十分ではないことがわかります。必要な人を支援につなげるために，どのような情報をどう伝えるのが有効かは，地域支援が取り組むべき重要な課題でしょう。なお，啓発活動は後に述べる心理教育の一部です。

②心理学的支援が必要な人を探すこと

　もっと積極的な方法として，心理学的支援が必要な人を探すことも重要な地域支援です。具体的には，支援の必要性を判断するスクリーニングを，日常生活の中など，無理のない状況で実施し，支援が必要な人を適切な機関へつなげることです。すでに実施されているものに，ストレスチェック制度があります。これは各職場が被雇用者全員のストレス状況をチェックするもので，ストレスの高い者を医師につなぐ制度です。また秋田県の相川町では，高齢者の自殺予防として，秋田大学医学部と連携して，うつ傾向を調べるアンケートを実施し

ました。この結果,「うつの傾向あり」と診断された高齢者には,町の保健センターの保健師や看護師を中心とする職員が定期的に訪問し,必要に応じて病院への受診をすすめる活動を行ったのです(植村,2007c)。支援が必要な人を積極的に探すスクリーニングは,精神障害の前兆や早期の段階の人に気づくことができるので,1次および2次予防を可能にするでしょう。身体の疾患と同様,精神の障害も支援が早い方が再発率が低く,予後も良好であることがわかっています(小椋,2000)。したがって,できるだけ早く支援につなげる取り組みが地域支援には重要なのです。

2. 利用しやすい心理学的支援の提供体制

　以上のような働きかけをしても専門的な機関は利用しにくいものです。例えば,専門機関が支援の必要な人の生活の場から遠くにあったり,専門機関の開室時間が限られていたりするからです。また心理的問題をめぐる様々なマイナスのイメージなどから,支援を受けることへの抵抗もあるでしょう。ここでは支援を利用しやすくする体制を4つ紹介します。
①心理学的支援を提供する機関を生活の場に置く
　支援機関が生活の場の中や近くにあると利用しやすくなるでしょう。学校の中に待機するスクールカウンセラーや大学の中にある学生相談室などはそのよい例です。児童や生徒,学生は学校を休んだり,早退したりすることなく,学校にいる間に心理学的支援を受けることができるからです。
②心理学的支援を提供する機関の敷居を低くする
　生活の場に支援者がいても,敷居が高いイメージなどがあると利用しにくいでしょう。もっと気軽に支援を利用できるようにする工夫が必要です。例えば,スクールカウンセラーがお昼休みなどを利用して相談室を解放する取り組みは,スクールカウンセラーを身近な存在にし,ちょっとした相談をしやすくします。こうした相談をきっかけに本格的な相談へと発展することもあるでしょう。大学の学生相談室でも学生のためのサロンをもつところがあり,同じ機能をもちます。

③出向く

　もっと積極的な方法として，支援者が受け身で待つのではなく，支援を必要とする人のところまで出向いて支援するものがあります。訪問支援（アウトリーチ）と呼ばれる支援体制です（第14章参照）。例えば阪神淡路大震災や東日本大震災などでは，支援者は避難所などを巡回して被災者の支援を行いました。また不登校の子どもや引きこもりの家族がいる家庭に訪問することも行われています（田嶌，2001）。しかし支援者が訪問した場合，支援が必要な人たちはそれを求めているわけではないため，すぐ会えるわけではありません。会うことができ，支援する関係が形成されるのは訪問や試行錯誤を重ねた後になるでしょう。待つ伝統的心理学的支援と違い，出向く地域支援では支援関係を作るところから始めなければならないことが少なくありません。このような支援関係作りをどのように進めるかは地域支援の重要な課題です。

④電話やインターネットの活用

　直接会うことが難しい場合や，対面することが苦手な人の場合などには，電話やメールを活用する方法が役に立ちます。また若年層に対しては，LINEなどのSNSを用いた相談の有効性が報告されています（杉原・宮田，2018）。これらは匿名のままで，いつでも，どこからでも支援を求められる点で利用しやすい体制です。必要なら，対面での支援につなぐこともできるでしょう。

3. ニーズに合った多様な心理学的支援方法の用意

　支援を受ける側が自身のニーズに合った支援方法を選択できるように，地域支援では多様な支援方法を用意することが求められます。じっくり時間をかけて心の深くにある問題点を扱う心理療法は，心の弱い部分に焦点を当てるため，心理的な負担と時間がかかり，治療への動機づけがあっても支援を受ける側に抵抗を生みがちです。それよりも，すでにある強いところに注目して，自らの強さに気づくのを助け，それをうまく活用するコンピテンスを高める方法であれば，心理的負担や支援に要する時間が少なくなります。特に心理学的支援を求めない人を支援する場合は，以上の点に配慮する必要があるでしょう。ここでは，支援を受ける側の心理的負担が少なく，早く，速く支援する方法を2つ

紹介します。

①心理教育

　心理教育（psychoeducation）は，心の深い部分に働きかけるのではなく，知識とスキルを提供する方法です（第15章参照）。この方法は集団で短期間に実施できるため，健康な多くの人たちに向けた，心の健康を保持および増進する働きかけ（一次予防）に用いられます。金沢（2004）は，予防には教育的・臨床心理学的予防と社会システム的・公衆衛生的予防の2種類の方法があると述べていますが，心理教育は前者に当てはまります。心理教育がもつ心の健康の増進効果は，コンピテンスを高め，生活の統制力を高めるので，エンパワメントをもたらすでしょう。

②危機介入

　山本（1986, 2001a）を参考に説明しましょう。危機介入（crisis intervention）は，難しい問題の発生によって不安が増大し，状況認知および行動が制約され，混乱した状態（危機状態）になっている人に対して行います。しかしすぐに介入するのではなく，その前に危機状態をアセスメントすることが必要です。もし自殺や自傷，他傷のおそれがあれば，すぐ入院手続きをとる必要があります。また精神症状がひどい場合も精神科医につなげることが求められます。

　以上の状態でなく，危機介入の面接に耐えられると判断される場合に危機介入を行います。危機介入の目的は以前の情緒的平衡に回復させることです。このため危機状態を生み出している弱い面があったとしても，内面に深く入って，それを改善や修復することはしません。危機状態を発生させた具体的な問題の解決だけに焦点を当てます。この解決には，即時に介入を開始し，限られた時間と回数で，集中的に，積極的に取り組むことが支援者に求められます。そして速く，早い解決には，支援を受ける側のもつ強い面と周囲からの援助資源といったリソースをうまく活用することが有効です。この介入がうまくいくと，以前の状態に回復するだけでなく，問題に対する新しい見方や有効な対処法を身につけられることもあるでしょう。このように介入を受ける人が自らの力と周囲の資源を活用して生活を統制できるようになるので，危機介入はエンパワメントをもたらす可能性ももちます。また，危機状態そのものは精神障害の状態

ではないため，危機介入は一次予防と考えられています。

4. 環境に働きかける

　地域支援には環境に働きかけることで，心理学的支援が必要な人を支援することが求められますが，これには様々な方法があります。まず，支援が必要な人を社会の中での生活者ととらえ，身近で日常的に支援する関係をもつ人たちと連携して，その生活環境を整えます。この場合，本人が必ずしも支援機関に来る必要はありません。まわりの人が本人の困難や苦しみを理解し，この理解に基づいて，より適切な関わりをするよう変化すれば，本人の生活をよりよいものにすることができるからです。次に，支援が必要な人の生活の様々な側面すべてにわたって全体的に支援するために，心理職以外の多様な領域の専門職と連携して援助することも地域支援には求められます。

　また地域支援は身近な人や専門職といった人に対してだけでなく，社会制度などに対しても働きかけます。これらを変えることで，その制度から影響を受ける，コミュニティ内の多くの人たちの問題を軽減することや，問題を今後生じにくくすることができるからです。この方法は，金沢（2004）がいう社会システム的・公衆衛生的予防です。例えば，心身の不調を抱えた人が多い職場にはその環境に問題があることが多く，それを改善することが不調の一次予防につながります。前記したストレスチェック制度には，努力義務にとどまるものの，職場のストレス要因を分析することで，ストレスを減らすように職場環境を改善することも含まれているのです。ここでは環境に働きかける方法を4つ紹介しましょう。

①コンサルテーション

　コンサルテーション（consultation）の古典であるキャプラン（Caplan, 1970）のメンタルヘルス・コンサルテーションの考えを，関係者を専門職に限定しない現在の理解に合わせて修正すると以下のようになります（丹羽，2015）。

　コンサルテーションは支援者（コンサルタント：consultant）が困難や苦しみを抱えた人を直接支援するのではなく，その関係者（コンサルティ：consultee）を媒介にして間接的に支援する方法です。例えば，学校の担任や職場の上司，親

など(コンサルティ)が,自身の生徒や部下,子どもの心理的な困難に関して心理の専門職である支援者(コンサルタント)に相談をした場合,コンサルタントはコンサルティからの情報をもとに,その困難の内容を明確にします。そしてコンサルティの仕事や役割の中で困難を解決できる方法を提案するのです。この方法の利点は,関係者が支援を求めさえすれば,困難や苦しみを抱えた人が支援に直接つながらなくても,その困難の解決や軽減ができることです。さらにコンサルティは,このコンサルテーションの体験を通して,類似した困難に対する知識やスキルが増すため,その後の似た困難に対しては独力で解決できるように成長することです。またコンサルティが保健師や学校教員のようにコミュニティの多くの人たちを支援する立場にある場合,成長したコンサルティは関わる人たちの問題に早い段階で気づいて対処することができるので,広い範囲の予防的な効果をもつことです。

②他の様々な専門職および機関との協働

協働(コラボレーション:collaboration)は,支援者が他の様々な専門職の人たちと連携して,支援の必要な人に直接支援を行うことを指します。コンサルテーションと協働との違いは,コンサルテーションが間接的な支援にとどまり,直接の支援は行わないのに対し,協働は間接的な援助だけでなく,直接支援も行う点です。

公認心理師では,多職種連携やチーム学校,チーム医療,地域連携が重視されており,協働が強く求められます。同じ職場の中の異なる職種の人たちや地域にある外部機関の人たちとの協働には,支援が必要な人の心理面だけでなく,医学,教育,産業,福祉など,生活に必要な様々な側面を総合的,包括的に支援できる利点があるからです。そのためにはまず,他の専門職がもつ専門性,そして地域の他機関がもつ機能と役割を知ることが欠かせません。そして,よりよい協働をするには,同じ職場の他職種の人たちとは日常的に交流することが,他機関の人たちとは常日ごろから連絡をとり,できれば顔見知りになることが必要です。そして一つひとつの協働を大切にし,その体験を積み重ねることで信頼関係を深めていくことが求められます。支援者間にコミュニティ感覚を形成・維持することが重要なのです。また,各専門職はそれぞれが拠って立つ法

律に従って支援を行っているので，協働する相手の専門職の法律を知ることも大切です。さらに，それぞれの専門職には独自の専門用語があります。協働に際しては専門用語の使用を控え，お互いが理解できる共通言語を探り，それを共有することも必要です。

③非専門家との協働

　地域支援では他の専門職とはもちろんのこと，地域の住民やボランティアなど，専門家ではない人たちとも協働することが重要です。これには専門家の不足を補うだけでなく，もっと積極的な意義があります。まず，非専門家は距離が近く，人柄が見え，その支援は誠意と熱意からであり，対等であり，その支援に支援で返すことができるなどから，支援の必要な人にとって近づきやすいことです（Caplan, 1974）。次に，心理面だけでなく，生活面まで広く支援するには，身近な存在からの細やかな支援が欠かせないことです。

　また非専門家との協働には，同じ困難を抱えている者（ピア：peer）同士をつなげ，「自分だけではない」体験を提供する方法があります。この方法のよく知られたものに，自助グループ（セルフヘルプ・グループ：self-help group）があり，支援者はこの立ち上げや運営に関わることや，必要な人を紹介することで支援ができます。自助グループでは，アルコール依存者匿名協会や断酒会がよく知られていますが，不登校の親のグループなど，困難を抱えた様々な人たちの間でもそれぞれ行われてきました（第12章参照）。

　自助グループがもつ機能について，三島（2001）から主なものを紹介しましょう。①仲間集団が得られます。②困難を当事者にとって傷つきの少ないものにするイデオロギーが得られます。③時に支援者の役割もとることから効力感・統制感などを得られます。この「人は援助することで最も援助を受ける」という考えはヘルパー・セラピー原理（the helper therapy principle: Riessman, 1965）と呼ばれます。④当事者自身が困難を抱えながら生き抜いてきたプロセスから生まれた生きた知恵である，体験的知識を得られます。⑤以上の機能の実現を通して，当事者はエンパワメントされ，自らの権利を守るために社会に働きかける，社会変革の担い手になる可能性をもちます。こうした自助グループに支援者が関わる場合，表に出ないで見守り，必要な時だけ専門的な手助けをする

ことが重要であり，山本（1986）はこれを黒子性と呼びました。
④アドボカシー

　アドボカシー（advocacy）には，社会的弱者である当時者の権利や主張を第三者である支援者が代弁するものと，エンパワメントした当事者が自ら主張するものとがあります。こうした主張は，当事者の権利を妨げる障壁を改善するための社会政策や社会制度に関する提言の形をとります。この点で，アドボカシーは社会変革を実現する方法の一つです。地域支援では，支援のプロセスにおいて，社会の側が変わることが必要と考えられる場合，アドボカシーなどを通して，その変革を実現することも重要なのです。

5節　地域支援の意義のまとめ

　以上述べてきた地域支援の意義は次の4つに整理できるでしょう。①地域の中の心理学的支援が必要な人たちをできるだけ早く支援につなぐ取り組みをするので，より多くの人たちの心理的な困難を早く，速く軽減する可能性をもちます。②心理学的支援が必要であるがそれを望まない人たちにも受け入れられやすい支援を用意するので，より多くの人たちの困難を軽減できる可能性があります。③心理学的支援が必要な人の生活全体を総合的に支援するので，心理面だけでなく，生活面も望ましい状態にする可能性をもちます。④心理学的支援が必要な人たちだけでなく，地域の人たち全員を対象とした支援，そしてその環境への働きかけに取り組むので，地域における心理学的支援が必要な人を減らすだけでなく，住民全体の心の健康と生活の状態を高める可能性があります。

　公認心理師には国民全体への寄与が求められています。これからの心理学的支援者は，支援機関で待ち，支援を求めてきた人に自分の得意な心理療法を提供するだけでは，業務を十分に果たすことにはなりません。地域支援の視点と方法を身につけ，心理学的支援が必要な人たちを，できるだけ多く，早く，速く支援することに取り組むことも必要ですし，支援の必要のない人の心の健康状態の維持と増進に貢献することも求められるのです。

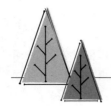

第 14 章

訪問による支援

1節　はじめに

　「心理支援」に基づく訪問による支援について学んでいきましょう。心理師が行っている訪問支援の実際について紹介し，訪問支援がいかなるものか，どういう人々を対象にして，どんな人たちと連携しているのか，何に気をつけたらよいのかを学んだ上で，これからの時代に求められる心理師による訪問支援のあり方を皆さんに考えてほしいと思います。まず心理師による訪問支援（アウトリーチ）とは，「何らかの理由で訪問という形態をとることでしか会うことができない場合において，心理的支援を必要としている者の居る場所に，心理師が自ら出向いて行き，彼らにとって必要かつ適切な心理的支援を提供すること」とします。対象となるのは個人，集団，職場や施設，時には地域全体ということもありうることです。

　忘れてはならない心理師の訪問支援としては1995年1月に起こった阪神・淡路大震災の直後に自身も被災をした臨床心理士の有志らが避難所に自ら足を運び，被災者一人ひとりに丁寧に心理的支援を行ったことでしょう。新聞でも「臨床心理士による心のケア」が報じられ，「心理の専門職」というものの知名度が上がるきっかけとなりました。

　こうした自然災害などの緊急事態に際しては，被災者やその周囲の人たち，援助するボランティアを含む人々に対する心理的支援が必要となります。災害後ライフラインが復旧した後でも，自ら相談室に赴き相談を受けようといった考えや気力さえも失われることが非常に多くあります。そんな時には訪問支援というスタイルは不可欠な相談体制となるでしょう。

表 14-1　心理師による訪問支援（領域別）

領域	医療	保健	福祉	教育	司法・犯罪	産業
主に対象となる人（いずれも外出が困難であること）	精神障害者　がん末期患者　認知症患者　自宅療養患者　介護者・家族等	母子／父子	虐待・虐待の疑い　生活困窮者　高齢者	不登校児童生徒　長期入院児童生徒	犯罪被害者	休職者
	自殺念慮のある人					
	災害等緊急支援　（危機介入が必要な人）					
	その他					
連携職種	医師・看護師・精神保健福祉士・理学療法士・作業療法士・介護士・相談支援専門員・薬剤師等	保健師・医師・精神保健福祉士等	児童相談所職員・民生委員　児童委員・市役所福祉課・ケースワーカー等	校長・教頭・教員・スクールソーシャルワーカー・教育委員会・教育支援センター・子ども家庭センター・学校医等	警察・弁護士・保護司・その他の司法関係者等	会社管理職・人事・産業医等

　山本（2001）は，この心理師による被災者に対する心のケアが「従来の密室における座して待てというカウンセリングからプログレッシブに活動するカウンセリングへとパラダイム・シフトを起こし，インドアからアウトリーチへのコンセプトチェンジを生んだ」と述べています。それまでの日本では心理支援は主に相談室やカウンセリングルームといった比較的小さな部屋での個人面接が中心で，相談したい人が自発的に来談し相談するといったスタイルが標準的でした。このため「訪問」といった形での心理支援の研究論文は大変少なくどちらかというとこれから開拓されていく分野になるとも言えるでしょう。

　しかし近年では増加傾向にある虐待への対応としての訪問支援をはじめ様々な分野での心理師による訪問支援の要請が少しずつ増え，表 14-1 に示したようにすでに様々な領域において心理師による訪問支援が展開されています。

2節　訪問による心理支援の心得

1. 訪問による支援の治療構造と心理師自身を守る枠組みについて

　心理支援を行う時には，支援者が「意図的に設定する，時間的，空間的な条件，および治療者・患者間の交流を規定する面接のルールなどの基本的な枠組み」があります。こうした治療者・患者の交流様式を規定する様々な要因と条件が構造化されたものを「治療構造」と呼びます（小此木ら，1990）。

　心理支援を始めるにあたっては，まず，支援者は対象者がどんな人でどのような状態にあり何を求めているかについてのアセスメントを行い，いかなるものをいかに提供するべきかという判断や予測をします。そしてそのために何時に何分くらいどんな面接室で行うか，料金はいくらかなど基本的な設定を規定します。訪問支援の際も同様に，「どういった時間でどんな様式で開始するのか」ということをお互い確認し合って支援関係が開始されることになります。

　治療構造を確立する第一歩として，心理師は通常自分自身もクライエントも落ち着いてその時間を過ごせるように面接空間をきちんと整えておきます。外からの音に対する配慮とクライエントの声が外にもれない配慮，光の入り具合，部屋の明るさ，机と椅子の配置，椅子の座り心地などのすべてにきめ細やかな配慮があってはじめて，クライエントも心理師自身も安心してそこにいて自分の心と向かい合う準備ができるものです。それはクライエントへの配慮であると同時に，心理師自身が集中して最大限の能力を発揮して業務を遂行できるように守ってくれる枠組みでもあるわけです。

　しかし，訪問の場合は，あらかじめ用意された空間（部屋）に支援を求めて自らやってくる対象者との関係の中で行われるのではなく，「訪問せねばならない」それなりの事情を抱えた対象者のところに心理師が出向いていくため，従来の心理支援の歴史にはあてはまりにくい特殊な治療構造で行わねばなりません。

　訪問による支援は，対象者がどんな家に住んでいて，その日どの部屋に通されるか，そこに家族やペットはいるのかなど，予測がつきにくい状況が多いところで支援を行おうとすることになるのですから，心理師を守ってくれる現実

的な枠組みは大変脆弱となります。暴力を受ける，何らかの感染や汚染をうけるという危険も潜んでいます。一方では，豪華な食事や贈り物といった手厚いおもてなしが待っているということもあるわけです。何が起きるかわからないという状況での支援となりますから，訪問をするに当たっては何か自分を守ってくれる枠組みを準備しておく必要があります。心理師が不安なままクライエントの守り空間に侵入してしまうと，クライエントの不安と警戒心が一気に高まってしまいます。心理師が戸惑ってしまいクライエントの心に添って真摯に心を扱いきれなくなってしまったということでは，わざわざ訪問支援に行く意味が見えなくなりそうです。

　個人開業家の訪問支援において寺沢（2016）は，こうしたリスク回避のために，初回の訪問はベテラン心理師が担当し，衝動性や病態等を含めたアセスメントをしっかり行い，訪問先では家族が家にいることや訪問カウンセリングの契約を行うことなどが重要ポイントであるとしています。また竹中（2013）は，治療構造とその意味の説明を行い，それを破壊した時のペナルティをあらかじめクライエントに伝え，スタッフの安全を確保することが必要だと述べています。

2. 訪問に行く際の心理師としての心構え

　私たちが心理師としてはじめて家庭に訪問する際，気をつけておいた方がよいことを表14-2に簡単にまとめましたので確認しておきましょう。特に事前にアセスメントを行っておくことは重要です。アセスメントによって予測される事態に備えておきましょう（例えば食事やお茶が出てきた時の対処方法，家が相当汚れていることがわかっているなら汚れてもよい服装，靴下の替えを持参，クライエントが訪問を断った場合や取り乱してしまった時の対処方法，心理師の不安が高まりすぎた時の対処方法など）。当然のことですが約束の日時は厳守しましょう。1回目に時間などの遅れがあれば信用をなくすのは当たり前のことですが，訪問が必要な人々には特に注意が必要です。これらはあくまでも基本姿勢であって災害等緊急支援の場合などを含めて訪問による支援には特段の柔軟性がのぞまれます。

表14-2　初回訪問時の心構え

家族との打ち合わせ	①あらかじめ来談してもらい，これまでの生育歴，受診歴など現在に至る経緯や家族の困っていることの聞き取りを行う。 ②訪問当日に同席してもらうよう承諾を取る（場合によっては違う部屋で待機）。 ③これまで関わってきた関係機関（学校，福祉，保健センター，医師，児童相談所，警察など）があるかを確認し，連携の承諾を得る。 ④訪問日時，場所（玄関先か居間か自室かなど），紹介方法などを確認する。
関係機関との連携	①家族から承諾を得た連携先に連絡し，連携を依頼する。 ②必要に応じてケース会議や支援会議などを開催する。 ③訪問予定の報告を行う。
アセスメント	①訪問の必要性があるかどうかの確認のためのアセスメントを行う。 ②クライエントの状態についてのアセスメント（病態水準，自殺念慮の有無，暴力行為の有無，対人関係のパターンなど）を行う。 ③予測される事態についてのアセスメントを行う（拒絶，回避，混乱，依存，ペットの放し飼い，部屋の汚れ，食事の準備，過剰なお土産等々）。

3. 多職種連携と守秘義務

　訪問による支援の場合において，多職種と連携し情報を交換した上でアセスメントを行うことは，先に述べた「心理師自身の守り」や「治療構造」として特に重要と思われます。すでに他の誰かが訪問しているとすれば，あらかじめ家庭の状況や他者との関係の取り方などの情報が把握でき，訪問した時の反応予測に役立てることができるでしょう。また他の専門家やボランティアなどと意見交換をした上で，一緒にクライエントを抱えることができれば，クライエントを包括的により効果的に支えることになるでしょう。

　心理師の連携について，舩越（2016）は「これまで心理師は従来の『治療構造』へのこだわりがあり，地域のネットワークと組んで行う問題解決の姿勢が弱いと言わざるを得ない。そして臨床で知り得た情報の守秘義務へのスタンスも往々にして他領域の専門家からは閉鎖的で保身的とみなされがちといえる」と指摘しています。確かにそういった傾向はよく指摘されています。しかし，「守秘義務」は心理師の業務の重要な大前提であり，それを守りとしてクライエントの心と接しているのですから，クライエントの許可無しで連携している人々に話すことはルール違反であり，心理師という「人の心」を中心に扱っている職務の特性上，あってはならないことです。実際，クライエントが心理師に話し

た「心の中の声」(本音や内に秘めた思い)と現実に接している人々への「声」(他人に対しての言葉)は異なっている部分があっても当然ですから,それを開示することは支援上望ましいものではありません。安易に共有してしまうことで,不必要に関係者同士の関係がこじれてしまっては本末転倒と言えます。

効果的な連携としては,支援に必要な情報をクライエントの内的な秘密を漏らさず,適切かつ必要な言葉をよく吟味し,心理の専門家として責任ある自分の言葉に代えて他の支援者に伝えるとよいでしょう。心理師が自分だけがクライエントの「内なる声」に近づけているという不必要な優越感をもつことなく,クライエントにとって有益かつ効果的な連携を行えば「閉鎖的」といった批判は出ないのではないかと思われます。

各々の歴史的専門的背景をもった多職種の人々やボランティア,地域の人々と一人のクライエントについて意見交換を行うとこれまで見えていなかった様々な視点やアイデアが広がってきます。複数の人間が一緒に何か行おうとする時には多少の困難があるものですが,様々なプロセスを経て上手にお互いが刺激し合い協力し合って生み出す価値や結果は,クライエントをも心地よく刺激しその成長や回復に大いに役立つものとなるにちがいありません。

3節　学校カウンセリングにおける訪問支援

平成7年から始まった文部科学省(当時は文部省)の事業であるスクールカウンセラー活用調査研究委託事業は公立の小中高等学校にカウンセラーが勤務し,児童生徒保護者教員の心理的支援を行うというものです。現在では日本のほとんどの中学校にはスクールカウンセラー(以下SC)という心理の専門家が配置されています。SCが取り扱う相談内容は実に多種多様で子どもの恋愛相談もあれば虐待やいじめ,不登校,自殺などもあります。

SCに訪問支援が求められるのは主に「不登校」状態にある児童生徒でしょう。「不登校」と言っても背景にある問題は様々なものがあり十把一絡げにはできません。市町村教育委員会や所属する学校の方針と児童生徒の状況とをすり合わせた上でそのケースにあった対応が求められます。

具体的な事例を取り上げ紹介します（以下に紹介した事例は，すべて筆者の経験に基づき作成した架空の事例です）。

1. 事例学習の素材：中学1年生の太郎君

　中学の1年生の太郎は小学校の時は元気に登校していましたが，中学生になって急に元気がなくなり休みがちになってしまいました。そしてゴールデンウィーク明けにはまったく登校できなくなりました。両親がSCのカウンセリングを要望して学校に来談されました。

　「小学校までは本当に何も気に掛かることはありませんでした。今は自分の部屋にこもって布団をかぶっているんです。無理に行かせようととっくみあいになったこともありましたが，それをすればするほど部屋から出ずカーテンを引いたままで……」と対応に苦慮されたことが話されます。「できればSCに家まで来てもらいたいのです」という要望が出されたため，学年の教員集団とよく意見交換を行った上でSCが訪問することとなりました。

　不登校の生徒がカーテンをひいて部屋を閉ざしている場合は，SCも教員と同様初回ではなかなか会えず，生徒と会えないまま帰宅することが多くあります。しかしこの時，太郎は母親の肩越しににこにこ笑って出迎えてくれました。SCは自己紹介をしてから，玄関先に一緒に座って趣味や家での過ごし方などを話して緊張を和らげることに努めました。太郎は徐々に緊張がやわらぎ「久しぶりに人と話した」「自分はまだ生きていたのだと気づいた」などと話しSCを受け入れる余裕があることが伝わって，SCも安心して次の来訪を約束して帰りました。しかし翌週，約束通り訪問すると，太郎の母親が出てきて「SCが来た時は久しぶりに笑って良かったと思っていたのに，今朝から父親に暴言を吐き，暴れてゴミ箱を蹴っ飛ばして壁を叩き今日は布団をかぶって出ようとしません」と言いました。そこでSCは母親と玄関で立ち話をして，今後は両親に学校に来てもらってカウンセリングを行い，太郎が「訪問してよい」と言った時にまた行くことにしました。両親とカウンセリングを行う中で両親の不仲や母親がうつ状態になっているということがわかってきました。母親だけがカウンセリングに来た時にはこれまでの夫に対する思いを涙ながらに訴えるこ

とがありました。仕事がうまくいかないせいか機嫌が悪く，家事や用事を命令口調で言いつけ「まるで家政婦のような扱い」が最近続いていて，母親は夫婦関係に絶望していること，息子のために我慢しているが息子のことがなければとっくに離婚しているということが語られました。

　やがて母親が夫への思いを吐き出し，我慢するばかりではなく自分なりの対処法をとるようになり，父親も自分の振る舞いをきちんと修正できた頃，太郎がSCの訪問を希望しました。太郎は「母親が自分のいない間に死んでしまうのではないかと気になって学校どころではなかった。父親から母親を守るのが自分の使命だと思っていた」ということを打ち明けてくれました。太郎の気持ちがほぐれてくると担任の訪問も受け入れるようになり，担任とキャッチボールをしたりして体を動かすことで表情が穏やかになっていきました。夫婦関係が安定しはじめると次第に太郎も家族と食事をとるようになり，友人とも再び遊びはじめ，再登校するようになっていきました。

2. スクールカウンセラーの訪問支援の実際

　不登校の子どもは少なからず学校という建物に対して嫌悪感や不安を抱いていますので学校内のカウンセリングルームにおけるカウンセリングにこだわらず柔軟な対応が必要とされます。思春期の複雑でデリケートな心の状態についての知識をSCが備えた上で，保護者，担任や学年の教師集団，クラブの顧問などの役割や関係性，各々の気持ちもくみ取り，「訪問せねばならぬ状況」を見極める必要があります。SCは教員とは違った立場であるからこそできることと，SCの役割にも限界があることをしっかり認識しておくことも大切です。

　SCは保護者や担任などの要望を受け，校内で生徒指導担当の教諭，養護教諭，担任や学年主任などとケース会議を開き，SCの訪問が必要だという認識が一致した場合に児童生徒の家に訪問することになります。この際保護者や担任を始めとする学校職員がSCの訪問を要望したとしても，児童生徒本人はそれを受け入れる準備ができているとは限りません。まずはSCの書いた手紙や保護者からの説明で，SCの役割や訪問の日時や滞在予想時間を伝え訪問します。外部からの侵入者には不安が高まっていることが多いため，はじめから会えること

は期待せず訪問します。

　最初はただ母親などとどんな人かがわかるように立ち話をし，次の訪問では少し声かけを行うなどして時間をかけて警戒心を解くことが必要となることもあります。生徒に心の準備ができた時や保護者がどうしても会わせたいと思う時に会うことができるでしょう。そうした時には「再登校させる」という目標よりは本人が少しでも強い緊張や不安から解き放たれて，自己肯定感を一定水準に高める支援が必要と思われます。訪問支援を根気強く教員と連携して行うと本人が必要と思えば再登校に至ることも少なくはありません。また登校はしなくても家族関係の修復や心の健康の回復にアプローチできれば，次のステップへとつながる可能性が見えてきます。再登校はしなくとも必要に応じて教育センターや，病院，民間のフリースクールなどにつないでいくことも大切な役割です。再登校に至らず中学を卒業していく子どももいますが，卒業後元気に自分なりの充実した毎日を過ごしているという人も決して少なくはありません。こういった意味でスクールカウンセリングにおける訪問支援は必要不可欠なスタイルと言えるでしょう。

4節　精神科医療領域における訪問カウンセリング

　2003年厚生労働省が「精神保健福祉の改革に向けた今後の対策の方向」を発表し，入院医療中心の生活ではなく精神障害者が可能な限り地域において生活することができるように推し進めていくことになりました。様々な検討が重ねられ「精神障害者アウトリーチ推進事業」が実施される運びとなり，チームの一員として臨床心理技術者の参加が明記され，心理師に対するアウトリーチの要請はこれからますます増えて行くことが予測されます。

　しかし，現在のところ精神科病院，精神科クリニックにおいては，訪問というと精神保健福祉士や看護師などが中心になって行われています。彼らは主に統合失調症や認知症など精神科領域の患者さんやその家族の方を訪問し，生活指導や薬の管理，家族の支援などを行います。彼らの専門的訪問によって患者は自分の病気と向かい合うことができるように様々な支援を受け，地域で暮ら

していくための術を身につけていきます。

　精神科病院の心理師が，その専門性を生かした訪問支援を依頼されることはそれほど多くはありません。精神科病院の常勤心理師だった筆者の経験では，看護師や精神保健福祉士の訪問を拒絶し，治療ベースに乗りにくいがカウンセリングを希望している患者さんに対する訪問支援の依頼は時折ありましたので，架空の事例を提示します。

1. 事例学習の素材：24歳の花子さん

　　花子（24歳）は中学生の頃から学校には行っておらず主に自室で折り紙を折っていました。相談機関はいっさい拒絶したため，両親はどうしたらよいかわからず不本意ながらも放置状態になっていました。最近になって大声で叫び出すようになり近所から苦情が出るし，病院に連れて行こうと思うが暴れてとても難しく，父親だけが病院に相談に来ました。父親は，医師から「統合失調症の発病かもしれない」と言われ，ネットで調べてみたら当てはまるような気がして心配になり，寝ている間に殺される不安が出てきて眠れなくなってしまい，クリニックに何度も相談に来ました。心理師関連のドラマを観ていた花子が「心理師と言う人になら会ってもいい」と言っているということで，主治医から心理師に訪問支援を打診してきました。心理師は，医師，両親や担当の精神保健福祉士（以下PSWと略す）と情報交換した上で訪問をすることにしました。父親に案内され，居間に行くと三角座り（体育座り）でじっと壁に向かって何か話している花子がいました。「クリニックから来た心理師です」と声をかけると急にしがみついてきて「心理師さん助けて！」と叫びました。「大変なことが花子さんに起こっているんですね。今そのことを話せますか」と心理師は問いかけます。花子は，矢継ぎ早にまったく意味の通じないような訴えをしたあと自分の頭を拳でたたきます。深呼吸をうながし，ゆっくりと床に座ってもらい話せる時を待ちます。「ここ1か月，みんなが自分を監視していて合図を送ってくる。テレビも携帯からも。ちょっと行ったコンビニでもレジを打つふりをして合図を送っていた。お父さんまでもさっき携帯で誰かに報告していたし，『おまえなんか早く死ね』という声が天井から聞こえてくる」ということで

した。統合失調症による妄想にも思えましたし，長年の引きこもりによる不安感の増大にも思えました。花子の心にどんな不安や恐怖があるか，それはどんな病態水準にあるのかなどを考えながら花子の心に寄り添い，彼女の心に響く言葉を探し当てることができた時，花子は長年拒絶していた医師の診察を受け入れ，入院治療にも応じてくれたのです。

2. 病院臨床における訪問支援の役割

　このケースのように，心を閉ざしており社会的支援が困難とされた患者を抱えた家族が医師やPSWに相談した後に，心理師の訪問が要請されることがあります。要請を受けた心理師は主治医の見立てやPSWからの情報やアドバイスを受けた上で，できる範囲で心理的アセスメントを行い訪問します。訪問を行った後は，病院で医師やPSWに報告し，次回の訪問方法や方針を改めて確認します。

　こうした訪問で未受診の患者さんを受診につなぐことができた時は，医師の診断と治療の後，病院内の心理療法，カウンセリング等の利用，デイケアや作業所などへの通所，地域の支援者との支援体制の構築などをPSWと一緒に考えます。患者の希望によって改めてカウンセリングや心理療法を導入することもあります。すでに診察やカウンセリングを受けているが，症状が悪化するなどして診察を中断し，引きこもってしまい出てくることができないような場合には，訪問後再び治療ベースにのるように支援した後に，心理療法，カウンセリング等を再開します。

　心理師自身は訪問しない場合でも，訪問している医師，看護師，PSW，介護士などに心理的なアセスメントやアプローチについてコンサルテーションを行い，連携して間接的に支援します。そうした他職種による訪問支援をサポートすることも心理師の重要な役目です。

5節　保健分野における訪問相談

　保健所や保健センターにおいては，従来から多岐にわたって心理師が保健師と協働して母子の発達や心の健康を支えています。保健所などにおける心理師の仕事としては，乳幼児の発達検査，子育て発達相談，精神障害者等の心の相談などがあります。

　保健所や保健センターの重要な役割として，生まれてすぐの赤ちゃん（新生児と呼びます）から就学前までの子どもを対象に保健師が中心となって体と心の発達を支援する母子保健事業というものがあります。

　子育て中の母親の中には，小さなきょうだいや高齢者や病人が同居していたり，自身が何らかの疾患に罹患していたり，様々な理由で保健センターの乳幼児検診にまで足を運べない人がいます。また検診には来るけれどもその際子育ての不安を強く訴えるような母親などもおり，そんな時には保健師がその家庭を訪問します。

　保健師は，各々担当する居住地区を訪問する中で心理師の同伴が必要と判断した時は，心理師に心理的支援や発達検査などを目的とした訪問を要請します。

1. 事例学習の素材：23歳の愛さん

　　23歳の愛は未熟児の赤ちゃんを出産し退院したばかりで，退院する時すでに養育不安が強い状態でした。子どもは他にも3歳の兄がいます。「子どもを育てられない」と，退院後間もなく愛は泣きながら保健センターに電話してきました。保健師はすぐに訪問し愛の状況を把握し子育て支援のプランを考えました。その経過の中で長男の方の発達面にも課題がありそうだということにも気づきました。父親からも発達検査の要望が出ましたが仕事が忙しく平日の休みはとれないし，愛が2人の子どもを連れて外出するのは現在のところ困難な状況であったため心理師に訪問相談と発達検査の要請がありました。

　　心理師が保健師と共に愛の家に近づくと大きな泣き声が複数聞こえてきます。呼び鈴を鳴らすと愛が泣きながら泣き叫ぶ赤ちゃんと3歳の子どもと共に出てきました。保健師は赤ちゃんを引き取ってあやし愛をなだめます。心理師も

上の子どもの頭をなでて落ち着かせます。愛の育児疲れがはっきりと見てとれます。保健師が愛と話している横で心理師は子どもと遊びながら様子を見ます。落ち着いた頃，要請された長男の発達検査を行いました。検査からは発達遅滞が示されました。また愛の話からは愛自身が社会的養護施設で育ち，夫もまた母親を幼少期に亡くしていて育児について支援する人どころか相談する人さえなく本当に辛い子育てとなっていることがわかりました。心理師は子どもの現在の発達の様子と声かけの方法などを伝え，お母さん自身の養育能力や心身の健康具合を心理的に見立てつつ，愛に負担がかからないよう配慮しながら，これ以上育児に苦しめられないよう具体的な手立てと心理支援の必要性を説明します。心理師による継続的な訪問では，愛は「何をどうしたらいいのか？　もうやれそうにない」とこれまで抱えてきた気持ちを心理師にぶつけ，自分自身が育ちの中で得ることができなかったものに対する怒りを表出しながら母親としての自己を確立していきました。保健師は育児サークルに誘い周囲の支援体制を整えました。これらの支援の結果，愛はわが子をほどほどにかわいいと思えるようになり，無理のない自分なりの育児を徐々に築きあげることができるようになっていきました。

2. 保健領域における訪問の役割

　保健センターなどでは心理師は訪問後，保健師グループや医師とカンファレンスを行い，心理的な見立てを伝え，心理面での今後の支援のあり方などを提案します。訪問の後，時には保護者からの依頼で，子どもの様子の観察や発達検査の結果に基づいて紹介状を作成することや，保育所申請，療育手帳の発行のための補助資料を書くことが求められることもあります。入所中の保育所や幼稚園の先生から園内での関わり方についてコンサルテーションを依頼されることもあり，訪問をきっかけに様々な支援に関わることになっていく可能性があります。

　この他にも，子育てに関する訪問支援については，厚生労働省は2014年，児童福祉法に基づき「養育支援訪問事業」を定め，子どもの養育が困難で支援が必要だと推測される保護者や妊婦などに対し，その養育が適切に行われるよう

訪問を行って，養育に関する相談，指導，助言その他必要な支援を行うガイドラインを示しています。こういった分野においても，心理師による専門的訪問支援はこれから開拓され発展していくことでしょう。

6節　緊急事態における訪問相談

　大災害をはじめ，自然災害，人的災害などが起こると自宅の倒壊や火災，大切なものや人の喪失ということに急に曝されることになり，人々は困惑と失意と絶望に襲われます。強烈で破壊的な出来事，犯罪被害，いじめ，虐待，信頼している人からの裏切り行為等による緊急事態においては，心理的にもダメージを受け，それらに遭遇したことがない人にとっては想像の域を超える強い恐怖が生じます。そんな時には近しい人であっても信じることができなくなったり，傷つく言葉を恐れたりして自分の殻にこもってしまうことがあります。交通機関が遮断されてしまうことによって行きたいところに行けないという問題が生じていることもあります。こういった緊急事態の際，心理師は，被災地や避難所，家庭に心理的支援のために訪問することになります。近年，様々な災害が日本を襲いましたが，そのたびに心のケアが必要不可欠なこととされ，大勢の心理師等が携わってきました。また大災害の時にはボランティアや公務員，自衛隊，消防隊，レスキュー隊など多くの人々が救援活動を行います。そうした人々があってこその緊急支援，復興となるわけですが，こうした人々も，酷い現地の状況や深い悲しみの状況を目の当たりにして被災者と同じような心理状態（ストレス反応）になることがあります。心理師の訪問支援では，こうした支援者の二次受傷を最小限に食い止めるために，現地での予防教育や予防対策，フォローアップも行います。

1. 事例学習の素材：33歳の五郎さん

　　心理師が災害直後に緊急支援として1週間避難所に訪問に行くことになりました。五郎（33歳）は訪問先の避難所で炊き出しや救援物資の配布などを大変元気に行っていました。心理師のところにも駆け寄り被害の状況や避難所に

255

いる人々の様子を詳細に教えてくれました。翌日行くとまたトイレ掃除や溝のゴミの掃除を一生懸命している姿が見られました。さらに翌日行くとまたみんなをお風呂に入れてやりたいと計画を立てていました。心理師は次第に五郎の顔色や話し方，動き方が災害後起こりがちな過覚醒，過活動の状況ではないかと気にかかり出しました。5日目やはり活発に働いている五郎に少し時間を作ってもらうよう要請して，2人で彼の寝どこである避難所の一角で話すことにしました。五郎は震災以降ほとんど眠れずじっとしていたら頭がおかしくなりそうなので，それなら皆のために働くべきだと考えて働いていたということです。よくよく聴いてみると，大震災が起こった日，横で寝ている妻を守ろうとしたが妻からはねのけられ，挙句の果て「避難所には一緒に行かない」と友人の家に行ってしまったということでした。もともと良くなかった夫婦関係が震災によって明確になってしまい彼は二重の喪失感を活発に動くことで紛らわせていたというのです。「人に話すと急に力が抜けて，くたくたになってきたので一回横になってみる」とそのまま横になって「ここに来てはじめて寝っ転がりました」と目をつぶって背を向けました。翌日，心理師は五郎に自分自身のケアを真っ先にして欲しいことを五郎にとって受け入れやすいよう言葉を選んで伝え，現在の状態に対する様々な対処方法や支援先を紹介しました。

2. 緊急支援の実際

　同じ災害や被害に遭ったとしても各人の反応は様々です。適切にアセスメントし，心のケアや医療受診を必要としている人のスクリーニングを行うことも重要です。かつては災害直後から数週間内にデブリーフィングといってトラウマ的体験を話すよう被災者に促し，トラウマ体験に対処するために心理教育を行うことが推奨されてきましたが，最近ではこの方法の効果が否定されています。現在にいたるまで，多くの経験や研究からこうした場合の支援方法は進化し続けています。米国ではニューヨーク同時多発テロ（2001）を契機に，サイコロジカル・ファーストエイド（以下 PFA）という包括的支援マニュアルの様々なヴァージョンが作成されました。その最も代表的な「Psychological First Aid Field Operations Guide」(2005) は日本語に翻訳されており緊急支援時に

活用されています（兵庫県心のケアセンターウェブサイト）。

　大災害の時，援助する側が被災地のもとへ出向いていく時の注意点として加藤（1998）は，サービスを受け入れやすくするために専門性を強調しすぎない工夫も重要となることや，災害後の心理的問題や対処の仕方，あるいはサービスを提供する窓口の存在などを啓蒙することが効果的であり，こうした啓蒙活動そのものを被災社会に対するアウトリーチとして位置づける考えもあると述べています。

　数々のPFAにあるように，まずは被災者の安全を確認した上で食事と睡眠，排泄，衣服，人間関係など，現実的な問題の解決を支援します。対処に役立つ情報提供や，関係機関や支援者とのつなぎ役を支援チームと協働で行います。その中で表出された不安感や恐怖にそっと寄り添い，必要な人々には専門的な心のケアにつなぐことができるとよいでしょう。

7節　様々な訪問カウンセリングの可能性

　紹介した以外にも心理師の訪問支援は各所で工夫され行われています。

　訪問看護の対象となっている高齢者，重い病気や終末期患者など行きたくても心理師のいる場所まで足を運べないという状況の人々が他にも多くいます。また患者のみならず患者の家族にしても，家庭の中で重い病気を抱えていく心理的なストレスは相当なものです。大切な家族が病気になっているということ自体が非日常的なことであり，心理的な安定感が損なわれることも多くあります。家庭にいる患者やその家族が自分の存在や役割の意味を確認し心理的な安定が得られるような，心理師の訪問支援が望まれます。このほか，児童相談所，子ども家庭支援センター，児童発達支援センター，児童養護施設，乳児院，市役所内の子育て支援課，警察，発達支援センター，個人開業，NPO法人による支援センター等々においても様々なニーズに応じた訪問による支援があります。心理師の訪問による支援の領域はこれからさらに広がっていくことでしょう。

column no.6

心理的アセスメント現場から

　アセスメントというと，心理テストを使った何かを思い浮かべる人も多いのではないかと思います。実際病院や教育機関などの心理の現場では，「診断の補助として」，「発達状態の査定のため」，「今後の治療計画を立てるため」，あるいは「心理療法への適性を知るため」などで主治医や関係機関から知能テストや性格検査の依頼があります。また，カウンセラーが心理療法を始める際に行う「見立て」も広い意味ではアセスメントです。

　例えば，インテークをして，発達障害の可能性が考えられる場合，まずは発達のアセスメントをしようとなると思います。このあたりははじめから疑問をもって訪れた方には勧めやすいのですが，クライエントの方の問題意識によってはなかなか微妙なところがあります。特に治療に繋げる場合には，クライエントの求めているものをよく捉えた上でないと，せっかくの心理テストも生きないところがあります。これまでのカウンセリング経験から，このような場合のアセスメントについて感じたところを書いてみたいと思います。

　筆者が関係する開業精神療法を行っている相談室で，発達障害の方のカウンセリングを行うことがあります。投薬など主治医がいた方がよいと思える時には，発達障害を見ることのできる病院やクリニックを紹介し，連携してカウンセリングを行うこともあります。その逆で，病院やクリニックから紹介状と心理テストの結果と共に来室される方もあります。このようなケースの中には，診断や見立ては正確にできていると考えられるのに，カウンセリングがうまく継続しないことが時どきありました。知能検査も性格検査もちゃんと取れていて所見もちゃんとしていて，適切だろうと思われる治療も提案できているのに，なぜかしっくりこない，またその援助を希望しなかったり，継続しなかったりするのです。紹介されてくる方の場合は，その紹介元のところでも治療を継続できたのではないかと思えることもあります。これだけ所見もしっかりしているのに，治療の導入がどうしてうまくいかなかったのだろうか，クライエントのニーズと合わなかったのだろうかなど考えました。続く場合とそうでない場合と何が違うのだろうと。

　そのような方々にお会いしていくうちに，見えてきたものがありました。長く続く場合は，現実的な工夫はそのつど変わっていきながらも，気持ちを聞き，支えていくことがうまくいっている場合のようです。あたりまえのことですが，彼ら彼女らが求めているのは，発達障害という診断でもなく，対人関係の練習の場でもなく，そのように生きざるを得なかった，その苦しさを語ることなのだと。そして，それを語れるようになるには結構時間がかかります。現実的な工夫に関しては，たいていの方はそれまでの過程でかなり工夫をして努力をしてい

● 高田夏子
（専修大学人間科学部）

ます。周囲とのズレに傷つき，悩み，工夫し，失敗し，さらに模索し，やり始めては止まり，また挑戦しということをしてきています。面接では現実的な工夫も考えつつ支えていくうちに，始めて何年か経ってからどんなふうに傷ついたのか，それが今でも残っていて自分に影響を与えていて苦しいのかに気づき，徐々に体験を語れるようになっていかれるようです。この気づきはご本人にも，聞いている私たちにもある感動を与えるものです。

　このような方々との体験は，改めてアセスメントとは何かを考えさせてくれます。アセスメントとは，いかに背景情報をていねいに聞き取り，数字やプロフィールとの関係を考え，背後の状況から，まつわる感情，傷つきを想像できるか，その上でこの先の方向性を考えられるかなのでしょう。教科書にもそう書いてあるし，こんなふうに活字にするとあたりまえのように見えると思います。ところが治療に関わってみるとこれがなかなか難しいことがわかってきます。また面接の過程では，柔軟に細かいところを修正していくことも必要です。

　しかし心理テストのオーダーを受けて所見を書くことで一段落という仕事だと，こうした想像力を養いにくいかもしれません。テストだけの関わりにしても，可能なら診察に陪席するのがよいし，時どきカルテをみて経過を追ってみるのがよいと思います。所見を書く練習に，その障害についての教科書や研究だけでなく，ぜひ症例を読んでほしいと思います。平均値を知り，一般的にどのような治療法が有効であるかを知り，それを勉強することも大切です。一方で一人ひとりがどのような経過をたどったことがあるかを知るのも大切で，それが失敗のケースであっても，非常に役に立つことが多いと思います。アセスメントの部分だけに関わる仕事でも，その方がやっていることに意義を感じ，楽しくなってくると思います。

　幸運にも長い経過に立ち会うことができた経験から，アセスメント，その後のカウンセリングを通してしていることは，自分らしさを知り，できればそれをよいものと感じることができ，そして社会との接点を見つけていくことなのではないかと考えられます。それにつながるような最初の出会いとアセスメントができるよう努力したいところです。紹介をする場合でも，紹介を受ける場合でも，そのような視点をもって始められたケースは予後もよいように思います。

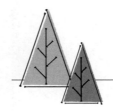

第 15 章

心の健康教育

1節　はじめに

　ここまで読み進んできた読者は，心理支援専門職の「心理学的支援法」には，2つの方向からのアプローチがあることに気づいたのではないでしょうか。一つは，心理的健康の不調を体験し，訴えている人々の回復を支援するアプローチであり，もう一つは，心理的不調から回復した人やその人と関わりのある家族や学校・職場の人々，さらにそのような体験や知識のない人々に対してどのような支援をするか，いわば心理的健康の維持，予防，増進を支援するアプローチです。

　本章のテーマ「心の健康教育」は，第二の支援法の一つになります。その内容は，「心理的健康とは何か」「心理的健康を維持・推進するにはどうすればよいか」をめぐる心理専門職の心理学的支援法を考えることになります。

　その目的は，身体の健康と同じく，心の健康が損なわれたり不調になったりしてからその支援を始めるのではなく，その前に健康を維持・予防し，心理的障害や病気になっても早期に回復するよう支援することにあります。一方，身体の健康の維持や予防に関する知識や活動は広がっており，多くの人が食事や運動など健康維持のために積極的に取り組み，専門家のアドバイスを聞こうとしていますが，心の健康となると身体の健康ほど積極的な関心を寄せたり，その維持や予防に取り組んでいる人は多くないようです。

　その理由は，「心の健康」とか「メンタルヘルス」が人々のあたりまえの関心事になるまでには，心の不健康に対する無理解と偏見によるタブー視が続き，そのタブーを破るには3つの「精神医学の革命」と呼ばれるプロセスが必要で

あったこと，そして現在もなおその革命の途上にあることが挙げられます。

3つの革命とは，①1790年代初期，近代精神医学の祖と呼ばれるフランスの精神医学者ピネル（Pinel, P. 1745〜1826）によって行われた神経症者の犯罪者同様の鉄鎖拘禁状態からの解放，②1900年から現在に至る，精神分析学の創始者フロイト（Freud, S. 1856〜1939）による無意識の発見と神経症の語りによる心理支援法の開発・発展，そして③第二次世界大戦後，精神障害の支援に予防精神医学という理念を導入した精神科医キャプラン（Caplan, G. 1917〜2008）による地域精神保健運動の開始です。第2の革命による現在までの成果は本書の第1部〜第4部で紹介され，第3の革命については第5部の第13章「地域支援の意義」，第14章「訪問による支援」で論じられ，本章「心の健康教育」につながっています。

そこで，本章では「心の病」とか「心理障害」と呼ばれる心理的健康の不調が陰に陽に差別されている現実を踏まえ，心の不調を理解することがいかに難しいかということを紹介し，あらためて心の健康とは何かを考えます。そして，心の健康の維持，予防，推進には，人々がどのような知識，態度を身に着けて自他をケアするのかという視点から，心の健康の支援法としての心理教育について考えたいと思います。

2節　心の健康，心の不健康とは

心の健康とは，メンタルヘルス，精神的健康，精神保健，精神衛生などとも言われ，精神的・心理的に健康なこと，そしてその状態が維持されていることをイメージすることができるでしょう。では，「心の不健康とは？」と問われるとどうでしょうか。それは心の健康が損なわれた状態であり，心の健康の不調とか精神障害と言われる状態だろうと考えることはできますが，心の健康ほどイメージすることが容易ではありませんし，心の支援の専門家でも答えることは難しいことに気づかされます。

1. 常と異なること（異常）を排除する心理

　その理由の一つには，心の不健康な状態とか心理的障害がまだ医学的に十分解明されてないことがあります。加えて，その障害は，症状や言動として表現されるものの，その実態は体験している人にも周囲の人にも見ることも理解することもできないことがあります。つまり，本人のみが体験していても，専門家も周囲の人も症状や言動の裏にある心の状態を理解することが非常に困難であり，そのために，普通とは異なる理解できない症状や言動に対して，「異常である」「あるべきでない」という心理が働き，恐怖や排除の対象にする可能性があります。

　また，フロイトが女性に多く見られるヒステリーと呼ばれた症状を「子宮（ヒステリー）の病気ではなく，記憶の病だ」と述べて以来，心身症の支援の必要性は理解されてきましたが，一般の人々にそのような複雑な症状や苦悩の理解は広まっていません。その結果，専門家にお任せといった対応やケアの回避があり，また患者が孤立しがちになっているのでしょう。

2.「心の病」の体験記録

　先に述べたキャプランの第3の革命は第二次世界大戦後ですが，実は，それよりはるか以前に精神医学の世界ではメンタルヘルス運動の先駆けとなった出来事がありました。ビアーズ（Beers, C. W. 1876〜1943）によるメンタルヘルス運動の開始です。ビアーズは，大学生の時うつ病になり，8年にわたって3つの精神病院に入院しましたが，入院中，いずれの病院でも医師，看護師，看護人から脅迫，虐待，暴力などの非人間的扱いを受けていました。彼は，ある医師の支援もあって，その体験を含めた自分の内的世界の体験を「わが魂にあうまで」（1908）に著しました。彼はそれを機に，同志と共に精神病患者の処遇と治療の改善を目指す市民運動をはじめ，その運動は精神病患者の治療の改善という枠を広げて，アメリカにおけるメンタルヘルス運動へと広がっていきました。

　"*Mind That Found Itself*"という彼の著書の英語のタイトルを私なりに理解すると，「まぎれもない私自身の心を発見した私の心は，こんな心でした。それ

はひどい扱いを受けてもいいような心ではないのです」と訴えているようです。著書から，差別を受けていることで自分の本音を探ることも語ることもできず，うつ病を悪化させていたに違いない彼や同じ病の人々の苦しみが伝わってきます。また，それを著書にして多くの人に知らせた彼の勇気と貢献がいかに大きく，同時に心の健康と不健康の理解がいかに難しいかがわかります。

　1908年は，フロイトが精神分析を開始して間もないころであり，意味深いことです。ビアーズの体験の視点から心の不健康の支援を考えると，支援に関わる専門家にとってその体験をしている人自身の体験を語ってもらうことは不可欠であり，専門家はその語りを本人の視点で受け止め理解して，そこから協力して抜け出していく作業をすることが支援であることに気づかされます。また，心理的支援の中核には，支援者の支援だけがあるのではなく当事者や身近な家族による語りという支援があること，そして，そのような支援の交流は関係者だけにとどまらずより多くの人々と分かち合われ，より広い支援やケアの交換に広がっていくことが必要であることも理解できるでしょう。

　本章のテーマ「心の健康教育」は，上記のような先人たちの体験とそこへの取り組みから生まれた考え方と方法です。本章では，その方法の一つとして開発され，その効果が注目されている「心理教育」という支援について紹介します。このアプローチは心の健康とは何か？　について新たな問いを投げかけ，21世紀の心理学的支援に大きな影響を与え始めています。心理支援に関心をもつ人々にとって，この問いは自己の視野を広げ，心理支援の方向性を考える手がかりになるでしょう。

3節　心理教育という支援

1. 心理教育とは

　心理教育，あるいはサイコエデュケーション（psychoeducation）とは，「疾患や問題などもった人たちに対して，心理面への配慮をしながら情報や知識を提供し，症状や問題に対処できるようエンパワーすることを目的とした教育」とか「様々な問題の心理的社会的意味を考慮した対処法の協働探求」と言われ

る活動です。一般に「心理的なことを教育すること」と理解されやすく，そのような説明をしている文献もありますが，その目的は，専門職が教育することにあるというよりは，専門職の心理的な配慮の中で当事者と専門家が情報を交換することの方に重点が置かれています。

このような意味と目的をもつ心理教育は，ビアーズのうつ病の入院体験の著書が端緒になって広がった精神保健運動の発展形の一つと考えられます。適切な治療と処遇には専門家はもちろん，患者も一般市民も疾患についての知識と関わり方を知っている必要があり，そのための「心理教育」という方法を作り，場を設けることが専門職の役割になったのです。例えば，受容しにくいエイズや癌（がん）などの身体疾患や統合失調症やうつ病などの心理障害の告知と治療には相応の配慮と方法が必要です。また，ある集団や組織の隠しておきたい難問への取り組みなどにも相応の準備と方法があるでしょう。

心理教育とは，そのような微妙な問題に取り組むために，疾患や問題の解明による正確な知識を得ながら，関係者が問題をめぐる当事者の思いを分かち合い，解決に向かって協力するための支援法なのです。

この支援法は，まず教育と医療の領域で開発・実施されましたが，現在では，健康な生活，子育て，対人関係，非行，いじめ，引きこもりなど，支援が必要とされる様々な領域で多様なプログラムが開発・実施され，その効果研究も行われています。また，プログラムは医療や教育の専門機関だけでなく，セルフヘルプ・グループ（自助グループ）と呼ばれる場などでも実施されています。

次に，教育と医療の領域で開発され，実施されている心理教育プログラムの内容と進め方について紹介します。

2. 教育領域で発展した心理教育プログラム

教育領域で開発された心理教育プログラムの一例を紹介しましょう（平木，2007）。これは，1950年代のはじめに精神分析家レドル（Redl, F. 1902〜1988）が開発した非行や攻撃的行動をもつ子どもたちのための集団宿泊プログラムです。ストレスに満ちた体験をもつ「荒れている」と呼ばれる子どもたちを対象とした「人生への危機介入」と呼ばれるヒューマニスティック・アプローチで，

子どもたちの人生の危機と性格を考慮した治療環境の中で，段階的に構成された方法を活用します。

　その基本理念は，自らの人生を危機にさらし，破壊に陥れているように見える子どもに対して適切な支持を行い，子どもが自分の行動の問題を理解し，もてるリソースを活用して自ら変化するよう支援することです。対応の鍵は，悪いところを正すのではなく，子どもの生得的善を引き出し育てることです。とりわけ感情の爆発などの混乱と危機にある子どもの支援には，カウンセリングは不十分であり，大人がその場で子どもの行動パターン，価値観，出来事の解釈，人生観などに変化をもたらす介入をし，危機を新たな行動を実行するチャンスにすることを重視します。合宿形式で行われるのは，支援者が子どもと信頼と受容の関係を築くために必要な環境と方法の一つと考えられます。

　このアプローチは，その後，非行のみならずいじめや情緒障害など自己の葛藤や不安を攻撃や問題行動で表現する子どもたちや落ち着きのない子どもや虐待を受けた子どもたちへの支援法として展開し，当初は心理教育と呼ばれていませんでしたが，後に子どもの情緒・行動問題の更生に関わる学会誌で心理教育運動の先駆と認められています。

　教育領域における多くの心理教育プログラムの特徴は，自己理解と他者理解を促進し，相互信頼の環境を作るための「心理的」支援の部分と，新しい言動の習得という「教育的」な部分から成り立っているところです。そのため，スタッフは問題を多角的，継続的にアセスメントし，構造化された順序と方法による介入を行う訓練を受けることになります。また，そのアプローチに活用される理論と技法は，例えば上記のプログラムの場合，子どもの情緒と行動の理解は精神分析と自我心理学，プログラムの中での関わりは現在に焦点を当てた未来志向のヒューマニスティック・アプローチ，そして支援技法としてはスキル・トレーニングを含む行動療法も活用されるといった折衷的・統合的モデル（平木，2010）になっています。

　この多元的アプローチは多くの心理教育プログラムに共通するもので，例えば，世界の医療，福祉，教育，産業の領域で実施されているアサーション・トレーニングやソーシャルスキル・トレーニングでは，行動療法を活用したコミ

ュニケーションや対人関係スキルの訓練だけでなく，スキルの習得を阻害している常識やものの見方を見直し，誰にも自分らしく生きる人権があることを確認するためのプログラムなどが組み込まれています。また，プログラムの中では，考え方の変化はスキルの変化に，スキルの変化は考え方の変化に相互に作用していく小グループ体験が活用されます。

このようなグループ体験を活用した折衷・統合的アプローチは，学級崩壊への対応，差別を受けたり自責的になりやすい子どもや女性の対人関係，さらに孤独な子育てをしている母親たち，親の離婚を経験した子どもたちなど，生物・心理・社会的側面からの支援が必要な人々に有効であり，様々な分野に広がっています。

3. 医学・精神保健学領域で発展した心理教育プログラム

医療における心理教育プログラムの先駆的な試みは，1970年代に始まった統合失調症の患者とその家族のためのものでしたが，現在は，うつ病，アルコール依存，摂食障害，引きこもり，老年性認知症をはじめエイズ，長期入院患者の退院前の社会復帰への準備，リハビリテーション，ターミナルケア，さらにがんや災害などで子どもを亡くした親，発達障害の子どもをもつ親，虐待する親などへの支援法として広がっています。

その目的は，統合失調症のような慢性で一生つきあう必要がある疾病をはじめ，理解と受容が困難な障害や問題をかかえる患者と家族が「問題や困難を抱えながらもよりよく生きるために必要な①知識・情報，②対処技法，③心理的・社会的サポートを手に入れる」(後藤，2012) ために支援することです。

その支援の基本理念は，教育の場による心理教育と同様，集団的心理教育の場におけるコミュニケーションによる参加者のエンパワメントであり，病気や問題を患者，身近な家族などの関係者，そして支援者の真ん中において，平等な立場で問題について学び合うこと，そしてその支援は必要に応じて継続されることです。そこでは，当事者や家族はその問題を体験している自分の専門家であり，支援者はその問題のケアに関わってきた専門家であって，支援する者と支援される者といった強者と弱者の区別はありません。その場には，専門の

違った人の人権と個別性を重視した学び合いと教え合う関係があります。

したがって，そこで支援をする者は，参加者に対して，できていないことを指摘して変えようとするのではなく，体験したこと，できていることに注目して，その対応や工夫に共感し，ねぎらう姿勢をとります。例えば，一見，過保護，過干渉に見える家族の言動は相手に対する積極的な関心とケアを示しており，逆に拒否的・批判的な家族の言動には，その背景に人知れぬ苦労と困惑があったことをうかがい知ることができます。支援者がそのような見方で関わることは参加者の自己肯定感を高め，気持ちにゆとりをもって物事に対処し，その中からよりよい対処法や生活を創造していく可能性を広げます。

つまり，この種の心理教育プログラムには，参加者のニーズに合った情報提供と問題への対処について相談できる場の設定が不可欠であり，支援者はその姿勢と知識，体験をプログラムの中に入れていく必要があります。

その一例として，日本における「心理教育・家族教室ネットワーク」の後藤・伊藤ら（後藤，2012；福井・伊藤，2007）を中心とした長期入院の統合失調症患者とその家族のための心理教育プログラムを紹介します。プログラムは，本人を含む単家族を対象としたものといくつかの家族が集まるグループを対象としたもののほかに，家族教室と呼ばれる患者を除いた家族のみを対象としたものがあります。

いずれにも共通していることは，知識伝達を主とする教育的な部分と対処技能の増大を目指す支持的な部分から成り立っていることです。まず，最初は，いくつかの家族を集めた集団全員に対して統合失調症に関する知識や対処技能を伝える1日のサバイバル・スキル・ワークショップが行われ，その後，隔週で単家族ミーティングを6か月，さらに頻度を落としての継続，あるいは必要に応じた家族療法への移行などがあります。

その柔軟なプログラムのねらいは，まず疾患の明確な知識を得ることによる自責とスティグマ（異常という烙印）による負荷の軽減・解消があり，その認知の変化がメンバーのコミュニケーションの変化と家族の再社会化といわれる変化をもたらすことです。つまり，スティグマの解消は患者の病状の経過によい変化をもたらし，疾患に対する家族の認知の変化と患者の変化は，世話する

親（保護者）と世話される子ども，そして傍観者的な立場にいた他の家族メンバーとの固定した関係に変化を及ぼし，「家族員の自立と家族の中でのメンバーの社会化」（後藤, 2012）という家族役割や構造の変化が生まれます。家族役割が変化すると，固定化された家族内の役割に縛られてきた保護者やメンバーの対社会行動も変化していきます。社会参加の度合いが多い家族ほど患者の病状が安定に向かうというよい関係の循環も始まることがわかっています。

　このプログラムは，当初，専門医だけで行われていましたが，上記のような様々なプログラムの開発と適用の場に合わせて，例えば，医療機関では看護師や社会福祉士，心理職などが医師と組んだり，他の職種の専門家と組んだりして行うようになりました。また，企業や学校などの保健センターやカウンセリングセンターなどでも，医師・看護師・保健師・産業カウンセラー・教師・養護教諭・スクールカウンセラーなどが，それぞれの専門領域の知識を活用し，心理教育の技法を習得して実施しています。

　このプログラムの理念と方法の特徴である患者と家族と心理支援専門職の協力による支援目標の共有と実践，さらに患者を含めた多分野の専門家の発想と支持的なコミュニケーションによる支援過程の創造は，これから心理的健康に関わる様々な領域の専門家に必要とされている協働（collaboration）の具体的なあり方を示したモデルと言えるでしょう。

4. 二領域における心理教育プログラムの共通点

　ここまで教育と医療の領域における心理教育プログラムの概要を見てきましたが，その共通点をまとめると，

（1）心理教育とは，環境適応上，あるいは情緒的・行動的困難をもつ人々へのコミュニケーションとケアなどの技法を活用した心身の健康を維持，促進する社会的サポートであること。

（2）そのサポートは，対象と状況に合わせた構造化されたプログラムによって提供され，困難をもつ人と支援者の協働によって実施されること。

（3）心理教育の実践では，何よりも参加者と専門家が共に創っていく支援環境と関係の形成が重視され，プログラムにはワークショップ形式のスキル

訓練などの体験学習が組み込まれていること。
(4) したがって，心理教育プログラムの実践には，テーマについての正確な知識と最新の情報を備え，個人の心理力動と集団の力動を理解し促進するスキルをもった支援者が必要であること。
(5) 心理教育プログラムの構成要素をプログラムのねらいの視点からまとめると，①必要な知識と技能を学ぶ教育的な要素，②相互支援ができる仲間づくりの要素，③知識，技能，仲間づくりの中で生まれるコミュニケーションによるエンパワメントの要素，そして④必要に応じた支援が多様な形で得られるという安心と安全を支える専門家の要素があること，になります。

5. 心理教育アプローチの展望

　心理教育アプローチの開発とその発展は，一人の専門職や一つの支援法が困難や問題をかかえている人を支えるわけではないことを物語っています。たとえ一人の人を一人の人が面接して問題の解決に至ったとしても，それはシステムという考え方でも学んだように，目の前にいる人は，他の人々との関わりをもつ人であり，極端に言うとその人は支援した者だけの功績で変化したことにはなりません。限りない関係性の中にいる人々の変化には，心理教育プログラムで理解してきたようにサポーティヴな支援環境の継続が必要であり，それは多様性に満ちたコミュニケーションによって醸成されています。
　心理教育的アプローチが象徴している支援の意味は，人が社会の中で抱えることになった困難や問題を理解し，乗り越え，対応する力を身につけるには，社会的な資源という支援が必要であり，それが個人の自己効力感を高め，同時に他者をエンパワーして，各自が自分らしく生きることになるということだと言えるでしょう。
　家族心理教育を推進してきた後藤（2012）は，『「家族を治療する」から「家族と治療する」を経て「家族が治療する」へ』をスローガンに，ねぎらわれる必要がある治療資源は当事者と家族のあらゆる体験と努力だと述べています。
　実際，同じ障害や問題を体験し，それぞれの障害や問題によって受ける類似

の苦悩・支援・回復を体験した人々がその資源を生かして，セルフヘルプ・グループ（自助グループ）とかピア・サポート・グループ（仲間で支え合うグループ）と呼ばれる活動をしています。その代表的なものに今や国際的に連携して活動している AA（アルコホーリクス・アノニマス）があります。彼らは心理教育や回復のプロセスで身につけた健康維持の知恵と方法を活用して仲間への情報発信と受け入れのプログラムを作り，時には専門家やボランティアの支援を受けながら，国を越えて参加者を受け入れ，共に語り合い，助け合う時をもっています。彼らは，非専門家が担う支援やケアの体験から，支援やケアは相互のものであり，支援を受けることと支援をすることには同じ価値があるということを知り，実践を続けています。

　さらに，このような試みの中から，現在では，戦争や災害などによって多数の人々が突然体験する強度の危険や，孤立した生活や仕事などからくる継続的重圧によるストレスへの対応のためのストレス・マネジメント教育や支援が生まれています。それらは，例えば誰もが願う日常のウェル・ビーイングの維持・向上のためのリラクセーション（リラックスする方法の練習や実践）など，個人のセルフケアにも取り入れられてきました。

　このような自己の変化と成長を促進する人間の能力をレジリエンス（心の回復力）と言いますが，レジリエンスは逆境にあっても自分の健康を取り戻し，自分を回復する人間のもつ力であり，それは心理教育の中で見てきた他者のサポーティヴな関わりが鍵になっています（Wolin & Wolin, 1993）。心理教育プログラムが示唆するポイントは，人間は誰もが危機に遭遇する可能性がありながらも，それを成長のチャンスにすることができることです。専門職はそのきっかけを作ることができる仲間の一人です。

　多くの心理支援の専門家たちは，その支援の形態は異なっても，問題や症状をもった当事者から学べることに感謝していますし，21世紀の心理支援には，ユーザー中心の心理教育的アプローチ，とりわけ地域支援の中でかゆいところに手を伸ばす訪問支援（アウトリーチ）の精神の必要性が強調されています。

4節　あらためて心の健康とは

　心理教育アプローチの概要を知ることによって，心の健康が非常に複雑な様相をもっていて，それは心の不健康がないことでなく，心の健康の見方や理解さえも時代と周囲との関係の中で判断されたり誤解されたり，問題視されたりしていることがわかりました。今，心の健康とは何かと考えてみると，それは，身体の障害があっても自分なりの生活が送れること，慢性の心の病があっても心理的に不健康になることを予防し，よりよい状態への回復を早め，他者と共に自分を生かして社会の中で生きていくことができることであり，厳密にいうと人の健康には完ぺきな状態はないということに気づきます。それは，自分だけが心の健康に留意すればよいとか支援する人がその機能を果たせばよいということではなく，共に生きている人々が心の健康の複雑なメカニズムに開かれ，社会化されていくことが重要だということになるでしょう。

　そこでこの節では，世界と日本の心の健康に関わる機関がどのような取り組みをしているかについて，心の健康の定義などを参考にして概観し，心理専門職の働きについて展望することにしたいと思います。

1.「心の健康」の定義から

(1) まず「健康」とは

　現在，世界的に認められている健康の定義は，「健康とは，完全な身体的，心理的，そして社会的（かつスピリチュアルな）ウェル・ビーイングの（動的な）状態であり，単に病気や虚弱でないということではない」（日本WHO協会，平木訳）となっています。これは，1948年に国際連合の一機関として設立された世界保健機構（WHO）の憲章の前文で宣言されたもので，様々な議論はありながら，現在もそのまま世界の健康の基準となっています。実は，（　）内の言葉は，1999年に改定案で挿入することが議論されましたが採用に至らず，この分野の専門家や研究者による議論は尽きません。ただ，公的には第二次世界大戦後70年間，上記の定義が世界的な定義の基準になってきたと考えられます。

　この定義でわかることは，健康の中には身体的のみならず，心理的，社会

的な健康が含まれること，加えてスピリチュアルな健康も必要だと議論されたこと，また，健康が静的な状態ではなく身体的，心理的，社会的健康の動的（dynamic：つまりそれらが相互作用している）な状態を示唆しようとしたことでしょうか。

さらに憲章では，上記の文章に続いて「健康の十全な達成には，医学的，心理学的知識とこれに関係のある知識の恩恵を受けるすべての人々に広めることが不可欠である」とも宣言して，健康を達成するには，医学的心理学的知識がすべての人々に広められる必要があることが述べられています。

(2)「心の健康」とは

心の健康については，「精神的健康とは，精神面での障害がないことではなく，一人ひとりが自分の可能性を実現し，人生における普通のストレスに対処でき，生産的かつ実り多い就労と地域社会への貢献ができるウェル・ビーングの状態である」（原文を平木要約）と定義されています。また，誰もが達成しうる水準の健康を共有することは基本的人権であるとも宣言しています。さらに，各国がその任務を遂行するには，「精神的健康の領域における活動の中でも，特に人間関係の調和に影響する活動を育成すること」（日本WHO協会）を強調しています。

近年，人の健康を考える時ウェル・ビーングという言葉が使われるようになりましたが，日本語に直訳しにくい言葉でもあるため長年様々な訳語が使われてきました。上記の引用にある「ウェルビーイングの状態（a state of well-being）」を直訳すると，「良好な存在である状態」となり，そこには健康で，幸福で，安泰な存在としての人のありよう，といった意味が含まれているのではないかと受け取れます。

また，心の健康も含めて健康とは，疾患がないというだけではなく，人々が日常のストレスや困難に対処しながら，社会的にも自己の可能性を発揮して生きることであり，そのためには誰もがそのような生き方ができるような環境づくりにも協力し，貢献し合うことが奨励されていると受け取ることができるでしょう。

2. 心の健康の具体的領域

　日本では，世界保健機構が提示した健康の問題に厚生労働省が中心となってリーダーシップをとってきました。とりわけ1970年代のいわゆるバブル期と言われた時代の「モーレツ社員」「企業戦士」「サービス残業」などの言葉に象徴される状態の裏にうつ病者や自殺など職場の心の健康の問題が増加するに及んで，厚生労働省は「21世紀における国民健康づくり運動の報告書」（厚生労働省，2000）を出版しました。

　その中で強調された3つの課題の一つに，「休養・こころの健康づくり」があります。その中で，「いきいきと自分らしく生きるための重要な条件」の具体的要素として，①情緒的健康（自分の感情に気づいて表現できること），②知的健康（状況に応じて適切に考え，現実的な問題解決ができること），③社会的健康（他人や社会と建設的でよい関係を築けること），④人間的健康（人生の目的や意義を見出し，主体的に人生を選択すること）が挙げられています。この4点については，前の2節で述べたことと重なることがわかるでしょう。

　さらに報告書では，「こころの健康には個人の資質や能力の他に，身体状況，社会経済状況，住む所や職場の環境，対人関係など，多くの要因が影響し，なかでも，身体の状況とこころは相互に強く関係している。」と述べられて，「…ある種の疾病の発症や進展に心理的要因が影響すること」（傍点は筆者）が強調されています。

　報告書には1.栄養・食生活，2.身体活動・運動，3.休養・こころの健康づくりと題した各論がありますが，心の健康の基礎となる身体の健康として，1ではバランスの取れた栄養・食生活の重要性，2では，適度な身体活動と運動の奨励，そして3では，心身の疲労回復と充実した人生を目指す「休養」が強調され，さらに「十分な睡眠とストレスと上手につきあうことはこころの健康に欠かせない要素」とも述べられています。

　健康の維持・増進を述べる文章の中に，「バランス」，「適度」，「回復のための休養」といった文言が使われていることの背景には，日本の自殺率が世界の先進国の中で非常に高く，うつ病をはじめとする心の健康の問題に企業が取り組む緊急性があったこと，それはついに2015年から各企業に課された「ストレス

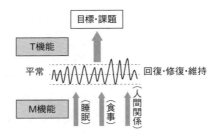

図 15-1　タスク機能（T 機能）とメンテナンス機能（M 機能）のイメージ

チェック制度」とそのフォロー面接の実施などに表現されています。

　人間の身体と心の健康は，図 15-1 に示されているように，人間に備わっている課題達成（タスク）機能（T 機能）と，身体の健康（食事と睡眠）と，心理的健康（人間関係）を維持・増進するメンテナンス機能（M 機能）とが相互に関わり合って発揮されるものであり，心の健康を支援する専門職の仕事には，不健康の回復支援だけではなく，健康の予防・維持の支援もあることを覚えておきたいと思います。

5節　おわりに

　本章のテーマである心の健康教育は，予防精神医学の運動の一つの支援法ですが，実は，その理念，内容，方法は 21 世紀の精神保健の大きなテーマと軌を一にしています。例えば，英国心理学会は「精神病と統合失調症の新しい理解：地域ケアとリカバリーを支える心理学」（Cooke, A., 2014 の日本語タイトル）を 2014 年に出版しましたが，その中では，統合失調症の「幻覚」や「幻聴」などその体験がない人が理解できないことは「異常で」「ありえないこと」とされてきたことが問われています。もしその人に聞こえたり見えたりしている事実を治すべきだとか，治らない疾患として分類するならば，権威ある専門家と多くの人が「正常」であって，「幻覚」がある人は「異常」というスティグマを貼られることになるが，それでよいのだろうかと問いかけています。そも

そも，ある症状を「幻覚」と名づけ，統合失調症という問題を暗示する病名をつけていることが偏見と差別を招いていないか。「その人に聞こえていること」「その人が見ていること」は聞こえ，見えていることとして認め，理解することが重要ではないかと論じています。

　心理教育プログラムでは，支援者と仲間が問題をかかえている人のありのままの体験に耳を傾け，理解しようとするプロセスがあります。その体験とその成果は，このような問いを発するきっかけになっているかもしれません。

　21世紀の心理支援として「ナラティヴ・アプローチ」（McLeod, 1997）と「オープンダイアローグ」（斎藤, 2015）が注目されていますが，これらのアプローチは，個人に大きな影響力をもつ社会が作りあげてきたものの見方や考え方が個人を苦しめることの問題を問い，個人の見方を尊重しながら人々が社会の中で共に生きていく方向を探る新たな試みになっています。

　心理支援の専門職が見逃せない動向として注目し，本章の結びとします。

引用文献

● 第1章

Beutler, L. E., Engle, D., Mohr, D., Daldrup, R. J., Bergan, J., Meredith, K., & Merry, W. (1991). Predictors of differential response to cognitive, experiential, and self-directed psychotherapeutic procedures. *Journal of Consulting and Clinical Psychology, 59*(2), 333-340.

Bohart, A. C., & Tallman, K. (1999). *How clients make therapy work: The process of active self healing.* Washington: American Psychological Association.

Consumer Reports (1995, November). '*Mental health: Does therapy help?*', 734-9.

Cooper, M., & McLeod, J. (2011). *Pluralistic counseling and psychotherapy.* SAGE Publishing. 末武康弘・清水幹夫 監訳（2015）心理臨床への多元的アプローチ　岩崎学術出版社

Duncan, B. L., Miller, S. D., & Sparks, J. A. (2004). *The heroic client: A revolutionary way to improve effectiveness through client-directed, outcome-informed therapy.* San Francisco: Jossey-Bass.

Frank, J. D., & Frank, J. B. (1991). *Persuasion and Healing*, 3rd Edition. The Johns Hopkins University Press. 杉原保史 訳（2007）説得と治療：心理療法の共通要因　金剛出版

Kim, D. M., Wampold, B. E., & Bolt, D. M. (2006). Therapist effects in psychotherapy: A random-effects modeling of the National Institute of Mental Health Treatment of Depression Collaborative Research Program data. *Psychotherapy Research, 16*(2), 161-72.

Lambert, M. J., & Ogles, B. M. (2004). The efficacy and effectiveness of psychotherapy. In Lambert (ed.) *Bergin and Garfield's handbook of psychotherapy and behavior change* (5th edn). Chicago: John Wiley & Sons, pp. 139-93

Luborsky, L., Rosenthal, R., Diguer, L., et al. (2002). The Dodo bird verdict is alive and well-mostly. *Clinical Psychology: Science and Practice, 9*(1), 2-12.

Norcross, J. C. (Ed.). (2011). *Psychotherapy Relationships that Work: Evidence-Based Responsiveness,* 2nd Edition. Oxford University Press.

Prochaska, J. O., & Norcross, J. C. (2014). *Systems of Psychotherapy: A transtheoretical analysis,* 8th edition. Cengage Learning.

Ryan, V., & Gizynski, M (1971). Behavior therapy in retrospect: Patients' feelings about their bihavior therapists. *Journal of Consulting and Clinical Psychology, 37,* 1-9.

Wampold, B. E., & Imel, Z. E. (2015). *The Great Psychotherapy Debate: The Evidence for what makes psychotherapy work,* 2nd Edition. Erlbaum.

● 第 2 章

Bowlby, J. (1988). *A secure base: Clinical applications of attachment theory*. London: Routledge. 二木　武　監訳（1976）母と子のアタッチメント：心の安全基地　医歯薬出版社

Fairbairn, W. D. (1952). *Psychoanalytic study of the personality*. Routledge & Kegan Paul Ltd. 栗原和彦　訳（1963）対象関係論の源流　フェアベーン主要論文集　遠見書房

Gay, P. (1988). *FREUD, A life for our time*. Norton, New York. 鈴木　晶 訳（1997）フロイト1. みすず書房

Kohut, H. (1971). *The analysis of the self*. International Universities Press.

Kohut, H. (1977). *The restoration of the self*. International Universities Press.

McWilliams, N. (1994). *Psychoanalytic diagnosis*. Guilford Press. 成田善弘　監訳（2005）パーソナリティ障害の診断と治療　創元社

McWilliams, N. (1999). *Psychoanalytic case formulation*. Guilford press. 成田善弘　監訳（2006）ケースの見方・考え方　創元社

岡野憲一郎・吾妻　壮・富樫公一・横井公一・丸田俊彦（2011）関係精神分析入門：治療体験のリアリティを求めて　岩崎学術出版社

PDM Task Force (2006). *Psychodynamic diagnostic manual*. Silver spring: Alliance of Psychoanalytic Organizations.

Pine, F. (1990). *Drive, ego, object, self*. Basic Press. New York. 川畑直人　監訳（2003）欲動，自我，対象，自己　創元社

Sandler, J. et al. (2008). *The analyst and the patient*. Karnac, London. 藤山直樹・北山　修　監訳　患者と分析者　誠信書房

Stern, D. (1977). *Unformulated experience*. The analytic press. Hillsdale, NJ. 一丸藤太郎・小松貴弘　訳（2003）精神分析における未構成の経験　誠信書房

Sullivan, H. S. (1953). *Interpersonal theory of Psychiatry*. Norton, New York. 中井久夫 他訳（1995）精神医学は対人関係論である　みすず書房

● 第 3 章

浅野俊夫　(1982). 行動の形成　佐々木正伸 編　現代基礎心理学5　学習Ⅰ：基礎過程 (pp.91-114)　東京大学出版会

Bellack, A. S., & Hersen, M. (Eds.). (1985). *Dictionary of behavior therapy techniques*. New York: Pergamon Press. 山上敏子 監訳（1987）行動療法事典　岩崎学術出版社

Cooper, J. O., Heron, T. E., & Heward, W. L. (2007). *Applied behavior analysis* (2nd ed). London: Pearson Education. 中野良顯 訳（2013）応用行動分析学　明石書店

Eysenck, H. J. (Ed.). (1960). *Behaviour therapy and the neuroses: Readings in modern methods of treatment derived from learning theory*. Oxford: Pergamon Press. 異常行動研究会 訳（1965）行動療法と神経症：神経症の新しい治療理論　誠信書房

Freeman, A. (Editor-in-chief). (2005). *Encyclopedia of cognitive behavior therapy*. New York: Springer-

引用文献

Verlag. 内山喜久雄・大野　裕・久保木富房・坂野雄二・沢宮容子・富家直明 監訳（2010）　認知行動療法事典　日本評論社

Fuller, P. R. (1949). Operant conditioning of a vegetative organism. *American Journal of Psychology, 62*, 587-590.

Hayes, S. C., Follette, V. M., & Linehan, M. M. (Eds.). (2004). *Mindfulness and acceptance: Expanding the cognitive behavioral tradition.* New York: Guilford Press.　武藤　崇・伊藤義徳・杉浦義典 監訳（2005）　マインドフルネス＆アクセプタンス：認知行動療法の新次元　ブレーン出版

実森正子・中島定彦　(2000). 学習の心理：行動のメカニズムを探る　サイエンス社

神村栄一　(2013). 認知行動療法　藤永　保 監修　最新心理学事典　平凡社　pp.582-586.

神村栄一　(2015). 行動論・認知論　杉江　征・青木佐奈枝 編　スタンダード臨床心理学　pp.109-134.　サイエンス社

Kohlenberg, R. J., & Tsai, M. (1991). Functional analytic psychotherapy: Creating intense and curative therapeutic relationships. New York: Plenum Press.　大河内浩人 監訳（2007）機能分析心理療法：徹底的行動主義の果て　精神分析と行動療法の架け橋　金剛出版

三田村仰　(2017). はじめてまなぶ行動療法　金剛出版

大河内浩人　(2007). 行動分析の基礎知識　大河内浩人・武藤　崇 編　行動分析　ミネルヴァ書房　pp.3-12.

O'Donohue, W. T., Henderson, D. A., Hayes, S. C., Fisher, J. E., & Hayes, L. J. (Eds.) (2001). *A history of the behavioral therapists.* Oakland, CA: New Harbinger Publications.　坂野雄二・岡島　義 監訳（2013）認知行動療法という革命：創始者たちが語る歴史　日本評論社

坂上貴之・井上雅彦　(2018). 行動分析学：行動の科学的理解をめざして　有斐閣

祐宗省三 編　(1983). モデリング　福村出版

鈴木伸一・神村栄一　(2005). 実践家のための認知行動療法テクニックガイド：行動変容と認知変容のためのキーポイント　北大路書房

鈴木伸一・神村栄一　(2013). レベルアップしたい実践家のための事例で学ぶ認知行動療法テクニックガイド　北大路書房

Thorndike, E. L. (1898). Animal intelligence: An experimental study of the associative processes in animals. *Psychological Review, Series of Monograph Supplements, 2*, No.4 (Whole No.8).

渡辺　茂　(2013). 学習　藤永　保 監修　最新心理学事典　p.64.

Watson, J. B. (1930). *Behaviorism* (Rev. ed.). New York: Norton & Company.　安田一郎 訳（1980）行動主義の心理学　河出書房新社

Wolpe, J. (1982). *The practice of behavior therapy* (3rd ed.). New York: Pergamon Press.　内山喜久雄 監訳（1987）神経症の行動療法：新版 行動療法の実際　黎明書房

● 第 4 章

Belskey, J., & Kelly, J. (1994). *The transition to parenthood.* Delacorte Press.　安次嶺桂子 訳（1995）　子供を持つと夫婦に何が起こるか　草思社

Feldman, L. B. (1992). *Integrating individual and family therapy*. Brunner/Mazel. New York.

藤田博康 (2010). 非行・子ども・家族との心理臨床　誠信書房

藤田博康 (2013). エビデンスベイストな家族療法・家族援助とは：ユーザーフレンドリーな臨床実践としての家族療法・家族援助　日本家族研究・家族療法学会編　家族療法テキストブック　金剛出版　pp.324-329.

Haley, J. (1973). *Uncommon therapy: The psychiatric techniques of Milton H. Erickson*. M.D. W.W. Norton.　高石昇・宮田敬一 訳（2000）アンコモンセラピー：ミルトン・エリクソンのひらいた世界　二瓶社)

Hare-Mustin, R. T. (1987). The problem of gender in family therapy theory. *Family Process, Vol.26*, Issue. 1, pp.15-27.

平木典子 (2003). カウンセリング・スキルを学ぶ：個人心理療法と家族療法の統合　金剛出版

平木典子 (2012). 本人不在の事例のアセスメント　村瀬嘉代子・津川律子 編　事例で学ぶ臨床心理アセスメント入門　臨床心理学増刊第 4 号　金剛出版　pp.191-197.

平木典子・中釜洋子 (2006). 家族の心理　サイエンス社

平木典子・野末武義 (2000). 家族臨床における心理療法の工夫：個人心理療法と家族療法の統合　精神療法　第 26 巻，第 4 号　金剛出版　pp. 334-343.

柏木惠子・平木典子 (2009). 家族の心はいま：研究と臨床の対話から　東京大学出版会

加藤正明 編 (1982). 講座家族精神医学(1)　家族精神医学の基礎理論　弘文堂

Leff, J., & Vaughn, C. (1985). *Expressed emotion in families*. Guilford Press. New York.　三野善央・牛島定信 訳　（1991）　分裂病と家族の感情表出　金剛出版

Leff, J., Vearnals, S., Brewin, C. R., Wolff, G., Alexander, B., Asen, E., Dayson, D., Jones, E., Chisholm, D., & Everitt, B. (2000). The London depression intervention trial. Randomised controlled trial of antidepressants v. couple therapy in the treatment and maintenance of people with depression living with a partner: clinical outcome and costs. *British Journal of Psychiatry*, August:177, pp.95-100.

Levant, R. F. (2001). Desperately seeking language:Understanding, assessing and treating normative male alexithymia. Brooks, G. R. and Good, G. (Eds). *The new handbook of counseling and psychotherapy for men*. San Francisco: Jossey-Bass. pp. 424-443.

McGoldrick, M., Garcia-Preto, N. A., & Carter, B. (2015). *The expanding family life cycle-Individual, family, and social perspectives*. Fifth Edition. Pearson.

Minuchin, S., Lee, W., & Nichols, M. (2007). *Assessing families and couples-From symptom to system*. Allyn & Bacon. 中村伸一・中釜洋子 監訳（2010）家族・夫婦面接のための 4 ステップ：症状からシステムへ　金剛出版

中釜洋子 (2010). 個人療法と家族療法をつなぐ：関係系志向の実践的統合　東京大学出版会

Nichols, M. P. (1987). *Self in the system: Expanding the limits of family therapy*. Psychology Press.

野末武義 (2003). 個人療法と家族療法の統合：個人療法の中で家族療法の理論と技法を生かす　カウンセリング研究　第 36 巻第 4 号　pp.6-15.

野末武義 (2009). 家族ライフサイクルを活かす：臨床的問題を家族システムの発達課題と危機から捉え

引用文献

直す　精神療法，第 35 巻 31 号, pp.26-33.
野末武義（2015）. 心理臨床実践にいかに夫婦・家族面接を取り入れるか　日本家族心理学会 編　家族心理学年報 33　個と家族を支える心理臨床実践：個人療法に活かす家族面接　金子書房　pp.13-21.
Sander, F. A. (1983). *Individual and family therapy: Toward an integration.* Jason Aronson.
Sweet, H. B. (Ed.) (2012). *Gender in the therapy hour: Voices of female clinicians working with men.* Routledge.
Weeks, G. R. & Fife, S. T. (2014). *Couples in treatment-Techniques and approaches for effective practice.* 3ndEdition. Routledge.
Wexler, D. B. (2009). *Men in therapy: New approaches for effective treatment.* W.W. Norton & Co.
遊佐安一郎（1984）. 家族療法入門：システムズアプローチの理論と実際　星和書店

● 第 5 章

Beuchler, S. (2004). *Clinical values: Emotions that guide psychoanalytic treatment.* The Analytic Press, Inc., Publishers.　川畑直人・鈴木健一 監訳（2009）精神分析臨床を生きる：対人関係学派からみた価値の問題　創元社
秀嶋ゆかり（2017）.「秘密保持」と「手続きの透明性」を巡って　臨床心理学，17(1), 38-43.
Hill, M., Glaser, K., & Harden, J. (1995). A feminist model for ethical decision making. In E. J. Rave & C. C. Larsen (Eds.) *Ethical decision making in therapy: Feminist perspectives.* New York: Guilford Press. pp.18-37.
金沢吉展（2006）. 臨床心理学の倫理を学ぶ　東京大学出版会
Kitchener, K. S. (1988). Dual role relationships: What makes them so problematic? *Journal of Counseling and Development, 67*, 217-221.
Lazarus, A. A., & Zur, O. (Eds.)(2002). *Dual relationships and psychotherapy.* Springer Publishing Company.
Safran, J. D., Muran, J. C., & Eubanks-Carter, C. (2011). Repairing alliance ruptures. *Psychotherapy, 48*(1), 80-87.

● 第 6 章

福島哲夫（2016）. 触れあう＝「今ここ」での関係　岩壁 茂 編　カウンセリングテクニック入門：プロセラピストの技法 30（臨床心理学増刊 7 号）金剛出版　pp.51-55.
藤岡 勲・高山由貴・梅垣佑介・倉光洋平（2010）. 課題分析を用いた実践的研究：クライエントの恋愛／性的感情表出モデル　心理臨床学研究，28, 585-594.
藤山直樹 (2003). 精神分析という営み：生きた空間を求めて　岩崎学術出版社
Hill, C. E. (2009). *Helping skills: Facilitating exploration, insight, and action.* Third Edition. American Psychological Association: Washington, DC. pp.38-39, 90-96.
岩壁 茂（2007a）. カウンセリング・心理療法の効果　金沢吉展 編　カウンセリング・心理療法の基礎　有斐閣　pp.121-187.
岩壁 茂（2007b）. 心理療法・失敗例の臨床研究：その予防と治療関係の立て直し方　金剛出版　pp.80-

81.
Henry, P. W., Schacht, E. T., & Strupp, H. H., (1986). Structural Analysis of Social Behavior: Application to a Study of Interpersonal Process in Differential Psychotherapeutic Outcome. *Journal of Consulting and Clinical Psychology, Vol.54,* No.1, 27-31.
細谷祐未果・福島哲夫 (2016). カウンセリング場面におけるセラピストの反射・バリデーション・肯定とクライエントの被共感体験・心理的距離との関連 日本女子大学大学院人間社会研究科紀要，22, 217-244.
久間（糟谷）寛子・藤岡 勲・隅谷理子・福島哲夫・岩壁 茂 (2015). セラピストによる肯定的発話の類型化 臨床心理学，16, 90-98.
妙木浩之 (2015). 直面化(confrontation)：関係を転回する. 岩壁 茂 編 カウンセリングテクニック入門：プロセラピストの技法30（臨床心理学増刊7号） 金剛出版 pp.125-129.
諸富祥彦 (2015). 傾聴 岩壁 茂編カウンセリングテクニック入門：プロセラピストの技法（臨床心理学増刊7号），30, 金剛出版 pp.34-37.
Ogden, T. H. (1994). The analytic third: working with intersubjective clinical facts. *International Journal of Psychoanalysis. 76,* 695-709.
Safran, J. D., & Muran, C. J., (1996). The resolution of ruptures in the therapeutic alliance. *Journal of Consulting and Clinical Psychology, 64*(3), 447-458.
Safran, J. D., Muran, J. C., & Eubanks-Carter, C. (2011). Repairing alliance ruptures. *Psychotherapy, 48*(1), 80-87.
Segal, H. (1991). *Dream, Phantasy and Art.* Routledge, London. 新宮一成 他 訳 （1994）夢・幻想・芸術 金剛出版
髙岡昂太・糟谷寛子・福島哲夫 (2013). 怒りを表出したクライエントへの治療的対応に関するプロセス研究：課題分析を応用した合議制質的研究法による実践的対応モデルの生成 臨床心理学，13, 391-400.

● 第7章

Cooper, M. (2008). *Essential research findings: In counselling and psychotherapy.* 清水幹夫・末武康弘 監訳 （2012）エビデンスにもとづくカウンセリング効果の研究：クライエントにとって何が最も役に立つのか 岩崎学術出版社
遠藤裕乃 (2003). ころんで学ぶ心理療法 初心者のための逆転移入門 日本評論社
遠藤裕乃 (2008). 臨床を支える言葉 （9） おおいなる存在とのつながりを信じる こころの科学 141 pp.114-116.
遠藤裕乃 (2015). 自己開示：カウンセラーの内的体験の活用 岩壁 茂 編 カウンセリングテクニック入門 プロカウンセラーの技法30（臨床心理学増刊7号）金剛出版 pp.111-115.
福井 敏 (2002). 直面化 小此木啓吾 他 編 精神分析事典 岩崎学術出版社 p.342.
Gorkin, M. (1987). *The uses of countertransference.* New York: Jason Aronson.

引用文献

Hill, C. E., & Knox, S. (2002). 'Self-disclosure', Norcross, J. C. (Ed.), *Psychotherapy relationships that work: Therapist contributions and responsiveness to patients.* New York: Oxford University Press, pp.255-65.
神田橋條治 (1994). 追補　精神科診断面接のコツ　岩崎学術出版社
東京家族療法研究会 編 (1996). 逐語録による国谷セミナー　第Ⅰ部　ラバーテ理論による家族療法入門　チーム医療
岩壁 茂 (2007). 心理療法・失敗例の臨床研究　その容貌と治療関係の立て直し方　金剛出版
前田重治 (1985). 図説臨床精神分析学　誠信書房
Malan, D. H. (1979). *Individual psychotherapy and the science of psychodynamics.* London: Butterworth. 鈴木龍 訳 (1992) 心理療法の臨床と科学　誠信書房
妙木浩之 (2018). 精神分析的アプローチ　野島一彦・岡村達也 編　公認心理師の基礎と実践　第3巻臨床心理学概論　遠見書房　pp.49-61.
成田善弘 (1999). 共感と解釈　患者と治療者の共通体験の探索　成田善弘・氏原 寛 編　共感と解釈：続・臨床の現場から　人文書院　pp.11-30.
成田善弘 (2003). 精神療法家の仕事　面接と面接者　金剛出版
小此木啓吾 (1979). 対象喪失　悲しむということ　中央公論社（新書）
山崎 篤 (2002). 葛藤　小此木啓吾 他編　精神分析事典　岩崎学術出版社　pp.67-68.

● 第8章

Alexander, F. (1956). *Psychoanalysis and psychotherapy: developments in theory, technique, and training.* New York: W. W. Norton & Company.
ボスナック, R. 著　岸本寛史・山 愛美 訳 (2004). ドリームワーク　金剛出版
倉戸由紀子 (2013). 悲嘆の心理療法：ゲシュタルト療法の立場から　丸善プラネット
成瀬悟策 (2007). 動作のこころ　誠信書房
Perls, F. S. (1969). *Gestalt Therapy Verbatim.* Moab: Real People Press. 倉戸ヨシヤ 監訳 (2009) ゲシュタルト療法バーベイティム　ナカニシヤ出版
Perls, F. S. (1973). *The gestalt approach and eye witness to therapy.* Palo Alto: Science & Behavior. 倉戸ヨシヤ 監訳 (1990). ゲシュタルト療法：その理論と実際　ナカニシヤ出版
清水良三 (1999). 臨床動作法による新しい非言語的心理治療　福岡国際大学紀要, 1, 1-6.
Stevens, J. O. (1971). *Awareness: exploring, experimenting, experiencing.* Moab: Real People Press. 岡野嘉宏・多田徹佑・リード恵津 訳 (1982) 気づき：ゲシュタルト・セラピーの実習指導書　社会産業教育研究所
平井タカネ 監修 (2012). ダンス・セラピーの理論と実践：からだと心へのヒーリングアート　ジアース教育新社
廣瀬優希 (2014). ダンス／ムーブメントセラピーを心理臨床の立場から検討する　京都文教大学臨床心理学部研究報告, 7, 85-96.

〈参考文献〉

高良 聖 編 (2005). サイコドラマの現在 現代のエスプリ, 459, 至文堂
堀越 勝・野村俊明 (2012). 精神療法の基本:支持から認知行動療法まで 医学書院
福井 至・貝谷久宣 (2012). やさしくわかる認知行動療法 ナツメ社

● 第9章

東 斉彰 (2011). 統合的観点から見た認知療法の実践:理論・技法・治療関係 岩崎学術出版社
東 斉彰 (2014). うつへの認知行動療法の基本 臨床心理学, 第14巻第2号, 金剛出版
Barlow, D. H., & Cerny, J. A. (1988). *Psychological treatment of panic.* Guilford Press. New York. 上里一郎 監訳 (1992) 恐慌性障害:その治療の実際 金剛出版
Beck, A. T. (1976). *Cognitive therapy and the emotional disorders.* Meridian. New York. 大野 裕 訳 (1990) 認知療法:精神療法の新しい発展 岩崎学術出版社
Beck, J. (1995). *Cognitive therapy : Basic and beyond.* The Guilford Press. 伊藤絵美・神村栄一・藤澤大介 訳 (2004) 認知療法実践ガイド:基礎から応用まで 星和書店
松見淳子 (2007). アセスメント, 機能分析, そしてケースフォーミュレーションへ 下山晴彦 編 認知行動療法 理論から実践的活用まで 金剛出版
Leahy, R. (2003). *Cognitive therapy techniques.* Guilford, Publication, New York. 伊藤絵美 監訳・佐藤美奈子訳 (2006) 認知療法:全技法ガイド 星和書店
祐宗省三・春木 豊・小林重雄 編著 (1972). 行動療法 臨床のための理論と技法 川島書店
Ledley, D., Marx, B., & Heimberg, R. (2005): *Making cognitive-behavioral therapy work: Clinical process for new practitioners.* 井上和臣 監修・黒澤麻美 訳 (2007) 認知行動療法を始める人のために 星和書店
山上敏子 (1990). 行動療法 岩崎学術出版社

● 第10章

Berg, I. K. (1994). *Family based services : A solution-focused approach.* W.W. Norton & Company. Inc. 磯貝希久子 監訳 (1997) 家族支援ハンドブック:ソリューション・フォーカスト・アプローチ 金剛出版
Gergen, K. J. (1999). *An invitation to social construction.* Sage Publication Ltd. 東山知子 訳 (2004) あなたへの社会構成主義 ナカニシヤ出版
東 豊 (1993). セラピスト入門:システムズアプローチへの招待 日本評論社
Minutin, S., Nichols, M.P., & Lee, W.Y. (2007). *Assessing families and couples: From symptom to system.* Pearson Education, Inc. 中村伸一・中釜洋子 監訳 家族・夫婦面接のための4ステップ:症状からシステムへ 金剛出版
日本家族研究・家族療法学会 編 (2013). 家族療法テキストブック 金剛出版
坂本真佐哉 (2017). 家族のチカラを援助に活かす理論と実践 坂本真佐哉 編 逆転の家族面接 日本評論社 pp. 8-21.

引用文献

Fisch, R., Ray, W. A., & Schlanger, K. (2010). *Focused problem resolution: Selected papers of the MRI Brief Therapy Center.* Zeig, Tucker & Theisen. 小森康永 監訳（2011）解決が問題である：MRIブリーフセラピーセンターセレクション　金剛出版

Watzlawick, P., Weakland, J. H., & Fisch, R. (1974). Change : Principles of problem formation and problem resolution. W.W. Norton & Company. Inc. 長谷川啓三 訳（1992）変化の原理：問題の形成と解決　法政大学出版局

White, M., & Epston, D. (1990). *Narrative means to therapeutice ends.* W.W. Norton & Company. Inc. 小森康永 訳（2017）物語としての家族（新訳版）　金剛出版

遊佐安一郎 (1984). 家族療法入門：システムズ・アプローチの理論と実際　星和書店

● 第11章

Axline, V. M. (1947). *Play therapy.* Canbridge Riverside Press. 小林治夫 訳（1972）遊戯療法　岩崎学術出版社

Freud, A. (1946). *The psycho-analytical treatment of children.* Imago Publishing Co.

Garfield, Sol. L. (1980). *Psychotherapy an eclectic approach.* John Wiley & Sons Inc. 高橋雅春・高橋依子（訳）（1985）心理療法：統合的アプローチ　ナカニシヤ出版

長谷川浩一 (1984). 催眠療法におけるイメージ　水島恵一・小川捷之 編（1984）イメージの臨床心理学　誠信書房

Klein, M. (1932). *The psycho-analysis of children.* Hogarth Press.

河合隼雄 (1969). 箱庭療法入門　誠信書房

北山 修 (2001). 精神分析理論と臨床　誠信書房

松井紀和 (1992). 音楽療法の手引き　牧野出版

皆川邦直 (1980). 思春期・青年期の精神分析的発達論　小此木啓吾 編（1980）青年の精神病理2　弘文堂

Naumberg, M. (1966). Dynamically Oriented Art Therapy-Its Principle and Practice, Grune & Stratton, New York.

駿地眞由美 (2007). 心理的援助の方法としての遊戯療法　追手門学院大学　心のクリニック紀要第4号

小倉 清 (1995). プレイセラピーの基本的な考え方　山崎晃資 編（1995）プレイセラピー　金剛出版

高木俊一郎 (1991). 小児心身症の発症機序とその特徴　小児内科編集委員会 編（1991）小児の心身症　東京医学社

Winnicott, D. W. (1971). *Therapeutic consultations in child psychiatry.* The Hogarth Press Ltd, London. 橋本雅雄 訳（1971）こどもの心理相談①②　岩崎学術出版社

● 第12章

AGPA (American Group Psychotherapy Association) (2007). Practice guidelines for group psychotherapy. *International Journal of Group Psychotherapy, 58*(4), 455-542. 日本集団精神療法学会 監

訳．西村　馨・藤　信子 訳 (2014). AGPA 集団精神療法実践ガイドライン　創元社
相田信男 (2006). 実践・精神分析的精神療法：個人療法そして集団療法　金剛出版
Cooley, G. (2016). *Theory and practice of group counseling*, 9th edition. Boston: Cengage Learning.
DeLucia-Waack, J. L., Gerrity, D. A., Kalodner, C. R., & Riva, M. T. (2004). *Handbook of group counseling and psychotherapy*. Thousand Oaks: Sage Publications.
小谷英文 (2014).　集団精神療法の進歩：引きこもりからトップリーダーまで　金剛出版
Lieberman, M. A., Miles, M. B., & Yalom, I. D. (1973). *Encounter groups: First facts*. New York: Basic Books.
Luft, J. (1984). *Group processes: An introduction to group dynamics*. Palo Alto: Mayfield Publishing Company.
MacKenzie, K. R. (1994). Group development. In A. Fuhriman & G. Burlingame (Eds.) *Handbook of group psychotherapy*. New York: Wiley. pp. 223-268.
日本集団精神療法学会 監修　藤　信子・西村　馨・樋掛忠彦 編　(2017). 集団精神療法の実践事例30：グループ臨床の多様な広がり　創元社
Rachman, A. W. (1999). Sándor Ferenczi's ideas and methods and their relevance to group psychotherapy. *Group, 23*, 3-4, 121-144.
Rogers. C. R., Farson, R. E., & Western Behavioral Sciences Institute (1968). *Journey into self*. La Jolla: Western Behavioral Sciences Institute.　畠瀬　稔 監修（1995）出会いへの道：あるエンカウンターグループの記録　精神技術研究所
Scheidlinger, S. (1998)　能 幸夫 監訳　西洋世界における実践処方としての精神分析的集団精神療法の基礎　集団精神療法, *14* (1), 11-19.
Shechtman, Z. (2006). *Group counseling and psychotherapy with children and adolescents: Theory, research, and practice*. London: Routledge.
Tuckman, B. W. (1965). Development sequence in small groups. *Psychological Bulletin, 63*, 384-399.
Yalom, I. D., & Leszcz. M. (2005). *The theory and practice of group psychotherapy*, 5th edition. New York: Basic Books.

● 第13章

Caplan, G. (1964). *Principles of preventive psychology*. New York: Basic Books.　新福尚武 監訳（1970）予防精神医学　朝倉書店
Caplan, G. (1970). *The theory and practice of mental health consultation*. New York: Basic Books.
Caplan, G. (1974). *Support systems and community mental health*. New York: Basic Books.　近藤喬一・増野肇・宮田洋三 訳　(1979). 地域ぐるみの精神衛生　朝倉書店
金沢吉展　(2004). コミュニティ援助の理念　金沢吉展 編 臨床心理学全書11：臨床心理的コミュニティ援助論　誠信書房　pp.1-55.
Korchin, S. J. (1976). *Modern Clinical Psychology*. New York: Basic Books.　村瀬孝雄 監訳（1980）現代臨床心理学　弘文堂
三島一郎 (2001). 精神障害回復者クラブ：エンパワーメントの展開　山本和郎 編　臨床心理学的地域援

引用文献

助の展開　培風館　pp.164-182.
Naganuma, Y., Tachimori, H., Kawakami, N., Takeshima, T. Ono, Y., Uda, H., Hata. Y., Nakane, Y., Nakane, H., Iwata, N., Furukawa, T., & Kikkawa, T. (2006). Twelve-month use of mental health services in four areas in Japan: Findings from the World Mental Health Japan Survey 2002-2003. *Psychiatry and Clinical Neurosciences, 60,* 240-248.
日本コミュニティ心理学会 編　(2007). 日本コミュニティ心理学ハンドブック　東京大学出版会
丹羽郁夫　(2015). ジェラルド・キャプランのメンタルヘルス・コンサルテーションの概観　コミュニティ心理学研究, 18(2), 160-174.
小椋 力　(2000). 精神障害の予防. 小椋 力・倉知正佳 編　臨床精神医学講座 S3 精神障害の予防　中山書店　pp.3-12.
Riessman, F. (1965). The "Helper" therapy principle. *Social Work, 10,* 27-32.
Sarason, S. B. (1974). *The Psychological sense of community: Prospects for a community Psychology.* San Francisco: Jossey-Bass.
Scileppi, J. A., Teed, E. L., & Torres, R. A. (2000). *Community psychology: A common sense approach to mental health.* New York: Prentice Hall.　植村勝彦 訳　(2005) コミュニティ心理学　ミネルヴァ書房
杉原保史・宮田智基　(2018).　SNSカウンセリング入門　北大路書房
田嶌誠一　(2001). 不登校・引きこもり生徒への家庭訪問の実際と留意点　臨床心理学, 1(2), 202-214.
植村勝彦 編　(2007a). コミュニティ心理学入門　ナカニシヤ出版
植村勝彦　(2007b). コミュニティ心理学とはなにか　植村勝彦 編　コミュニティ心理学入門　ナカニシヤ出版　pp.1-22.
植村勝彦　(2007c). 予防　植村勝彦 編　コミュニティ心理学入門　ナカニシヤ出版　pp.47-69.
植村勝彦・高畠克子・箕口雅博・原 裕視 編　(2006). よくわかるコミュニティ心理学　ミネルヴァ書房
山本和郎　(1986). コミュニティ心理学：地域臨床の理論と実践　東京大学出版会
山本和郎　(1997). エンパワーメントの概念について. コミュニティ心理学研究, 1(2), 168-169.
山本和郎　(2001a). 危機介入とコンサルテーション　ミネルヴァ書房
山本和郎　(2001b). 臨床心理学的地域援助とは何か：その定義・理念・独自性・方法について　山本和郎 編　臨床心理学的地域援助の展開：コミュニティ心理学の実践と今日的課題　培風館　pp.244-256.
Zimmerman, M. A. (2000). Empowerment theory: Psychological, organizational and community levels of analysis. In J. Rappaport & E. Seidman (Eds.) *Handbook of community psychology: Theory and practice.* New York: Kluwer Academic/ Plenum Publishers. pp.45-63.
Zimmerman, M. A., & Rappaport, J. (1988). Citizen participation, perceived control, and psychological empowerment. *American Journal of Community Psychology, 16,* 725-750.

● 第14章
舩越知行 編　(2016). 心理職による地域コンサルテーションとアウトリーチの実践：コミュニティと生きる　金子書房

加藤　寛　(1998). 震災後の取り組み　心のケアの行方：阪神・淡路大震災支援委員会 編　喪失と家族のきずな　金剛出版　pp.26-33.
小此木啓吾・成瀬悟策・福島　章 編　(1990). 臨床心理学体系 第7巻　心理療法①　金子書房
竹中哲夫　(2013). 引きこもり支援における家庭訪問（アウトリーチ支援）の方法論　「同意のルール」についての一考察　福祉研究, 105, 27-39.
寺沢英理子　(2016). 訪問カウンセリング　理論と実践　遠見書房
山本和郎 編　(2001). 臨床心理学的地域援助の展開：コミュニティ心理学の実践と今日的課題　培風館

〈参考文献〉
東　千冬　(2013). 教員との協働と守秘義務　臨床心理学 77, 629-632.
東　千冬　(2016). 訪問　こころの科学, 190, 124-125
東　千冬　(2015). 緊急支援のこころもち　こころの科学, 183, 110-111　日本評論社
春木あゆ美　(2014). アウトリーチ推進事業における PSW の役割　精神療法, 40(2), 16-22.
加藤博仁　(2007). 訪問カウンセリングの方法に関する実践研究（1）家庭訪問の困難性と個人面接の方法．吉備国際大学社会福祉学部研究紀要, 12, 133-143
厚生労働省社会・援護局障害福祉保健福祉部　精神・障害保険課　(2011). 精神障害者アウトリーチ推進事業の手引き
厚生労働省雇用均等・児童家庭局　(2015). 養育訪問事業ガイドライン
日本心理臨床学会 監修　(2010). 危機への心理支援学　遠見書房
高木俊介・藤田大輔 編　(2011). こころの科学 増刊『実践！アウトリーチ入門』アウトリーチ　日本評論社
高岡晃太　(2013). 子どものアウトリーチ多機能連携による困難事例の対応　東京大学出版会
高橋　哲　(1996). 被災者としての直接体験と自己回復過程　現代のエスプリ 別冊　至文堂　pp.165-172.
田嶌誠一　(2009). 現実に介入しつつ心に関わる　金剛出版
渡辺　健　(2005). ひきこもりへの訪問カウンセリング　臨床心理学, 5(2), 289-291.

● 第15章
Beers, C. W. (1908). *A mind that found itself : An autbiography.* 江畑敬介 訳 （1980） わが魂にあうまで　星和書店
Cooke, A. (Ed.) (2014). *Understanding Psychosis and Schizophrenia: Why people sometimes hear voices, believe things that others find strange, or appear out of touch with reality, and what can help.* British Psychological Society, Division of Clinical Psychology.（Webでダウンロード可能）国重浩一・バーナード紫 訳 （2016） 精神病と統合失調症の新しい理解：地域ケアとリカバリーを支える心理学　北大路書房
福井里江・伊藤順一郎　(2007). 精神医学・精神保健学領域における心理教育アプローチの現状　家族心理学年報 25　家族支援の心理教育：その考え方と方法　金子書房　pp. 15-33.
後藤雅博　(2012). 家族心理教育から地域精神保健福祉まで―システム・家族・コミュニティを診る　金

引用文献

　　剛出版

平木典子 (2007). 心理教育というアプローチの発展と動向　家族心理学会（編）家族心理学年報25　家族支援の心理教育：その考え方と方法　金子書房　pp.2-14.

平木典子 (2010). 統合的介入法　東京大学出版会

厚生労働省 (2000). 21世紀における国民健康づくり運動（健康21）について報告書3休養・こころの健康づくり　厚生労働省ホームページ　www.mhlw.go.jp/topics/kenko21_11/pdf.html/

McLeod, J. (1997). *Narative and Psychotherapy*, Sage. 下山晴彦 監訳　野村晴夫 訳 (2007) 物語りとしての心理療法　誠信書房

日本WHO協会 訳　世界保健機構憲章　http://www.japan-who.or.jp/commodity/kenko.html/（2018. 4．25.）

斎藤　環 (2015). オープンダイアローグとは何か　医学書院

Wolin, S. J., & Wolin, S. (1993). *The Resilient Self: How survivors of troubled families rise above adversity*. New York: Villard Books. 奥野　光・小森康永 訳 (2002) サバイバーと心の回復力：逆境を乗り越えるための七つのリジリアンス　金剛出版

● column

no.3

黒沢幸子 (2017).　学校コミュニティの力を活かし学校を元気にする：全国の優れた実践の質的検討を踏まえて　心身健康科学, 13(1), 23-27.

no.5

松本桂樹・根本忠一・高橋　浩・石見忠志 (2016). 産業カウンセリングの定義　産業カウンセリング研究, 18(1), 1-8.

永田頌史 (2017). ストレスおよびメンタルヘルスに関する基礎知識　メンタルヘルス・マネジメント検定試験公式テキスト1種マスターコース　中央経済社　pp.115.

索　引

事項

あ
アウトリーチ　236, 242, 270
アクセプタンス＆コミットメント・セラピー　46
アサーション・トレーニング　265
アセスメント　146, 153, 245
アドボカシー　241
アルコホーリクス・アノニマス　210, 270
アルファ偏見　71

い
異形同質性　55
一般システム理論　54
一般生物体システム理論　54, 167
イド　22
意図的ズラし　97
イメージ療法　98
インフォームド・コンセント　83

う
ウェル・ビーング　271, 272

え
影響相対化質問　182
鋭敏化　37, 38
エクスポージャー　42, 43, 200
エナクトメント　172
エビデンス・ベースド・プラクティス　10
エンカウンターグループ　210
円環の因果律　57, 58, 69, 70, 165
援助的コミュニケーション　89
エンパワメント　232, 266
エンプティ・チェア　98, 123, 133, 136
エンボディド・ドリームワーク　140, 141, 142

お
応用行動分析　37, 46
オープンダイアローグ　275
オペラント条件づけ　37, 39, 40, 46
音楽療法　197, 209

か
外在化　181
解釈　30
階層性　59
開放システム　55
学習　37
家族システム理論　68
家族ライフサイクル　62, 64, 65, 66
家族療法　52, 70, 161
価値　74
価値に基づく実践　12
学校カウンセリング　247
カップル・セラピー　52
空の椅子　98, 123, 133, 136
感作　38

き
危機介入　237
機能的アセスメント　49
機能的家族療法　69
機能分析　146, 152
機能分析心理療法　46
技法の選択　10
逆転移　21, 30, 101, 192
教育的・臨床心理学の予防　237
凝集性　211
共通要因　7
協働　239, 268
共同の経験主義　158
禁欲規則　93

索引

く
グループセラピー　208
馴化　37, 38, 43

け
芸術療法　98
系統的脱感作　43, 45
啓発活動　234
ケースフォーミュレーション　49, 147
ゲシュタルト療法　123, 132, 133, 135, 138, 140
研究によって支持されている心理学的支援法　10

こ
構造派家族療法　62, 68, 69
肯定　95
行動活性化　143
行動実験　155
行動療法　46, 64, 145, 148, 199, 265
コーピングモデル　45
コクラン・レビュー　10
心の健康　271
古典的条件づけ　37, 38, 43
コミュニケーション派　64
コミュニティ感覚　233
コミュニティ心理学　226
コンサルテーション　162, 238
コンピテンス　231

さ
サイコドラマ　209
サイコロジカル・ファーストエイド　256
サブシステム　59
サポートグループ　209
三角関係形成　175

し
シェイピング　43
ジェノグラム　166
ジェンダー・バイアス　71
自我　22, 23
自我心理学　18, 113, 265
自己　27
自己開示　91, 118
自己決定　76
自己心理学　18
自己心理学派　27
自己同一性　27
支持　114
自助　163
自助グループ　210, 240, 264, 270
システム　54, 159
システムズアプローチ　161, 163, 167, 172
システムの3属性　164
自動思考　153, 154, 157
社会構成主義　181
社会システム的・公衆衛生的予防　237, 238
修正感情体験　130
自由連想法　28
守秘義務　246
受容的態度　77
ジョイニング　170, 172
消去　43, 47
情動的風土　211
衝突のダンス　63
職業倫理　78
知らない姿勢　179
人格変容　20
人格要因　20
信念　153
心理アセスメント　29
心理学的支援　15
心理学的支援の定義　1
心理教育　53, 234, 237, 263
心理教育グループ　210
心理劇　142
心理力動的診断マニュアル　25

す
スーパービジョン　123
スープラシステム　59
スクールカウンセラー　247
スクリーニング　234, 256
スクリブル法　196
ストレスチェック制度　234, 238, 273
スローダウン　98

せ
精神医学の革命　260

精神分析　18, 110, 130, 192, 265
生態学的視座　232
成長グループ　210
成長／心理教育グループ　210
生物体システム　61
世代間境界　174
セルフヘルプ　163
セルフヘルプ・グループ（自助グループ）　210, 240, 264, 270

そ
相互なぐり描き法　196
ソーシャルスキル・トレーニング　210, 265
ソクラテス式質問法　153
ソリューション・フォーカスト・アプローチ　178

た
第3世代の行動療法　46
対象関係論　18, 26
対象喪失　124
対人関係　26
対人関係学派　26
対人関係論　18
多元的アプローチ　11
多重関係　82
多職種連携　246
多世代家族療法　52, 68
多文化間療法　12
多理論統合アプローチ　13
ダンス・ムーブメント・セラピー　139, 209

ち
逐次接近法　43
チャム　26
中断　102
チューニング　96
中立性　93
中立的姿勢　76
超自我　22, 23
直線的因果律　53, 57, 70, 165
直面化　113, 114
治療関係　8
治療共同体　209

治療構造　244, 246
治療的グループ　209
治療（作業）同盟　100, 103
治療同盟　8, 9

て
適性処遇相互作用　12
Tグループ　210
転移　21, 30, 32, 101, 116, 130, 192

と
統合失調症を生み出す母親　52
洞察　20, 111, 124
トラッキング　97
ドリームワーク　140

な
ナラティヴ・アプローチ　275
ナラティヴ・セラピー　181
ナルコティクス・アノニマス　210

に
二重拘束　52
認知行動療法　37, 46, 143, 145
認知療法　145, 153, 154, 155, 157

の
ノーマライゼーション　94

は
箱庭療法　195, 199
波長合わせ　96
パブロフ型条件づけ　38
バリデーション　95
反応形成　43

ひ
ピア・サポート・グループ　270
人と環境との適合　232
人の三角形　116
ビブリオセラピー　209
秘密保持　81
ヒューマニスティック・アプローチ　131, 264, 265

索　引

標的行動　146

ふ
負の相互作用　102
負の相補性　102
ブリーフセラピー　64, 163
プレイセラピー　188
分析的第三者　98, 99
文脈療法　68
分離・個体化　27
分裂した夫婦　53

へ
並行処方　215
閉鎖システム　55
ペーシング　96
ベータ偏見　71
変化のステージ　13

ほ
防衛　24
防衛機制　24
訪問支援（アウトリーチ）　236, 242, 270
ホームワーク　143
母子共生　52
ボディ・ワーク　138

ま
マスタリーモデル　45
マルチシステミックセラピー　69

み
未完了の体験　135
ミラーリング　139

め
命令倫理　80

も
モデリング　44
問題の外在化　182

ゆ
遊戯療法　32

ゆがんだ夫婦　53
ユニーク・アウトカム　182

よ
養育支援訪問事業　254
欲動　22
欲求　22
予防　231

り
力動的心理療法　110, 130
理想追求倫理　80
リフレーミング　167, 177
臨床行動分析　46
臨床的グループサイコセラピー　208
臨床動作法　138
倫理　74

れ
例外探し　179, 180
レジリエンス　270
レスポンデント条件づけ　38

わ
ワークスルー　32

A～Z
EE（Expressed Emotion）　53
IP（Identified Patient）　166

索 引

人名

あ行
アクスライン（Axline, V. M.）　193
アンナ・フロイト（Freud, A.）　18, 192
インスー・キム・バーグ（Berg, I. K.）　178
ウィニコット（Winnicott, D. W.）　18, 197
ウォルピ（Wolpe, J.）　45, 46
エリス（Ellis, A.）　46
オグデン（Ogden, T. H.）　99

か行
カルフ（Kalff, D.）　196
河合隼雄　196
キャプラン（Caplan, G.）　231, 261, 262
クライン（Klein, M.）　18
コーチン（Korchin, S. J.）　226
コフート（Kohut, H.）　18, 27

さ行
サラソン（Sarason, S. B.）　233
サリヴァン（Sullivan, H. S.）　18, 26
ジョーンズ（Jones, M. C.）　41
スィーガル（Segal, H.）　99
スキナー（Skinner, B.F.）　45
ソーンダイク（Thorndike, E. L.）　39, 45

た行
タックマン（Tuckman, B. W.）　218
ツィマーマン（Zimmerman, M. A.）　232
ディ・シェイザー（de Shazer, S.）　178
デイビッド・エプストン（Epston, D.）　181
トンプソン（Thompson, C.）　18

な行
ナウンバーグ（Naunberg, M.）　196
成瀬悟策　138

は行
パールズ（Perls, F. S.）　132
パブロフ（Pavlov, I.）　45
ハルトマン（Hartmann, H.）　18
ビアーズ（Beers, C. W.）　262, 263, 264
ピネル（Pinel, P.）　261

ビューチュラー（Beuchler, S.）　75
フェアバーン（Fairbairn, W. R. D.）　18, 26
フォン・ベルタランフィ（von Bertalanffy）　54
フランク（Frank, J. D.）　7
フロイト（Freud, S.）　18, 192, 61, 262, 263
プロチャスカ（Prochaska, J. O.）　13
フロム（Fromm, E.）　18
フロムライヒマン（Fromm-Reichman, F.）　52
ベイトソン（Bateson, G.）　52
ベック（Beck, A. T.）　46, 152
ボウルビィ（Bowlby, J.）　26
ボーエン（Bowen, M.）　52, 68
ボスゾルメニィ・ナージ（Boszormenyi-Nagy, I.）　68

ま行
マイケル・ホワイト（White, M.）　181
マッケンジー（MacKenzie, K. R.）　218
マラン（Malan, D. H.）　116
ミニューチン（Minuchin, S.）　62
ミラー（Miller, J. G.）　54
ミルトン・エリクソン（Erickson, M. H.）　66
メラニー・クライン（Klein, M.）　192

や行
ヤーロム（Yalom, I. D.）　212

ら行
ラパポート（Rapapport, J.）　232
リッズ（Lidz, T.）　52
レドル（Redl, F.）　264
ローウェンフェルト（Lowenfeld, M.）　196
ロジャース（Rogers, C. R.）　193, 211

わ行
ワトソン（Watson, J. B.）　38, 45

【編者紹介】

杉原保史(すぎはら・やすし)
1989年　京都大学大学院教育学研究科博士課程研究指導認定退学
現　在　京都大学学生総合支援機構教授(教育学博士)
主著・論文
　『統合的アプローチによる心理援助』金剛出版　2009年
　『技芸(アート)としての心理療法入門』創元社　2012年
　『プロカウンセラーの共感の技術』創元社　2015年
　『キャリアコンサルタントのためのカウンセリング入門』北大路書房　2016年
　『心理カウンセラーと考えるハラスメントの予防と相談』北大路書房　2017年
　『SNSカウンセリング入門』北大路書房　2018年
　　ほか

福島哲夫(ふくしま・てつお)
1990年　慶應義塾大学大学院社会学研究科博士課程単位取得退学
現　在　大妻女子大学人間関係学部教授
主著・論文
　『新世紀うつ病治療・支援論－うつに対する統合的アプローチ－』(共編著)金剛出版　2011年
　『ユング心理学でわかる8つの性格』PHP研究所　2011年
　『臨床心理学入門－多様なアプローチを越境する－』(共編著)有斐閣　2013年
　『臨床現場で役立つ質的研究法』(編著)新曜社　2016年
　『公認心理師必携テキスト』(責任編集)学研メディカル秀潤社　2018年
　　ほか

東　斉彰(あずま・なりあき)
1987年　関西学院大学大学院文学研究科博士前期課程修了
現　在　甲子園大学心理学部教授
主　著
　『うつを克服する10のステップ－うつ病の認知行動療法－ セラピスト・マニュアル/ユーザー・マニュアル』(監訳)金剛出版　2010年
　『統合的観点から見た認知療法の実践－理論，技法，治療関係－』岩崎学術出版社　2011年
　『統合的方法としての認知療法－実践と研究の展望－』(編著)岩崎学術出版社　2012年
　『統合・折衷的心理療法の実践－見立て・治療関係・介入と技法－』(編著)金剛出版　2014年
　『パーソナリティー障害の認知療法』(共著)岩崎学術出版社　2011年
　　ほか

【執筆者一覧】（執筆順）

杉原　保史	編者		第1章, 第5章
川畑　直人	京都文教大学臨床心理学部臨床心理学科 教授		第2章
大河内浩人	大阪教育大学教育学部 教授		第3章
野末　武義	明治学院大学心理学部心理学科 教授		第4章
福島　哲夫	編者		第6章
遠藤　裕乃	兵庫教育大学大学院人間発達教育専攻臨床心理学コース 教授		第7章
細越　寛樹	関西大学社会学部社会学科心理学専攻 教授		第8章
東　　斉彰	編者		第9章
坂本真佐哉	神戸松蔭女子学院大学人間科学部心理学科 教授		第10章
加藤　　敬	一般社団法人大阪総合医学・教育研究会付属親と子の診療所・こども心身療育研究所 主任 臨床心理士		第11章
西村　　馨	国際基督教大学教養学部 上級准教授		第12章
丹羽　郁夫	法政大学現代福祉学部臨床心理学科 教授		第13章
東　　千冬	大阪人間科学大学心理学部心理学科 准教授		第14章
平木　典子	IPI 統合的心理療法研究所 顧問		第15章
渡辺　克徳	仁愛大学人間学部心理学科 准教授		column1
遊佐ちひろ	成城カウンセリングオフィス カウンセラー		column2
塩崎　尚美	日本女子大学人間社会学部心理学科 教授		column3
辻　　啓之	加古川刑務所 調査専門官・京都精神分析心理療法研究所		column4
松本　桂樹	株式会社ジャパンEAPシステムズ 代表取締役社長		column5
高田　夏子	専修大学人間科学部 教授		column6

公認心理師標準テキスト 心理学的支援法

2019年3月20日　初版第1刷発行
2024年6月20日　初版第6刷発行　　定価はカバーに表示
　　　　　　　　　　　　　　　　してあります。

　　　　編著者　　杉原保史
　　　　　　　　　福島哲夫
　　　　　　　　　東　斉彰
　　　　発行所　　㈱北大路書房
　　　　　　　　　〒603-8303　京都市北区紫野十二坊町12-8
　　　　　　　　　電　話　(075) 431-0361 ㈹
　　　　　　　　　ＦＡＸ　(075) 431-9393
　　　　　　　　　振　替　01050-4-2083

編集・制作　本づくり工房　T.M.H.
印刷・製本　創栄図書印刷(株)
装幀／野田和浩

ISBN978-4-7628-3056-3　C3011　Printed in Japan© 2019
検印省略　落丁・乱丁本はお取替えいたします。

・ JCOPY 〈㈳出版者著作権管理機構 委託出版物〉
本書の無断複写は著作権法上での例外を除き禁じられています。
複写される場合は，そのつど事前に，㈳出版者著作権管理機構
（電話 03-5244-5088,FAX 03-5244-5089,e-mail: info@jcopy.or.jp)
の許諾を得てください。